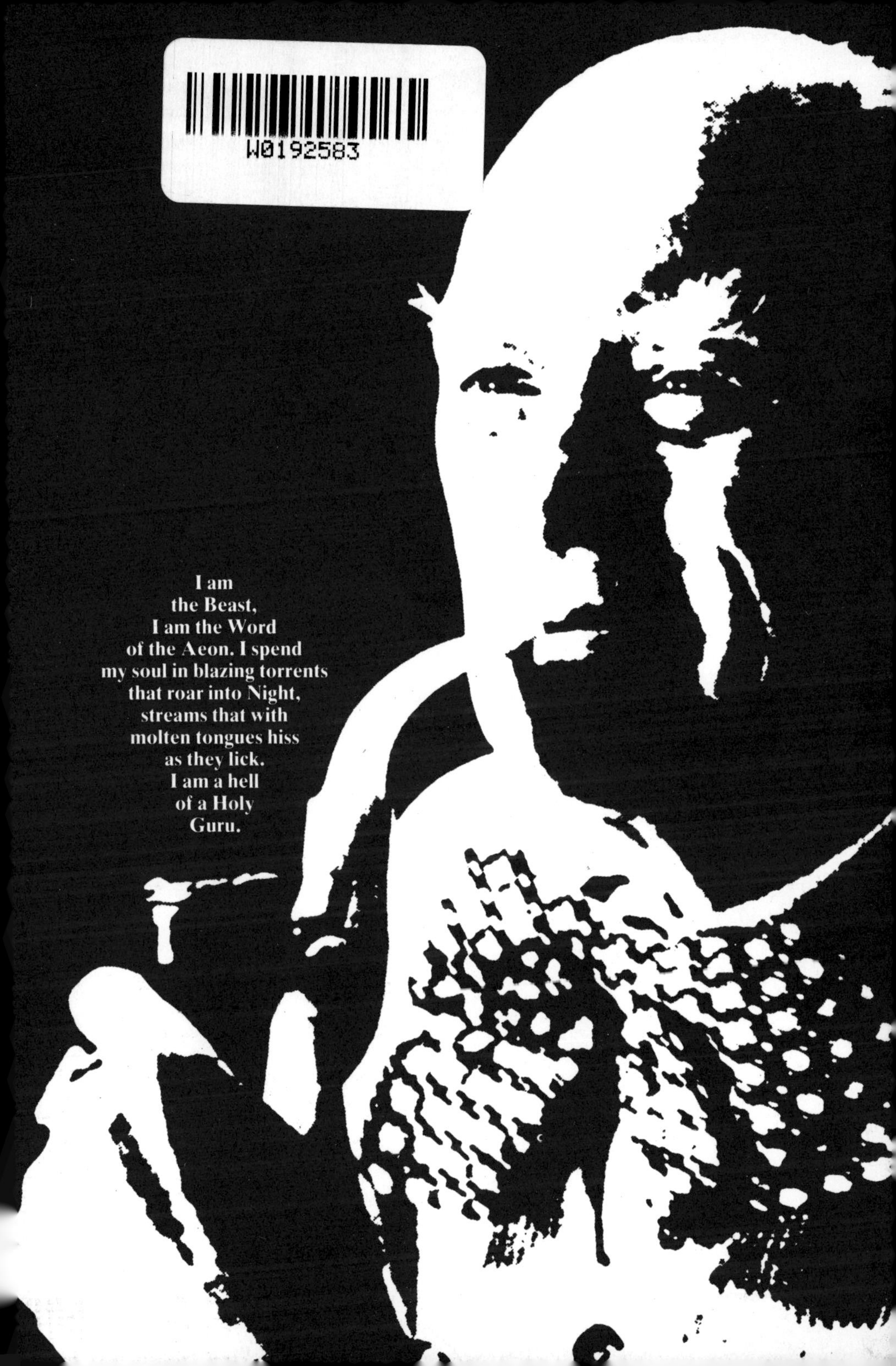

I am
the Beast,
I am the Word
of the Aeon. I spend
my soul in blazing torrents
that roar into Night,
streams that with
molten tongues hiss
as they lick.
I am a hell
of a Holy
Guru.

ALEISTER CROWLEY

ASTROLOGICK

ALEISTER CROWLEY

ASTROLOGICK

MIT AUSFÜHRLICHEN STUDIEN ÜBER DIE PLANETEN NEPTUN UND URANUS

SPHINX VERLAG
BASEL

HERAUSGEGEBEN
VON STEPHEN SKINNER

EINZIGE BERECHTIGTE ÜBERTRAGUNG
AUS DEM ENGLISCHEN VON
EVA UND MATTHIAS GÜLDENSTEIN

LIBER DXXXVI

1976

Titel der Originalausgabe: «Astrology»

Gestaltung: Geri Tschopp
Satz: Elgra AG Bern/Zürich
Druck: Ofdag Bern
Einband: Schlatter AG Bern
Printed in Switzerland
ISBN 3-85914-106-6

Inhalt

Einführung

In den letzten fünf Jahren ist Aleister Crowley von neuem zu Berühmtheit gelangt, und die «okkulte Welle» der neuesten Zeit hat seine Werke wieder ins Rampenlicht des öffentlichen Interesses gerückt. In der ersten Hälfte unseres Jahrhunderts wurden die Werke in gewissem Sinn schon populär, obwohl sie vor allem für den okkulten «Insider» eine Quelle von bis dahin sozusagen unerreichbaren Informationen darstellten. Er veröffentlichte viel von dem Material, das S. L. M. Mathers und andere Mitglieder vom «Hermetischen Orden der Goldenen Dämmerung» (Golden Dawn) gesammelt hatten. Es handelte sich dabei um Material aus ganz verschiedenen Quellen, aus den Grimoires, den mittelalterlichen Magiern, Agrippa von Nettesheim, Paracelsus, John Dee, Francis Barett, den jüdischen und christlichen Kabbalisten, Neoplatonikern, Gnostikern, aus koptischen Quellen und einem grossen Anteil ägyptischer Mythologie. Dies alles wurde zu einem zusammenhängenden System verarbeitet, das hauptsächlich auf der Kabbala und dem ägyptischen Pantheon basierte, und zwar in einer so perfekten Weise, dass sozusagen alle späteren Autoren dieses Beziehungssystem übernommen haben, obwohl die mittelalterlichen Quellen zum Teil stark voneinander abweichen. Aber offenbar haben nur wenige moderne Magier ihre Informationen in den älteren Quellen überprüft, sondern für ihre Schriften oder Praktiken die Überlieferungen des 19. Jahrhunderts verwendet.

Man muss allerdings zugeben, dass dieses grosse Gebäude aus Theorien, Korrespondenzen und Praktiken erstaunlich verlässlich ist, wenn man bedenkt, welche Quellen damals zugänglich waren. Nachdem es nun für beinahe ein Jahrhundert als zusammenhängendes Symbolsystem in Gebrauch gewesen ist, darf es sich gewiss auf eine zumindest subjektive Gültigkeit berufen. Von den Praktikern, die Dokumente aus der Zeit vor der Bearbeitung durch den Golden Dawn erforscht oder mit solchem Material gearbeitet haben, ist der bekannteste wohl Aleister Crowley. Er hat – gemeinsam mit Israel Regardie[1] – das zweifelhafte Verdienst, für die Veröffentlichung des meisten Materials des Golden Dawn verantwortlich zu sein.[2] Spätere Kommentatoren, besonders Francis King[3] und R.G. Torrens[4] haben das schon veröffentlichte Material dieses Systems noch vermehrt. Aleister Crowley, der den Ball mit der Veröffentlichung der ersten Nummer seiner Zeitschrift «The Equinox» (Die Tagundnachtgleiche) 1909 ins Rollen gebracht hat, hat es nicht mehr erlebt, wie sich die okkulte Welle ausgebreitet hat. Wahrscheinlich wurde sie durch die vermehrte Verwendung von Drogen im Westen verstärkt, denn die Drogen verschaffen einen zwar direkten, aber nur vorübergehenden Zugang zum subjektiven Universum. Das neuerwachte Interesse hat zu einer ganzen Reihe sehr empfehlenswerter Nachdrucke von «klassischen» Werken des Okkultismus und der Magie geführt, die bisher so gut wie unzugänglich waren. Diese Popularisierung der okkulten Wissenschaften und Künste dient vor allem auch dem ernsthaften Praktiker, der auf diese Weise Zugang zu Quellenmaterial bekommt, das seinem Zugriff für viele Jahre entzogen war. Aus diesem Grunde wurde auch das vorliegende Buch herausgegeben.

Um den einmaligen Zugang der Astrologie, wie ihn dieses Werk vermittelt, richtig schätzen zu können, ist es bestimmt wertvoll, etwas über den aussergewöhnlichen Lebenshintergrund dieses Autors zu wissen. Aleister Crowley, 1875 geboren, war ein vielseitiger und eklektischer Genius, ein Dichter, Philosoph, Bergsteiger, geschickter Schachspieler und einer der originellsten Magier dieses Jahrhunderts.

Nachdem Crowley in Cambridge Chemie studiert hatte, traf er Samuel Liddell Mathers, einen Mann, der entweder im Lesesaal des Britischen Museums oder im Hermetischen Orden des Golden Dawn zu finden war. Er war ursprünglich gemeinsam mit Dr. W. Woodman und Wynn Westcott der Promotor und Leiter dieses Ordens. Er hatte gute Kenntnisse in den Sprachen Französisch, Latein, Griechisch und einige in Hebräisch und Koptisch; und er hatte Knorr von Rosenroths Kabbalah Denudata (zum Teil), den Schlüssel Salomonis, die Goetie, das Buch der heiligen Magie des Magiers Abra-Melin und eine Grimoire, den Almadel, übersetzt. Crowley wurde von G.C. Jones, einem langjährigen Mitglied des Ordens in den Golden Dawn eingeführt. Sein Eintritt in den Orden 1898 sollte zu einem Wendepunkt in Crowleys Leben werden.

1902 machte er sich nach einigen Bergbesteigungen in Mexiko mit fünf Kameraden auf, den Chogo Ri (Tschogori, K.2 oder Mt. Godwin Austen) im Karakorum (Baltistan) zu besteigen, den zweithöchsten Berg der Erde nach dem Mt. Everest.

Crowley heiratete Rose Kelly, die Schwester von Sir Gerald Kelly, entdeckte, dass sie eine Begabung fürs Kristallsehen hatte und ermutigte sie, diese Begabung zu pflegen. Im darauffolgenden Jahr begab sich das Paar nach Kairo, wo der zweite grosse Wendepunkt in Crowleys Lebensweg eintrat. Über einen Zeitraum von drei Tagen empfing er das «Diktat» eines «Aiwass», der behauptete, der Priester des ägyptischen Gottes «Hoor-Paar-Kraat» zu sein, der dazu bestimmt sei, ein «Aeon des Horus» einzuleiten, das auf die vergangenen zweitausend Jahre des Christentums folgen sollte. Entweder war «Aiwass» eine unbewusste Teilpersönlichkeit Crowleys, die eine Art automatischer Schrift hervorbrachte, die mehr vom Gehör her als von der Hand gesteuert war, oder eine von ihm unabhängige Wesenheit, vielleicht der Geist eines längst verstorbenen Priesters oder aber, wie Crowley behauptete, sein eigener heiliger Schutzengel. Was auch immer zutreffen mag, es lässt sich nicht bestreiten, dass das so entstandene Dokument, «Das Buch des Gesetzes» oder «Liber Al vel Legis», ein bemerkenswertes Schriftstück ist, teils apokalyptisch, teils poetisch und zum Teil nach einem kabbalistischen Schlüssel konstruiert, von dem Crowley behauptete, er hätte ihn damals selbst nicht vollständig verstanden. Er kümmerte sich zunächst wenig um diese seine Offenbarung, erst Jahre später begann er sich damit zu beschäftigen, dann aber wurde dies zu einer wahren Besessenheit.

Nach England zurückgekehrt gebar seine Frau ihre Tochter Lilith, und wenige Monate später machte er sich auf, um den Kanchenjunga (Kangchendzönga), den dritthöchsten Berg der Erde, ebenfalls im Himalaya, zu besteigen. Leider war diese Besteigung ein Misserfolg.

1909 begann Crowley damit, seine Halbjahresschrift «The Equinox» herauszugeben. Bis 1913 kamen zehn Nummern heraus, später erschien die Zeitschrift ab 1919 wieder in Detroit. Die ersten zehn Nummern von «The Equinox» enthielten viele wichtige praktische Anweisungen in der «Magick»[5], bearbeitete Versionen der Rituale des Golden Dawn, einige Übersetzungen, Gedichte, Kurzgeschichten, die Ergebnisse seiner eigenen Forschungen über den Effekt von Haschisch und weitere Artikel von anderen Autoren über ähnliche Themen. Dieses im wahrsten Sinne des Wortes umfangreiche Werk enthält viele der praktischen Anweisungen, die er in seinem eigenen Orden, dem A∴A∴ verwendete. Nachdem es schon zu Lebzeiten Crowleys praktisch unmöglich war, «The Equinox» zu bekommen, liess Crowley die wichtigsten Artikel (oder «Libri») als Anhang zu seinem Buch «Magick in Theory und Practice» nochmals abdrucken.

Als Motto zierten jede Ausgabe des «Equinox» die Worte: «Die Methode der Wissenschaft ... Das Ziel der Religion». Damit wird geschickt zusammengefasst, in welcher Weise Crowley den Zugang zum Okkulten suchte. Es drückte sich darin seine strikte Skepsis gegenüber allem aus, was nicht bewiesen oder erfahren werden kann. Er sah keinen Widerspruch zwischen dieser Haltung und der Erforschung von Gebieten, die zuvor als die Domäne der Religion galten. Etwa zu der Zeit, als Crowley am «Equinox» arbeitete, war er auch damit beschäftigt, seinen Magischen Orden zu organisieren, das Argentum Astrum oder A.˙.A.˙..

In dieser Zeit erreichte Crowleys Laufbahn einen neuen Höhepunkt, als er gemeinsam mit Victor Neuburg den Hauptteil der «Calls of the Aethyrs» bei Bou Sâada am Rande der nordafrikanischen Wüste aufführte. Diese «Calls» waren Auszüge aus den Manuskripten von Dr. John Dee, der seine Versuche oder Aktionen mit den «Engeln» jener Sphäre zwischen 1581 und 1587 schriftlich festhielt. Sie stammten auch aus den Papieren des Ordens vom Golden Dawn, der zu grossen Teilen Dees System ausgearbeitet hatte.[6]

1912 wurde Crowley Leiter des O.T.O. (Order of the Temple of the Orient) in England. Diese Organisation, die ihre Wurzeln in Deutschland hat, propagierte eine westliche Version von tantrischen Praktiken verbunden mit traditioneller Magie.[7]

Vor dem eigentlichen Beginn des ersten Weltkriegs wanderte Crowley in die Vereinigten Staaten aus und schrieb 1915 das vorliegende Werk. Es wurde für diese Ausgabe aus zwei bisher unveröffentlichten Abschriften kollationiert, die beide ehemaligen Mitgliedern von Crowleys Orden angehörten. Aus dem vorhandenen Material lässt sich schliessen, dass Crowley ursprünglich die Absicht hatte, seine Betrachtungen auf alle Planeten und ihre Aspekte auszudehnen, ein Vorhaben, das einen enormen Forschungsaufwand erforderte. Es ist fraglich, ob er je sein Werk über die übrigen Planeten vollendet hat. In diesem Werk hat er den Planeten Uranus und Neptun seine besondere Aufmerksamkeit geschenkt, deren astrologische Deutung ausserordentlich schwierig ist.

Anders als alle früheren Werke über Astrologie beleuchtet dieses Werk die Astrologie, indem es sie zu den westlichen Mysterien und Mythologien in Beziehung setzt. Crowley beschränkt sich nicht auf die astrologische

Technik, sondern erforscht das Wesen der astrologischen Symbole, indem er ihre Verbindungen zu den ursprünglichen mythologischen, psychologischen und kosmologischen Wirklichkeiten zurückverfolgt, deren Repräsentanten sie eigentlich sind. Crowley hält sich nicht sklavisch an die «Regelbuch»-Deutung eines bestimmten Zeichens, Elements oder Planeten, sondern er beschwört auf breiter Front die Götter der alten Welt, die den Planeten zugeordnet sind, die grossen Arkana des Tarot, die ein neues Licht auf die Tierkreiszeichen werfen, und die Mythen, die alle miteinander in Beziehung stehen. Auf diese Weise erfasst Crowley Bedeutungszusammenhänge, die normalerweise nicht in Betracht gezogen werden.

Crowley widmet je einen Buchteil den beiden Planeten Uranus und Neptun und bearbeitet ein ganz neues Feld mit seiner Interpretation ihrer Aspekte zu den andern Planeten und ihre Bedeutung in den Zeichen und Feldern. Im ganzen Buch erklärt Crowley an über 180 Horoskopen bekannter Persönlichkeiten, wie ihr Leben und ihr Charakter durch bestimmte Konstellationen modifiziert oder akzentuiert worden sind.

Aleister Crowley sagte einmal, die Astrologie enthalte ein halbes Prozent Wahrheit. Rupert Gleadow zog daraus den Schluss, dass Crowley offenbar nicht allzuviel von Astrologie verstand und deshalb wahrscheinlich auch nicht allzuviel von Magie. Aber schon Jahre, bevor Crowley diese Bemerkung machte, hatte er das vorliegende Werk geschrieben, womit er Gleadows Feststellung Lügen strafte: Crowley hatte wieder einmal, wie gewöhnlich, jemanden an der Nase herumgeführt!

Aus dem Text lässt sich schliessen, dass Crowley nicht nur ein intellektueller Kenner der Astrologie war, sondern viel von ihrem tieferen Sinn und ihrer Symbolik intuitiv erfasst hat. Beim Versuch, aus der Astrologie eine exakte Wissenschaft zu machen – ein an sich wertvolles Unterfangen – neigen moderne Astrologen leicht dazu, dem Beiwerk der Mythen und Fabeln, die seit den ersten Anfängen der Astrologie immer als Bestandteil zu ihr gehört hatten, zu wenig Beachtung zu schenken. Die Symbole der Astrologie sind Bilder oder Zeichen für Realitäten, die den Mythen und Archetypen der Menschheit zugrundeliegen. Wenn man die Symbole und die mit ihnen verbundenen Berechnungen der Bilder und Mythen, in denen sie wurzeln, beraubt, entzieht man ihnen ihre Lebenskraft und reduziert die Astrologie auf eine Reihe mechanischer Manipulationen.

Crowley hat diese Mythen nicht «wiederhergestellt», denn sie sind schon immer dagewesen, aber er hat die Verbindung hergestellt zwischen der astrologischen Charakterdeutung und den psychologischen und mythisch-dichterischen Archetypen der Seele, deren Darstellung ja das Horoskop ausdrückt.

Nach dem ersten Weltkrieg beschäftigte sich Crowley zunehmend mit der Verbreitung des ihm 1904 in Kairo offenbarten «Gesetzes» und gründete 1920 eine «Abtei» in Cefalu, Sizilien. Dort richtete das «Beast», wie er sich zu nennen beliebte, bis 1923 sein Hauptquartier ein. Seit dieser Zeit bis zu seinem Tode im Jahre 1947 floss aus seiner Feder eine riesige Anzahl von Schriften über die meisten Aspekte des westlichen und auch nicht wenige des östlichen Okkultismus. Diese Literatur schloss ein Lebenswerk ab, das der Aufgabe gewidmet war, einen wissenschaftlich begründeten Zugang zur grössten aller Künste, zur Magie, zu finden.

Stephen Skinner
London 1973

Ich möchte Gary Dutton für seine Hilfe beim Durchsehen der verschiedenen Versionen des Textes meine Dankbarkeit ausdrücken. Ebenso danke ich Chloe Sylvanus für die Aufstellung des Horoskops von Aleister Crowley.

Vorwort

Astrologen irren sich gelegentlich. Aus dieser Tatsache, die zu bestreiten selbst Astrologen kaum die Frechheit besitzen, lässt sich mit mathematischer Sicherheit messerscharf schliessen, dass Astrologie keine Wissenschaft, sondern Täuschung, Scharlatanerie, Lug und Trug ist. Man stelle nur einmal ihre erbärmliche Unzuverlässigkeit solchen Wissenschaften wie Medizin, Jurisprudenz oder Politik gegenüber: Hat man je gehört, dass ein Arzt einen Patienten, ein Jurist einen Fall oder gar ein Stratege eine Schlacht verloren hätte?

Tatsächlich kann mancher Astrologe, der eine ihm völlig unbekannte Person ansieht, dieser in neun von zehn Fällen ihre Geburtsstunde nennen. Es kann sich dabei natürlich nur um Zufallstreffer handeln, denn wir können nicht verstehen, wie so etwas sonst vor sich gehen könnte oder überhaupt möglich sein sollte. Grundlage jeder wohlfundierten Philosophie ist offenbar die Regel: Dinge, von denen wir nicht genau verstehen, wie sie geschehen können, geschehen grundsätzlich nicht. Und sollten sie (wenn selbst die Philosophie die Augen vor den Tatsachen nicht mehr verschliessen kann) doch geschehen, so ist dies dem Zufall zuzuschreiben. Solch glänzender gedanklicher Höhenflug garantiert den Fortschritt der Menschheit; er erinnert an das Aufgehen der Sonne über dem mit ewigem Schnee gekrönten Gipfel einer mächtigen Pyramide aus Fels und Eis.

Tatsache ist, dass ein erstklassiger Astrologe in jedem Fall brauchbare Ratschläge erteilt und zwar in einer freundlichen, klugen, selbstlosen Weise und mit gesundem Menschenverstand. Aber er ist dabei auch von höherer Weisheit inspiriert, weil er sein Leben in der Kontemplation der vornehmsten Naturgeschehnisse verbringt, hinter denen eine Seele steht, die immer nur als Gebende wirkt. Tatsache ist weiter, dass jeder hervorragende Astrologe auf hunderte von Menschen hinweisen kann, deren Leben, Ehre und Besitz dank seiner Ratschläge erhalten geblieben sind. Aber was beweisen diese Wahrheiten? Was haben wir von Individuen zu halten, die ihren Lebensunterhalt nicht ehrlich damit verdienen, an der Börse zu spekulieren, antike Möbel zu fälschen, die Nahrungsmittel der Menschen mit Mitteln zu verseuchen, Eisenbahnunfälle zu verursachen oder Kriegsgeräte herzustellen? Zweifellos ist ein solches Individuum ein Betrüger, ein Schwindler und ein Schuft. Dieser nichtsnutzige Wicht bringt sein tägliches «Übel»(!!!) in lächerlichen achtzehn Stunden hinter sich, um dann während der verbleibenden sechs Stunden in den verderblichen Ausschweifungen des Schlafes zu schwelgen.

Was tun? Gottseidank haben wir – so degeneriert unsere Zeit in einigen Dingen auch sein mag – ein recht taugliches Polizeisystem. Wohlan denn, man schicke eine Detektivin zu einem Astrologen. Man lasse sie mit rotgeweinten Augen auftreten und sich in Weinkrämpfen schütteln, während sie dem Astrologen erzählt, wie ihr einziges Kind im Sterben liege und alle Ärzte jede Hoffnung aufgegeben hätten. Vielleicht wird der Astrologe – trotz all seiner schelmischen Kniffe, die es ihm erlauben, so vielen tausend Leuten das Geld aus der Tasche zu locken – unklug genug sein, einige tröstende Worte zu äussern. Dann ist die Angelegenheit einfach, die Gerechtigkeit kann ihren Lauf nehmen. Die Polizeit tritt in Aktion, es folgen Busse und Gefängnis. Die Detektivin wird für ihren guten Plan gelobt, ihr Gehalt wird erhöht und ein freies Volk schreitet stetig voran und singt im Licht der Sonne auf dem Weg zu der Stadt, die Gott ist.

Unsere Zeit ist zu leisetreterisch, rührselig und nachlässig, um mit dem Verbrechertum gründlich aufzuräumen. Sogar Mörder haben heutzutage gute Aussichten, dem elektrischen Stuhl zu entkommen; und der Astrologe ist schlimmer als der Mörder, denn er vergreift sich nicht bloss am schnöden Leibe, sondern am Geldbeutel. Sterben müssen wir alle – aber wir können reich sterben. Das Verbrechen des Astrologen enthält zusätzlich noch eine Blasphemie, denn wir wissen, Welch Ehrfurchtgebietendes und Wohltätiges Wesen – sein Name ist zu heilig, um leichtfertig geäussert zu werden – der Dollar verkörpert.

Aber Halt: Es könnte einen guten Grund dafür geben, dass das Gesetz Astrologen gegenüber so wenig streng ist. Gewiss kann eine Gesellschaft ihre hilflosen Mitglieder vernichten, ganz besonders, wenn es sich dabei um Frauen handelt, indem sie sie erhängt oder verbrennt. Was Hexenverbrennungen angeht, können einige Staaten auf eine ruhmreiche Geschichte und eine entsprechend lange Erfahrung zurückblicken. Die Politiker haben derartige Methoden zugunsten anderer, die weniger handgreiflich erscheinen, aufgegeben. Sie bringen weisere Erwägungen vor, feinfühligere Motivationen und edlere und erhabenere Pläne zur Höherentwicklung der menschlichen Rasse, als einfache Gemüter zu erfassen imstande sind. Aber versetzen wir uns doch einmal selbst in die Lage eines patriotischen Politikers. Hier sitzen wir, die breite und edle Stirn in Falten tiefsten angestrengtesten Nachdenkens gelegt, das kräftige Kinn in die Hand gestützt, während der verehrungswürdige Bart nicht in menschlichen, nein göttlichen Gefühlen erzittert. Wir brüten über das Wahre, das Schöne, von Zeit zu Zeit seufzen wir, wenn wir an das Unermessliche, das Absolute, an das höchste Gut denken. Aus furchtlosen Augen sehen wir unbeirrten Blickes auf die Welt, und in gottähnlichem Kummer ersterben auf unserern Lippen die halbgeformten Worte: «O Menschheit!». Mit fortschreitendem Nachdenken erwächst in uns die flammende Überzeugung, dass Geld kein ungetrübter Segen ist. Wohlstand untergräbt nur allzuleicht die Moral des gemeinen Volkes. Die Tugend blüht in Gemeinschaften mit einfacher Lebensart und verblasst, wenn der Luxus seine Vampirflügel ausbreitet. Geld kann zum Fluch werden. Viele Menschen wenden es nicht klug an, kommt uns zu Bewusstsein. Sie wären ohne Geld besser dran. Zum Beispiel die Klasse von Leuten, die ihre hartverdienten Dollars an die hinterlistigen Astrologen verschwenden. Aber, dass der Astrologe das Geld hat, ist auch wieder nicht gut. Sein Verlangen nach Geld hat ihn bereits ins Verbrechertum geführt, und dass er es bekommen hat, hat ihn in seiner Verletzung der göttlichen und menschlichen Gesetze noch bestärkt. Unterdrückt man jedoch den Astrologen – im ersten voreiligen edlen Impuls der Entrüstung – so bleibt das Geld doch wieder in den Händen der Leute, für die es zweifellos besser wäre, es nicht zu haben. Welch ein Dilemma! Lässt sich mit politischer Klugheit keine Lösung finden?

Ein Licht dämmert in unseren Augen auf, in der Stirn löst sich die Spannung, ein seliges Lächeln stiehlt sich taubengleich auf unsere festen, ruhigen Lippen. «Der Astrologe soll leben», so formt sich die Idee in gloriosen Worten. «Ich werde lediglich einen Gesetzesantrag zur Unterdrückung der Astrologen einbringen. Dann werde ich ihn persönlich davon unterrichten, dass ich sein wahrer Freund bin und dass ich – für lediglich ein paar tausend Dollars – dafür sorgen kann, dass aus diesem Antrag kein Gesetz wird. Wenn er die Vorteile dieses Planes nicht unmittelbar einzusehen imstande ist – sein Gehirn ist wahrscheinlich durch die Hingabe an die blödsinnige Quacksalbe rei, an die der arme Kerl gewiss noch aufrichtig glaubt, völlig verdummt – so werde ich ihn ein- oder zweimal aufgrund des alten Gesetzes in eine Strafverfolgung ziehen und ihm Angst einjagen. Dann wird er sicher nachgeben, und das Geld wird nicht mehr dort sein, wo es nur Unheil anrichten kann: in den Taschen des gemeinen Volkes oder bösen Astrologen, sondern dort, wo es zum Guten gereicht: in denen des weisen, vaterlandstreuen Politikers.»

Wenn dieser Plan nicht immer den gewünschten Erfolg hatte, so deshalb, weil die Astrologen zu oft in eigensinniger Weise allem vernünftigen Sinn und Verstand ebenso unzugänglich sind wie gutem Benehmen und Geschmack. Ja, ein Astrologe mag sogar – bösartig wie ein von einer Horde Strassenjungen in die Ecke getriebener Hund – ausrufen, er würde lieber ins Gefängnis gehen. «Es ist wohl nicht sehr ehrenvoll, in einem so regierten Land auf freiem Fuss zu sein.»

Eine so bedauernswerte Geisteshaltung lässt auf unverbesserliche Bosheit schliessen, auf eine eindeutig satanische Perversion der Seele. Solche Menschen sind für den Staat gefährlich – sie können eventuell zurückschlagen. Vielleicht waren unsere gestrengen Vorväter doch klüger; vielleicht sollten wir uns der Dollars des gemeinen Volkes auf andere Weise bemächtigen und mit den Astrologen auf die Art fertig werden, dass wir die Methoden des unvermeidlichen Matthew Hopkins neu beleben.[1]

Wenn uns das nicht gelingt – und es besteht tatsächlich eine gewisse Gefahr, dass diese unwürdigen Wesen, das Gemeine Volk sich nicht bereitwillig damit abfinden könnten – so ist zu befürchten, dass wir dem Untergang der Zivilisation mitsamt unserem einzigartigen politischen System – ihrem grössten Stolz – beiwohnen müssen und ohnmächtige Zeugen dieser Katastrophe werden: des Triumphs der Astrologen.

A. C.

Teil I
Allgemeine Grundlagen der Astrologie

Allgemeine Grundlagen
Der wahre Schlüssel zur Astrologie
Die fachlichen Grundbegriffe der Astrologie
Die Berechnung des Horoskops
Allgemeine Grundlagen der Deutung
Die allgemeine Bedeutung
der Planeten, Zeichen und Felder
Mensch und Universum

Allgemeine Grundlagen

Die physikalische Beschaffenheit des Universums bildet die Grundlage der Astrologie als Wissenschaft. Wenn wir erklären wollen, von welchen Grundvoraussetzungen wir bei der Beurteilung der Planetenbewegungen ausgehen, müssen wir versuchen, ein klares Bild von der Art dieser Bewegungen zu gewinnen.

Viele Menschen haben die Vorstellung, das Sonnensystem sei mehr oder minder kugelförmig. Das stimmt aber nicht. Grob gesagt ist es eine platte Scheibe, die sich in einer Ebene dreht. Die Planetenbahnen weichen zwar leicht von dieser Ebene ab, aber eben nur leicht. Die Frage, wie es wohl zu diesem Stand der Dinge gekommen sei, hat lange Zeit die Astronomie beschäftigt und ist noch heute nicht befriedigend geklärt. Aber im allgemeinen stellt man sich vor, dass es einmal vor Zeiten – wir wissen nicht warum und wie – eine riesige glühende Masse gab, die sich im Raum drehte. Gewisse Massenteile sammelten sich im Lauf der Zeit der Schwerkraft folgend zu einem Körper, der von der Hauptmasse abgeschleudert wurde, jedoch seine ursprüngliche Kreisbewegung im Raum beibehielt. Dazu hatte er noch einen eigenen Drehimpuls in der gleichen Ebene mitbekommen. Dieser Körper strahlte seine Wärme stetig in den Raum ab, zog sich allmählich zusammen und verfestigte sich. Und dieser erste Körper war der Planet Neptun.

Es steht keineswegs fest, dass Neptun der äusserste Planet unseres Sonnensystems ist. Astronomiekundigen wird gewiss die Geschichte seiner Entdeckung gegenwärtig sein: als man die Umlaufbewegung des Uranus berechnete, entdeckte man gewisse Abweichungen, die sich nicht auf den Einfluss eines bis dahin bekannten Planeten zurückführen liessen. Deshalb kamen die Astronomen auf den Gedanken, es könnte noch ein weiterer Himmelskörper im Spiel sein, und zwar wahrscheinlich einer ausserhalb der Bahn des Uranus. Man stellte Berechnungen an, um die wahrscheinliche Position eines solchen Planeten zu bestimmen. Der entsprechende Himmelsort wurde dann äusserst sorgfältig abgesucht. Schliesslich gelang es Adams und Leverrier, die Grenzen, innerhalb derer er stehen musste, so genau zu umreissen, dass ihn Galle aus Berlin 1846 entdeckte. Weitere Beobachtungen und Berechnungen zeigen, dass es noch immer gewisse Bewegungen des Uranus gibt, zu deren Erklärung auch Neptun nicht genügt. Die Bahn des Neptun selbst zeigt ebenfalls Abweichungen, die die Vermutung nahelegen, dass es ausserhalb des Neptun noch einen weiteren Planeten gibt.[1]

Sollte dies der Fall sein, müsste die Entfernung allerdings wohl ungeheuer gross sein. Wir beziehen uns bei dieser Überlegung auf die Bodesche Regel. Bode war ein deutscher Astronom, der in der zweiten Hälfte des 18. und im ersten Viertel des 19. Jahrhunderts lebte, und die Regel, die seinen Namen trägt, lautet folgendermassen:

Wenn wir die Zahl 4 nehmen und durch 10 teilen, erhalten wir die Entfernung des Merkur von der Sonne in astronomischen Einheiten. Eine astronomische Einheit[2] ist der durchschnittliche Abstand der Erde von der Sonne. Zählen wir zu der 4 noch 3 dazu und teilen wir durch 10, erhalten wir den Abstand Venus-Sonne. 4 plus 2 mal 3 entspricht dem Abstand der Erde.[3] 4 plus 2 mal 2 mal 3 ergibt die Zahl für Mars und 4 plus 2 mal 2 mal 2 mal 3 entspricht der durchschnittlichen Entfernung des Asteroiden-Gürtels. Rechnen wir im gleichen Verhältnis weiter, so ergibt die vierfache Multiplikation der 3 mit 2 zu 4 addiert und durch 10 geteilt den durchschnittlichen Abstand des Jupiter. Und wenn wir nochmals mit 2 multiplizieren, erhalten wir die Zahl für Saturn und nochmals verzweifacht diejenige für Uranus. Bei Neptun stimmt die Regel jedoch nicht mehr richtig. Nach der Regel sollte der Abstand des Neptun 38,8 AE betragen, während es in Wirklichkeit nur 30 sind. Für die Bodesche Regel ist keine einleuchtende Begründung bekannt, aber es ist zu hoffen, dass durch weitere Erforschung der Himmelsmechanik und der Entwicklung des Sonnensystems irgendwann mehr Licht darauf geworfen wird. Wenigstens war diese Regel insofern von Nutzen, als sie zu der Entdekkung der Asteroiden führte, von denen man annimmt, dass sie Teile eines explodierten Planeten sind. Für die Abweichung des Neptun von dieser Regel ist keine befriedigende Erklärung vorgebracht worden.[4]

Der gleiche Vorgang[5] wiederholte sich mehrere Male, und so entstanden Uranus, Saturn, Jupiter, die Asteroiden, Mars, die Erde, Venus und Merkur.

Bild 1: Die Bahnen der Planeten Merkur bis Neptun (ausgezogene Linien) im Vergleich zur Erdumlaufbahn (die gestrichelten Linien haben je einen Erdbahndurchmesser Abstand). Der Ursprung dieser Anordnung ist ungeklärt.

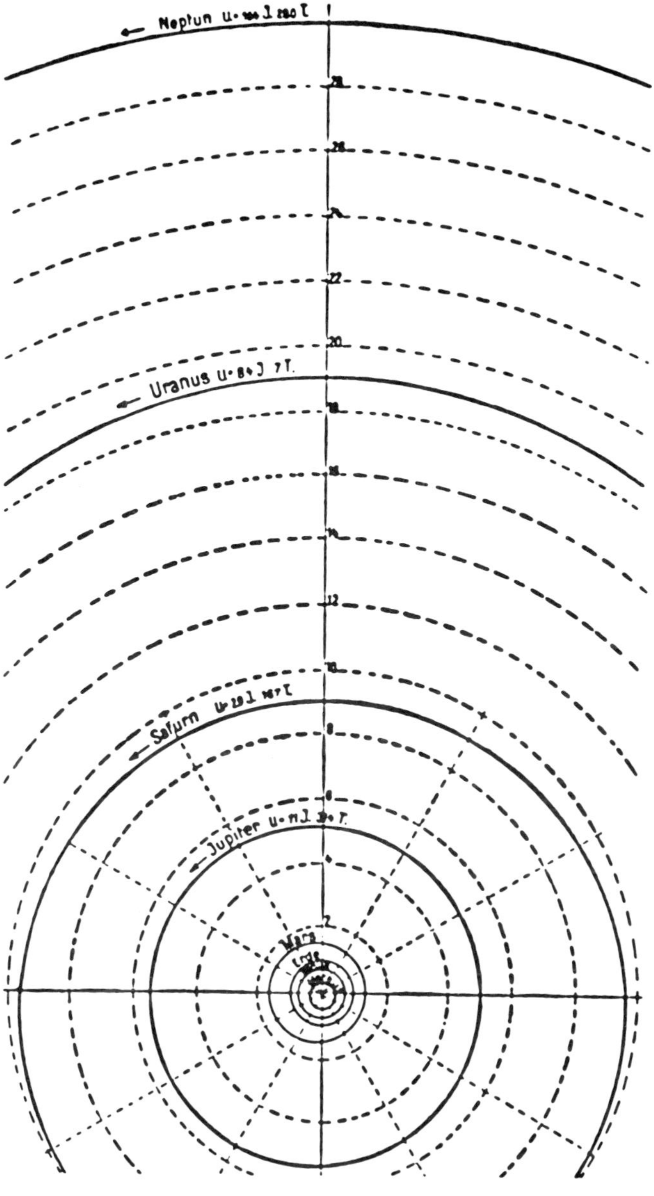
Neptun
22
20
Uranus
12
Saturn
Jupiter
2
Mars

Es bildeten sich daneben noch viele andere Körper, aber sie hatten nicht den gleichen Grad von Kompaktheit und zerbrachen bald nach ihrer Trennung von der Sonne in Asteroiden und Meteore, von denen unzählige Millionen den interplanetarischen Raum durcheilen. Einige der Körper verhielten sich zuerst wie die Sonne selbst und setzten kleinere Himmelskörper von der Ordnung, die wir Monde nennen, frei. Diese waren im Vergleich zu ihrer Umlaufbahn sehr klein, kühlten sich rasch ab und verloren ihr eigenes Drehmoment. Der Erdmond zum Beispiel dreht sich nicht mehr um seine eigene Achse, obwohl er sich immer noch um die Erde dreht, und zeigt uns immer die gleiche Seite.[6]

Was bei all diesen komplizierten Bewegungen – und wir haben gar nicht erst versucht, dabei ins Detail zu gehen, sondern nur eine ungefähre Vorstellung davon zu vermitteln – das Wesentliche ist: Sie finden alle mehr oder minder in einer Ebene und in der gleichen Hauptrichtung statt, oder weichen nur geringfügig von ihr ab. Die Fixsterne sind von der Sonne unermesslich viel weiter entfernt als auch der weitentfernteste Planet. Sich ein Bild von der Weite des Raumes zu machen, übersteigt bei weitem das Vorstellungsvermögen des Menschen. Die Fixsterne finden sich überall um die Sonne verteilt. Es gibt keinen Teil des Himmels, in dem keine Sterne stehen. Aber – um den Vergleich mit einem Rad zu verwenden – wenn wir in der Richtung der Speichen blicken, so sehen wir ein schmales Band von Sternen, die sich natürlicherweise in zwölf Sternbilder mit ungefähr gleich grossen Abständen voneinander gliedern.

Diesen Sternen widmen wir mehr Aufmerksamkeit, weil sie in der gleichen Ebene liegen, in der die hauptsächlichen Bewegungen des Sonnensystems stattfinden, und ihr Einfluss mischt sich deshalb ganz natürlicherweise mit demjenigen der Planeten. Ihre Wirkungen werden von den Astrologen seit undenklichen Zeiten mit äusserster Sorgfalt beobachtet und beschrieben. Diese Sternbilder wurden mit den folgenden Namen gekennzeichnet: ARIES (Widder), TAURUS (Stier), GEMINI (Zwillinge), CANCER (Krebs), LEO (Löwe), VIRGO (Jungfrau), LIBRA (Waage), SCORPIO (Skorpion), SAGITTARIUS (Schütze), CAPRICORNUS (Steinbock), AQUARIUS (Wassermann), PISCES (Fische). Dies sind zum grössten Teil Namen von Symboltieren. In den Gestirnstellungen der entsprechenden Sternbilder eine Ähnlichkeit zum dazugehörigen Symbol finden zu wollen, braucht eine gute Portion Phantasie. Die Sternbilder erhielten ihre Namen gemäss ihren astrologischen Bedeutungen – einer der zahlreichen Beweise dafür, dass die Astrologie eine ältere Wissenschaft ist als die Astronomie.

Die materialistische Philosophie hat den Eindruck zu erwecken versucht, dass wir tatsächlich einiges über die Natur der Kräfte wüssten, die wir rings um uns am Werke sehen. Dieser Eindruck ist völlig falsch. Alle Kräfte sind in ihrem Wesen geheimnisvoll. Aus Beobachtungen, Vergleichungen und Messungen wissen wir, wie sie wirken. Aber wir können kein vernünftiges Bild ihres wahren Charakters entwerfen. Nehmen wir z. B. die Gravitation, die Schwerkraft. Um ihre Wirkung zu erklären, waren Wissenschaftler dazu gezwungen, eine Substanz zu postulieren, die sie Äther nannten.[7] Sie mussten diesen Äther in mathematischen Formeln definieren. Er ist unendlich starr, unendlich elastisch, unendlich dünn und unendlich unwägbar, das heisst, es handelt sich nicht um Materie im gewöhnlichen Sinne, weil sie Eigenschaften besitzt, die Unendlichkeiten beinhalten und deshalb eher theoretischer, denn wirklicher Natur sind.

Ebensowenig weiss irgendjemand, was Elektrizität wirklich ist. Es gibt da die Geschichte des Lehrers, der sich über eben dieses Thema in aller Breite ausliess. Er schloss seine Ausführungen, indem er seinen Schülern dramatisch die rhetorische Frage entgegenschmetterte: «Wer weiss, was Elektrizität ist!» Ein Schüler im hinteren Teil des Klassenzimmers war, vom Wortreichtum der Ausführungen überwältigt, etwas eingenickt. Die letzte Frage des Lehrers jedoch weckte ihn und gewohnheitsmässig sprang er auf. Vom kühlen Blick des Lehrers getroffen wurde er unsicher und stotterte: «Eben wusste ich es noch, Herr Lehrer, aber jetzt habe ich es vergessen.» «Wie schade», rief der gelehrte Mann, «ein einziger Mensch auf der ganzen Welt wusste es, und jetzt – hat er es vergessen!»

Wenn wir auch nur ein so einfaches Beispiel nehmen wie die Ausdehnung von Körpern unter der Einwirkung von Hitze, sind wir schon wieder von Geheimnissen umgeben. Es gibt die Theorie, dass aus irgendeinem Grunde die Moleküle eines Körpers sich rascher bewegen, wenn ihnen das, was man Wärme nennt, zugeführt wird. Denn Wärme wird als ein Erscheinungszustand oder ein Begleitumstand der Bewegung betrachtet. Aber schon diese Moleküle selbst sind reichlich theoretisch. Ihre Existenz wurde erfunden, um gewisse Erscheinungen bei chemischen Reaktionen zu erklären. Diese imaginären Moleküle setzen sich aus noch imaginäreren Atomen zusammen, die ursprünglich – wie ihr Name[8] sagt – als letzte unteilbare Einheitsteilchen aus homogener Materie definiert waren. Aber das war vor hundert Jahren, und seither hat man allerhand andere Phänomene beobachtet, die es ausschliessen, die Atome weiterhin für unteilbar zu halten. Man hat also eine neue Hypothese entwickelt: die der Elektronen, und wenn man einen Physiker fragte, ob diese Elektronen Materie seien, so wird er wohl antworten, dass alles in allem die vernünftigste Theorie diejenige ist, die annimmt, dass Elektronen nichts als Spannungen im Äther sind. Mit andern Worten: Die Dinge, die es gibt werden von der Naturwissenschaft in ein Gewebe aus Dingen aufgelöst, die es nicht gibt. Wenn man einen modernen Chemiker oder Physiker um eine Definition der Materie bittet, wird er in Ausdrücken antworten, die fast mit jenen identisch sind, die mittelalterliche Philosophen verwendeten, um Geist zu definieren.

Der Astrologe ist da offener als der Gelehrte anderer Wissenschaften. Er versucht nicht, seine Unwissenheit unter einem raffiniert bestickten Deckmantel metaphysischer Phrasen zu verbergen. Er begnügt sich mit dem Satz der Scholastiker: «Omnia exeunt in mysterium», womit diese ausdrükken wollten, dass jede Idee, die man lang genug verfolgt – indem man immer weiter fragt: was, wie, warum und wozu, anstatt sich mit einer oberflächlichen, nur unvollständig durchdachten Erklärung zufrieden zu geben – unweigerlich jedesmal zum gleichen Ergebnis führt: Man gelangt zur weissen Wand des Unvorstellbaren. Sollte es heutzutage noch jemanden geben, der so unwissend ist, dass er den Wert der Astrologie nicht anerkennt und sein Urteil auf die materialistischen Grundlagen stützt, so mag er Herbert Spencers «First Principles» lesen.[9] In diesem Werk, dass als eine der meisterhaftesten Abhandlungen aus der Sicht des wissenschaftlichen Skeptizismus über die Natur gilt – neben derjenigen David Humes[10] – wird er mit bewundernswerter Klarheit bewiesen finden, dass es keine mögliche Theorie über Gott oder die Natur gibt, die für unser Denken befriedigend wäre, ja, er zeigt sogar, dass keine solche Theorie unserem Denken auch nur verständlich wäre. Deshalb werden wir als Menschen der Tat gut daran tun, uns über die Metaphysik nicht allzuviel Gedanken zu machen. Wir wollen uns lieber mit der Feststellung zufriedengeben, dass alles relativ ist und uns darauf konzentrieren, die Kräfte, deren Wirksamkeit wir fühlen, zu beobachten und zu messen.

Es kann nicht als Argument gegen die Astrologie gelten, wenn man die Frage stellt, weshalb denn die Bewegung eines bestimmten Planeten gewisse typische Wirkungen hervorruft. Wir wissen dies ebensowenig, wie der Arzt weiss, weshalb sich ein Nerv bei einem elektrischen Reiz zusammenzieht. Wir wollen darüber nicht philosophieren. Wir sind lediglich daran interessiert, herauszufinden, ob tatsächlich eine Abhängigkeit besteht. In der Astrologie sollten theoretische a priori-Erwägungen ebensowenig ins Feld geführt werden wie bei irgend einer anderen Wissenschaft. Solche Bedenken waren der Fluch jeder Wissenschaft. Sie haben mehr dazu beigetragen, den Fortschritt der Wissenschaft zu verzögern als jede andere Form menschlicher Narrheit. Über diesen Gesichtspunkt sollte sich der Leser in die Werke von Thomas Henry Huxley[11] vertiefen. In früheren Zeiten ging man von etwas aus, was man für einen unwiderlegbaren Beweis für die der Gottheit zugeschriebenen Eigenschaften hielt. Und jedesmal, wenn eine Tatsache auftauchte, die sich mit dieser vorgefassten Meinung über ihr Wesen nicht vereinbaren liess, versuchte man, dieses Faktum wegzuerklären. Aber Tatsachen lassen sich nicht so leicht unterdrücken, und man musste befürchten, dass das Luftschloss einstürzen könnte. Deshalb behalf man sich damit, dass man jedes Individuum, das an der Aufdeckung unerwünschter Fakten interessiert schien, auf den Scheiterhaufen schickte. Eine derartige Politik war natürlich selbstmörderisch.

Astrologie hat aber überhaupt nichts mit irgendeiner Theorie über das Wesen der Natur zu tun. Wie jede gesunde Wissenschaft begnügt sie sich mit der wahren wissenschaftlichen Methode. Nehmen wir an, wir befinden uns auf einem Schiessplatz. Wir sehen ein Rauchwölkchen hervorschiessen und vernehmen einen Knall. Fast unmittelbar danach hören wir an einer anderen Stelle im Gelände eine Glocke läuten oder sehen eine Fahne winken. Es besteht nicht der geringste Grund zur Annahme, dass diese Ereignisse auch nur das mindeste miteinander zu tun haben. Sie könnten rein zufällig aufeinander gefolgt sein. Nehmen wir indessen an, wir erleben genau diesen Ablauf hundertmal hintereinander, oder nehmen wir sogar an, dass wir hundertmal den Rauch aufsteigen sehen und den Knall hören, worauf nur bei 70 bis 80 Malen mit einer Fahne gewinkt wird: Schon sieht die Lage völlig anders aus. Dann nämlich haben wir ein Recht zu sagen, dass hier mit grosser Wahrscheinlichkeit ein ursächlicher Zusammenhang besteht. Dennoch würde es für uns noch immer unbegreiflich sein, wie das Aufblitzen an der einen Stelle das Flaggenwinken an einer anderen verursachen könnte. Nichts würde uns verraten, dass zwischen dem Schützen und dem Zeiger eine Vereinbarung aufgrund festgelegter Regeln besteht. Und selbst, wenn man uns von einer solchen Vereinbarung berichtete, hätten wir die grösste Mühe, dafür die Motivationen zu begreifen. Wir müssten, um diese zu entdecken, etwa ein Dutzend Wissensbereiche erforschen: Ballistik, Geschichte, Volkskunde und wer weiss, was sonst noch. Zu guter Letzt würden wir wieder vor dem grossen metaphysischen Problem stehen, das wir bereits als unergründlich ad acta gelegt haben.

Aber, es würde dem Beobachter durchaus zustehen, gewisse praktische Schlüsse zu ziehen. Wenn er bei tausend aufeinanderfolgenden Gelegenheiten bemerkt hat, dass die Fahne unmittelbar nach dem Schuss geschwenkt wurde, wäre es völlig gerechtfertigt, vorauszusagen, dass auf den nächsten Schuss wieder ein Fahnenwinken folgen werde. Bei dieser Voraussage würde es sich wie bei jeder anderen nicht um eine Gewissheit handeln, sondern bloss um eine sehr grosse Wahrscheinlichkeit. Aber gewöhnlich handelt die Menschheit aufgrund derartiger Wahrscheinlichkeiten. Gehe ich die Bondstreet hinunter, so könnte ein Automobil aus irgendwelchen Gründen ins Schleudern oder ausser Kontrolle geraten und meinen friedlichen Spaziergang auf dem Gehsteig durchkreuzen. Aber ich wäre ein grosser Narr, wenn ich aus diesem Grunde den Gehsteig vermeiden wollte. Anders ausgedrückt: Aufgrund meiner Erfahrungen sage ich voraus, dass kein solches Unglück eintreten wird. Bis jetzt haben sich meine Erwartungen erfüllt.

Wenn nun ein Astrologe voraussagt, dass ein Mensch mit einem verletzten Mars im siebenten Feld unglücklich heiraten wird, sofern er überhaupt heiratet, verwendet er genau die selben Grundlagen: Seinen gesunden Menschenverstand und ein auf wissenschaftlicher Beobachtung und dem Vergleich unzähliger Tatsachen beruhendes Urteil. Er hat beobachtet, notiert und in Tabellen zusammengefasst; bei seinen Akten liegen hunderte von Horoskopen, in denen sich diese Stellung findet, und in jedem der Fälle wurde die Ehe der mit dieser Stellung geborenen Person unglücklich. Deshalb ist er absolut berechtigt, von einer weiteren derartigen Konstellation auf eine unglückliche Ehe zu schliessen.

Daraus soll nicht abgeleitet werden, dass ein verantwortungsbewusster

Astrologe je behauptet, absolut recht zu haben. Das Studium der Astrologie umfasst ein ausserordentlich komplexes Gebiet. Es scheint, dass es gewisse unbekannte Kräfte gibt, die auch eine noch so wahrscheinliche Deutung Lügen strafen können. Z.B. gibt es Zeiten, in denen ein Mensch die übelsten Aspekte durchleben kann, ohne die geringste nachteilige Wirkung zu verspüren. Aus irgendeinem Grund sind diese Aspekte nicht aktiviert worden. Es bestehen dutzende von Theorien zur Erklärung dieser offenbaren Unregelmässigkeiten. Es ist nicht möglich, in dieser kurzen Einführung ausführlich auf sie einzugehen. Aber es gibt solch zahlreiche und subliminale Kräfte, die da in Betracht zu ziehen sind, dass es gelegentlich unmöglich ist, astrologisch herauszufinden, weshalb ein bestimmtes Ereignis stattfinden sollte, selbst wenn man die ganze Sache im nachhinein betrachtet.

Ein weiterer und ausserordentlich wichtiger Punkt kommt dazu: «Warnung ermöglicht Tarnung». Scheint für einen Menschen die Gefahr zu bestehen, dass er ertrinken könnte, kann er diese Bedrohung dadurch neutralisieren, indem er sich von Wasser fernhält. Dies ist eine der brauchbarsten Nutzanwendungen der Astrologie. Zugegeben, es kann sein, der Astrologe hat sich geirrt, vielleicht gibt es gar keine solche Gefahr, wie er sie vorausgesehen hat. Aber es kann dem Klienten nicht schaden, vernünftig und vorsichtig zu handeln, und jeder gute Astrologe hat einen gesunden Menschenverstand und eine gute Portion Weltklugheit. Diese Überlegungen gelten besonders für Konsultationen, bei denen der Astrologe auf Grunde eines dringenden Anliegens angegangen wird. Der Klient mag noch so viel natürliche gute Urteilskraft besitzen: In solchen Momenten wird sie durch sein Problem getrübt, und der Rat des Astrologen kann in jedem Fall nur nützen.

Es wäre jedoch absurd, den Anspruch des Astrologen, der Menschheit helfen zu können, auf einem so tiefen Niveau einstufen zu wollen... In gewissen wesentlichen Punkten – z.B. beim Zusammenhang zwischen der persönlichen Erscheinung und dem zur Zeit der Geburt aufsteigenden Zeichen oder der Stellung der Sonne im Tierkreis, bei der Bedeutung des Saturn im zehnten Feld oder des Mars am Aszendenten, usw. – besteht eine so enorme Wahrscheinlichkeit für einen ursächlichen Zusammenhang, dass niemand, der im Vollbesitz seiner geistigen Kräfte die Tatsachen mit Intelligenz und ohne Vorurteil prüft, umhin kann, davon überzeugt zu sein, dass Astrologie eine positive, konstruktive und beinahe unfehlbare Wissenschaft ist.

Bei der fraktionierten Destillation unterscheiden sich die ersten Dämpfe, die übergeleitet werden, sehr wesentlich im Charakter von jenen, die erst später bei der Anwendung grösserer Hitze verdampfen. Genau so hat die stufenweise Entstehung der Planeten ihnen ganz verschiedene Naturen verliehen. Der kaum wahrnehmbar feine Einfluss, der von ihnen ausgeht und von ihren Strahlen auf die Erde übertragen wird, ist sehr sorgfältig studiert worden und soll in diesem Buch hier beschrieben werden.[12] In dieser Theorie liegt nichts, was der Vernunft besonders widerstrebte. In den besser bekannten Gebieten der Physik finden sich offensichtliche Analogien.

Täglich können wir es erleben, wie verschieden die Wirkungen der Sonnenstrahlen und des Mondlichts sind, und wir brauchen bloss diese Erkenntnis zu verallgemeinern, so dass sie die übrigen Planeten mit einschliesst. Aber wir begegnen einer a-priori-Schwierigkeit, wenn wir das Postulat annehmen, dass die Aspekte der Planeten irgendeine Wirkung haben. Wir wollen dieses Problem sorgfältig untersuchen. Zunächst einmal: Was meinen wir überhaupt, wenn wir von Aspekten der Planeten sprechen? Unter einem Aspekt eines Planeten zu einem andern verstehen wir den Winkel, den diese beiden Himmelskörper von der Erde aus betrachtet zueinander bilden. So sagen wir etwa bei Vollmond, dass die Sonne in Opposition zum Mond stehe, was bedeutet, dass eine gerade Linie, die von der Sonne zur Erde gezogen und verlängert würde, genau den Mond treffen müsste. Wir wissen nun, dass dieser besondere Aspekt einen Einfluss auf die Erde ausübt, einen Einfluss, der auf der sogenannten Schwerkraft beruht. Wenn Sonne und Mond in Opposition stehen, ziehen sie in entgegengesetzten Richtungen, sie halten einander das Gleichgewicht. Infolgedessen wird die Erde dann nicht so stark aus der Form gebracht, als wenn sie beide gemeinsam – in Konjunktion – in die gleiche Richtung ziehen. Diese Aspektwirkung lässt sich anhand der Gezeiten messen. Aber darin erschöpft sich die Aspektlehre nicht. Wenn sich der Mond aus dieser Stellung entfernt, wirken seine Kräfte unter einem allmählich abnehmenden Winkel und entsprechend nimmt auch die Wirkung auf die Gezeiten allmählich ab. Die astrologischen Wirkungen verhalten sich jedoch ganz und gar nicht so. Die astrologische Wirkung wird nur in der Zeit der genauen Oppositon hervorgebracht. Sobald der Planet 15 oder 20 Grad von der genauen Aspektstellung entfernt ist, besteht der Aspekt nicht mehr.

Philosophisch gesehen ist es ein schwieriges Problem, warum dies so sein sollte. Mars nähert sich – sagen wir – dem Quadrat des Uranus[13] und es findet ein fürchterliches Erdbeben statt. Eine Woche später ist dieser Aspekt vorüber und es finden nun nicht weniger oder schwächere Erdbeben statt, wie man dies erwarten könnte, sondern überhaupt keine. Man ist versucht, voreilig zu sagen, dies sei gegen alle Vernunft und es wurde als Argument gegen die Astrologie ins Feld geführt. Glücklicherweise findet sich aber in einem wissenschaftlich anerkannten Bereich, der Optik, eine sehr gute Analogie. Nehmen Sie einen Feldstecher, heben Sie ihn an die Augen und betrachten Sie die Landschaft durch dieses Fernglas. Zunächst erscheint alles verschwommen. Wenn Sie die Schärfenregulierung vor- und zurückschrauben, nimmt die Verschwommenheit etwas ab oder zu, aber es gibt nur eine einzige Stellung der Optik, die genau auf die Optik Ihrer eigenen Augen abgestimmt ist, bei der das Bild plötzlich klar und leuchtend hervorspringt. Eine Linse ist scharf eingestellt (auf den Brennpunkt) oder nicht. Und obwohl die Verschwommenheit bei einer kleinen Abweichung geringer ist als bei einer grösseren, gibt es doch eine eindeutig scharfe Trennungslinie. Es gibt noch andere Analogien, wie etwa das Phänomen des Siedepunktes: Wasser kocht bei 99 Grad Celsius noch nicht, bei 100 Grad kocht es. Vom physikalischen Standpunkt aus ist der Unterschied zwischen Wasser von 99 und 100 Grad Wärme grösser als zwischen Wasser von 99 und 1 Grad.

Allerdings wissen wir nicht, warum die Strahlen der Planeten einander nur dann beeinflussen, nur dann ihre Kräfte vereinen, wenn sie in ganz bestimmten Winkeln auf die Erde treffen. Die Wissenschaft der Astrologie ist heute noch weitgehend empirisch – wir wissen, dass gewisse Ereignisse auf der Erde gewissen Gestirnstellungen am Himmel folgen. Wir haben diese Ereignisse so oft beobachtet, dass wir davon überzeugt sind, dass ein ursächlicher Zusammenhang zwischen ihnen besteht, aber kein Astrologe behauptet, das Wesen dieses Zusammenhanges zu durchschauen. Der Leser möge sich erinnern, dass David Hume, der nie widerlegt wurde, die Kausalität selbst für nicht nur unbewiesen und unbeweisbar, sondern gar für unbegreifbar hielt.

Es gibt eine philosophische Schule, die Kausalisten genannt, die behaupteten, jedes Ereignis sei ein direkter Willensakt Gottes. Wenn sich ein Apfel vom Baum löst und zu Boden fällt, so sind dafür folgende Gründe anzuführen: Erstens wünscht Gott, dass sich der Apfel löst, und zweitens wünscht Gott gerade, dass er den Boden erreichen soll. Es ist nicht nur unphilosophisch, sagen sie, sondern geradezu blasphemisch (denn es würde damit die Macht des Schöpfers eingeschränkt), anzunehmen, dass das zweite Ereignis notwendig dem ersten folge. Mit Logik lässt sich diese Ansicht nicht widerlegen, so sehr sich auch unser gesunder Menschenverstand sträubt, sie zu akzeptieren.

Darzulegen, dass es möglich ist, eine solche Ansicht zu vertreten, ist mir aus folgendem Grunde wichtig: Ich möchte zeigen, dass vom Standpunkt reiner Logik aus die Behauptung, starke Gezeiten hätten einen Zusammenhang mit dem Neumond genauso absurd ist wie die Behauptung, die Konjunktion von Mars und Saturn bedeute Übles für Staatswesen. Wenn in der logischen Qualität dieser beiden Feststellungen irgendein Unterschied besteht, so muss der Logiker, der ihn finden könnte, erst noch geboren werden. Wir sind nur bereit, die erste eher zu akzeptieren als die zweite, weil sie auf einer weiter verbreiteten Beobachtung beruht, aber sie ist absolut empirisch. Die Tatsache, dass wir eine schöne Theorie haben, die den Vorgang erklärt, erhöht in keiner Weise die ursprüngliche Glaubwürdigkeit, die sie verdient. Vielleicht erinnert sich der Leser daran, dass König Karl der II. die Mitglieder der königlichen Gesellschaft (Royal Society) fragte, weshalb man in ein bis an den Rand mit Wasser gefülltes Glas einen lebenden Goldfisch setzen könne, ohne dabei Wasser zu verschütten, währendem das Wasser bei einem toten Goldfisch sofort überlaufen würde. Sie berieten sich über die Angelegenheit, stritten darüber in der Art der Meta-Wissenschaft und kehrten schliesslich mit nicht weniger als neun gelehrten und befriedigenden Erklärungen zum König zurück. Nicht einem von ihnen war es je eingefallen, experimentell nachzuprüfen, ob die Behauptung des Königs überhaupt richtig war!

Das Aufstellen von Theorien war für die Wissenschaft zu Zeiten ein richtiger Fluch. Es besteht die Neigung, aus unzureichendem Beweismaterial verallgemeinerte Regeln abzuleiten und, wenn einmal eine Hypothese formuliert ist, alle Tatsachen, die sich ihr nicht sofort unterordnen lassen, zu leugnen oder zu vernachlässigen. Der Nachweis Immanuel Kants, dass die sogenannten «Naturgesetze» in Wirklichkeit lediglich «Denkgesetze» sind, war einer der wichtigsten Beiträge, die je für unser Denken geliefert worden sind. Es ist nicht wahr, dass zwei und zwei vier sind – wahr ist nur, dass wir nicht anders können, als es so zu denken.

Für die Astrologie ist dies von grosser Bedeutung. Die Astrologie braucht unbedingt sehr viel mehr menschliche Beobachtung. Der Astrologe muss von Angaben ausgehen, die sehr oft ungenau und gelegentlich mit Absicht gefälscht sind. Man verlangt von ihm kurz gesagt, «ohne Stroh Ziegelsteine zu machen». Dass er eine so wunderbare Pyramide der Wahrheit aufgebaut hat, ehrt ihn deshalb sehr. Die in diesem Buch angewandte Methode wird strikte wissenschaftlich sein.[14] Es wurden Tatsachen gesammelt, ausgewählt, zusammengeordnet und daraus Schlüsse gezogen unter strenger Beachtung der Regeln der Wahrhaftigkeit, der Methoden der Wissenschaft und der Gesetze der Logik. Jede Behauptung beruht auf der seit Jahrhunderten angesammelten Erfahrung, wie sie uns durch die Tradition und durch Abhandlungen überliefert wurde. Und dieses so erworbene Grundwissen wurde wieder und wieder überprüft, indem es dem Bewährungsnachweis unterzogen wurde, wie er sich täglich in der privaten Forschung ergibt. Es wird nicht behauptet, solches Wissen sei endgültig. Es ist möglich, dass jeden Augenblick wieder neue Tatsachen entdeckt werden könnten, die die bisher vertretenen Ansichten völlig über den Haufen werfen. Ein solcher Fall trat beispielsweise durch die Entdeckungen von Uranus und Neptun ein, die das astrologische Weltbild weitgehend revolutioniert haben. Viele Probleme, mit denen die früheren Astrologen nicht fertig wurden, haben dadurch ihre Lösung gefunden. Und es gibt noch immer viele ungelöste Probleme in der Astrologie. Um ein einfaches Beispiel zu geben: Der Übergang Jupiters über seine eigene Stellung im vierten Feld könnte Erbschaften bringen. Dies mag mit grösster Regelmässigkeit viermal im Laufe eines Lebens geschehen. Das fünfte Mal nicht. Warum? Man könnte ein Dutzend Vorschläge machen, aber keiner befriedigt den Intellekt. Es ist jedoch denkbar, dass die Entdeckung eines weiteren Planeten eine klare und selbstverständliche Lösung anbietet.

Die Astrologie befindet sich in der gleichen Lage wie alle anderen Wissenschaften: Vieles ist bekannt, aber es gibt noch sehr viel mehr, was nicht bekannt ist. Zumindest ist sie allen anderen Wissenschaften darin ebenbürtig, dass ihre Jünger mit Hingabe und Geschick, mit Genauigkeit und Intelligenz bestrebt sind, den praktischen Nutzen ihres eigenen Wissens jedem Mitglied des Menschengeschlechts zugänglich zu machen.

Der wahre Schlüssel zur Astrologie

Viele, die sich dem Studium der Astrologie verschrieben haben, fühlen sich dadurch verunsichert, dass so geringfügige Veränderungen im Himmelsbild mit einer derartigen Variationsbreite von Veränderungen auf der Erde einhergehen sollten. Jeder Mensch hat in seinem Horoskop die gleichen Zeichen und Planeten wie jeder andere. Und doch ist der eine ein Niemand – die meisten Menschen sind in Wirklichkeit kaum viel mehr – und der andere schon mehr als ein halber Gott.

Allein durch das Studium der Aspekte lässt sich für diese Tatsache keine Erklärung finden. Die Aspekte sind schon mehr oder weniger wirksam, wenn sie schon weit davon entfernt sind, exakt zu sein. Es müsste nach der Wahrscheinlichkeitsrechnung also so aussehen, dass mindestens ein Drittel der Menschheit ein ansehnliches Niveau erreichte. Tatsächlich aber hinterlässt kaum einer von Zehntausend auch nur einen vorübergehenden Eindruck auf seine Generation.

Wie geht das zu? Diese Frage hat immer wieder Astrologen in Erstaunen versetzt und ihre Kritiker ermutigt. In der Tat hat sich bisher kein Astrologe ehrlich diesem Problem gestellt. Wenn wir es hier nun tun, so deshalb, weil wir es gelöst und den Schlüssel dazu in die Hände der Menschheit gelegt haben.

Was ist der Unterschied zwischen einer Amöbe und einem Elefanten? Die Zellen, aus denen ein Elefant zusammengesetzt ist, sind von denjenigen, aus denen die Amöbe besteht, gar nicht so verschieden. Der Unterschied liegt darin, dass die Elefantenzellen unterschiedlich spezialisiert und untereinander organisiert sind zu einem harmonischen Zellenstaat, währenddem die Amöbenzelle allein ist.

Was ist der Unterschied – um in der Evolutionsreihe aufzusteigen – zwischen einem Affen und einem Menschen? Die Antwort lautet ähnlich: Nicht so sehr der Umfang und das Gewicht des Gehirns machen den Unterschied aus; es gab Menschen mit kleinen Gehirnen, die solchen mit grossen intellektuell weit überlegen waren. Aber wenn wir die Gehirne eines Affen und eines Menschen aus ihrer Umhüllung lösen, wird ein radikaler Unterschied sofort erkennbar: Die Windungen beim Affen sind spärlicher und einfacher; beim

Menschen zahlreicher und komplexer. Hier liegt das grosse Geheimnis! Menschen, die das Schicksal der Menschheit formen, sind am weitesten entwickelt und deshalb die komplexesten Typen. Es sind nicht Menschen, die hier ein kleines Interesse und dort eine kleine Funktion haben; bei ihnen ist jeder Faktor ihres Seins in ein einziges komplex zusammengesetztes Muster eingebaut. Oft erscheint dieser Komplex an der Oberfläche als sehr weit divergierend, aber dies ist nur ein weiteres Zeichen seiner Vielfältigkeit. Dies lässt sich alles astrologisch erklären.

Ein Blick in die Horoskope der grössten Männer der Geschichte zeigt, dass ihre Planeten – allgemein gesagt – genaue oder doch fast genaue Aspekte bilden und dass alle oder fast alle Planeten – und das ist der wesentliche Punkt – miteinander in Beziehung stehen. Manchmal finden wir in einem Horoskop zwei oder drei, vielleicht sogar vier Komplexe, die gegenseitig jedoch keine enge Beziehung haben. Das sind die Horoskope von gewöhnlichen Menschen. Es ist, als ob sie in ihrer Natur mehrere Fasern hätten, die nicht richtig miteinander verwoben sind. Als Folge davon ist man mit seinen schwachen Fähigkeiten eine zeitlang an der Arbeit, dann ist diese wieder vergessen und eine andere steht im Vordergrund. Dieser Mangel an Stetigkeit verunmöglicht es, irgendeine aufbauende Arbeit durchzuführen. Sollte ein solcher Mensch zu Berühmtheit gelangen, so dürfte dies die Folge einer ganz plötzlich beschlossenen und ausgeführten Handlung oder eines Zufalls sein.

Ein paar Beispiele grosser Horoskope werden das eben Dargestellte zur Gewissheit werden lassen:

Shakespeare – um mit ihm zu beginnen – hat alle neun Planeten in einem einzigen Komplex. Fünf von ihnen bilden Aspekte innerhalb von 3 Grad Abweichung und nur einer ist über 10 Grade vom weitesten entfernt.

Bei Dante kann man von zwei Komplexen sprechen, von einem mit fünf Planeten innerhalb von 6 Graden, und einem mit vier innerhalb von 9 Graden; und ein Komplex ist bloss 9 Grade vom andern entfernt.

Michelangelo hat sechs Planeten innerhalb von sechs Graden, einen siebenten nur 4 und einen achten nur 3 Grade entfernt.

Petrarca hat sechs Planeten innerhalb von $6^1/_2$ Graden und die andern drei innerhalb von 10 Graden.

Sir Richard Burton hat fünf Planeten innerhalb von 5 Graden und die andern vier innerhalb von 7 Graden.

Bismarck hat sieben Planeten innerhalb von 10 Graden, die andern zwei innerhalb von 4 Graden.

Edison hat sechs innerhalb von 11 Graden, die andern innerhalb von 8 Graden.

Shelley hat fünf innerhalb 8 Graden, zwei innerhalb 2½ Graden und den letzten nur 6 Grade von einer Konjunktion mit einem Planeten des grösseren Komplexes entfernt.

Zola hat alle neun innerhalb von 11 Graden.

Kopernikus hat acht innerhalb von 11 Graden.

Goethe hat zwei verschiedene Komplexe, einen von sechs Planeten innerhalb von 13 Graden, die andern drei innerhalb von 7 Graden.

Napoleon hat sechs innerhalb von 10 Graden, drei innerhalb von 5½ Graden und drei innerhalb 7 Graden.

Newton hat drei innerhalb von 1½ Graden, drei innerhalb von 5½ Graden und drei innerhalb von 7 Graden.

Balzac hat vier innerhalb von 9 Graden, fünf innerhalb von 10 Graden und die beiden Komplexe sind innerhalb 7 Graden miteinander verbunden.

Wagner hat fünf innerhalb von 5 Graden, drei innerhalb von 6 Graden und den letzten nur 5 Grade entfernt.

Baudelaire hat fünf innerhalb von 10 Graden und die übrigen vier ebenfalls innerhalb von 10 Graden. Von einem Komplex zum andern sind es nur 7 Grade.

Pasteur hat sechs Planeten innerhalb von 6½ Graden, zwei innerhalb von 3 Graden und der Mond, der ohne Beziehung steht, ist weitaus der unwichtigste Planet im ganzen Himmelsbild.

Swinburne hat sechs Planeten innerhalb von 5 Graden, die übrigen innerhalb von 1½ Graden.

Hätten wir noch die weniger wirksamen Aspekte wie 45 Grad (Halbquadrat) und 135 Grad (Anderthalbquadrat) oder Quincunx (150°) und Quintil (72°) mit einbezogen, wären unsere Beweise noch weit vielfältiger, aber bei derartigen Ableitungen ist es nicht wünschenswert, sich zu sehr in Verästelungen zu versteigen. Wir ziehen vor, unsere Beweise auf offensichtliche und allgemein anerkannte Tatsachen zu gründen.[15]

Es ist zwecklos, sich beim Ausarbeiten eines Horoskops auf die Betrachtung der gegenseitigen Aspekte von Planetenpaaren zu beschränken, wie das häufig getan wird. Sicher erhält man auf diese Weise Teilansichten über den Geborenen, aber erst der Komplex entscheidet darüber, in welchem Massstab, auf welchem Niveau diese Details interpretiert werden müssen. Zola hatte ein Saturn-Trigon zu Merkur, was ihm eine grosse konstruktive Begabung verlieh. Aber wäre dieser Aspekt nicht gleichzeitig ein Teil des grösseren und mächtigeren Komplexes gewesen, wäre er vielleicht ein guter Kaufmann, ein Rechtsanwalt oder etwas ähnlich Alltägliches geworden.

Shelleys Konjunktion von Mars und Jupiter hat eine ganz andere Wirkung als der gleiche Aspekt bei J.P. Morgan. Warum? Weil diese Konjunktionen Teile von Komplexen ganz gegensätzlicher Natur bilden. Schon allein die Tatsache, dass sich die eine im Löwen und die andere in der Waage befindet, würde die Verschiedenheit erklären. Und hier müssen wir nun mit allem Nachdruck auf die Notwendigkeit hinweisen, nicht nur die Komplexe zu beachten, sondern auch die Schlüssel zu ihnen.

Zwei Menschen mögen identische Aspekte besitzen und dennoch können sie äusserst verschieden sein, weil im einen Fall der Geburtsherrscher (Herr des Aszendenten) Mars ist und im andern Venus. Es ist nicht immer leicht, den geheimen Angelpunkt herauszufinden, um den sich ein Komplex dreht. Der Herr des Aszendenten ist gewöhnlich der Kardinalpunkt, aber wenn mehrere Planeten oder auch nur ein sehr starker am Aszendenten stehen, kann der Herr des Aszendenten von diesen, bzw. diesem übertrumpft und seine Stellung im Horoskop usurpiert werden. Es ist von äusserster Wichtigkeit, dass dieser Hauptplanet mit Sicherheit entdeckt wird, denn ob wir die anderen Planeten als modifizierende Beigaben zu Jupiter oder zu Saturn betrachten, das macht den entscheidenden Unterschied aus. Sollte der Geborene ein eingefleischter Saturnier sein, wird das Trigon von Jupiter seine selbstsüchtigen Pläne begünstigen, bei einem Jovier aber wird das Saturntrigon dessen enthusiastischen Pläne eindämmen und ins Gleichgewicht bringen. Die Konjunktion von Sonne und Venus, die Shelley zu einer so grossartigen Verkörperung von Licht und Schönheit machte, hätte kaum in dieser Weise gewirkt, wenn bei ihm Skorpion anstelle von Schütze am Aszendenten gestanden hätte. Es ist der Geburtsherrscher Jupiter, der in Konjunktion mit Mars und Neptun kulminiert, der die Disposition und Überlegenheit der Sonne im Löwen gegenüber der Venus bestimmt. Und Venus war es, die dahin wirkte, dass sich diese innere Disposition in der Kunst äussern konnte.

Wäre diese Konstellation beispielsweise durch das Zeichen Fische beeinflusst gewesen, hätte sie sich in einer weichen, schattenhaften Weise geäussert.

Für einen vorläufigen Überblick über diesen Sachverhalt mag dies genügen. Wir werden im Verlaufe unserer Ausführungen noch Pelion auf Ossa und Osaa auf Olympus türmen,[16] um dieses Geheimnis des astrologischen Komplexes darzustellen.

Die fachlichen Grundbegriffe der Astrologie

Materie, wie wir sie kennen, besteht immer aus drei Dimensionen, nicht mehr und nicht weniger: Länge, Breite und Dicke. Etwas, das diese Eigenschaften nicht besitzt, ist nicht objektiv, sondern subjektiv.

Die reine Mathematik als Wissenschaft beschäftigt sich mit subjektiven Annahmen. Sie basiert auf einer Reihe willkürlicher Übereinkunfte. Mathematik ist ein Hilfsmittel, um unser Denken in Hinsicht auf zahlenmässige Beziehungen von Objekten zu vereinfachen.

Ein Punkt hat eine Stelle, aber weder Teile noch Ausdehnung.

Eine Linie hat Länge, aber weder Breite noch Dicke.

Ein Kreis ist eine in sich geschlossene Linie, die so verläuft, dass es einen Punkt gibt, von dem aus alle geraden Linien, die man von ihm zu ihr zieht, gleich lang sind.

Das Sonnensystem ist kein Kreis: schon einmal deshalb, weil es wirklich, objektiv und folglich dreidimensional ist, währenddem ein Kreis imaginär, subjektiv und zweidimensional ist. Trotzdem ähnelt das Sonnensystem in seinen allgemeinen mathematischen Eigenschaften etwas einem Kreis, obwohl die Bahn des Neptun, der es umfängt, durchaus nicht kreisförmig ist. Wir sprechen aus Bequemlichkeit etwas ungenau vom Sonnensystem als von einem Kreis.

Auch der Tierkreis ist ganz und gar kein Kreis, denn die Gestirne, die zusammen die verschiedenen Sternbilder darstellen, befinden sich in sehr verschiedenen Distanzen zur Sonne, aber auch hier sprechen wir der Einfachheit halber von einem Kreis.

Die Mathematiker teilen den Kreis aus praktischen Gründen in vier Quadranten ein. Die Mathematiker unterteilen den Kreis aus praktischen Gründen in dreihundertsechzig Grade. Allerdings besteht ein gewisser Zusammenhang zwischen dieser Einteilung und der Anzahl Tage im Jahr, denn man kannte diese Anzahl damals zur Zeit dieser ersten Unterteilung noch nicht so genau.

Ausserdem bestehen noch die folgenden willkürlichen und aus praktischen Gründen allgemein üblichen Unterteilungen:

Der Tierkreis wird in zwölf Zeichen von je dreissig Grad eingeteilt, wobei diese Zeichen in groben Zügen den Hauptsternbildern des Zodiak entsprechen.[17] Jedes Zeichen wird in drei Teile unterteilt, die man Dekanate nennt und die je zehn Grade umfassen. Jedes Zeichen wird in sechs Teile zu je fünf Graden eingeteilt, die man Quinarien nennt.[18] Jeder Grad wird in sechzig gleiche Teile unterteilt, die Minuten, und jede Minute in sechzig Sekunden.

Wenn ein Planet in einer Himmelsgegend beobachtet wird, wo sich ein bestimmtes Sternbild befindet, sagt man, er befinde sich in diesem Sternbild, obwohl natürlich der Planet sehr nahe und die Gestirne des Sternbildes sehr weit entfernt sind.

Die Strahlen des Sternbildes und die Planeten laufen jedoch parallel und ihre Einflüsse verbinden sich deshalb. Wenn wir also sagen, Mars befinde sich im Widder, meinen wir, dass jemand, der von der Erde aus den Himmel beobachtet, den Mars scheinbar zwischen den Sternen stehen sieht, die das Sternbild des Widders bilden.[19] Der Einfluss des Widders ist mit demjenigen der besseren Seite der Marsnatur verwandt. Deshalb bezeichnen wir Mars in dieser Stellung als stark.

Die zwölf Felder[20]

Ein Beobachter auf der Erde, der die Sonne zur Zeit der Frühlings-Tag-und-Nacht-Gleiche gerade aufgehen sieht, nennt die Stellung der Sonne die Spitze des Aszendenten oder des ersten Feldes. Er teilt dabei den scheinbaren Tagesumlauf der Sonne in zwölf gleiche Felder zu je dreissig Grad ein. Das erste Feld besteht dann aus den ersten dreissig Graden direkt unterhalb des Aufgangspunkts der Sonne. Die nächsten dreissig Grad bilden das zweite Feld u.s.w., so dass die dreissig Grad unmittelbar oberhalb der Sonne das zwölfte Feld darstellen.

Im Augenblick der Frühlings-Tag-und-Nacht-Gleiche tritt die Sonne in das Zeichen Widder ein. Deshalb entspricht das Zeichen Widder dann bei Sonnenaufgang dem ersten Feld. Bei ihrem Untergang steht die Sonne natür-

Bild 2: Darstellung der Bedeutung der zwölf Felder (im äussersten Kreis). Innen die Tierkreiszeichen und Planeten.

lich immer noch im Widder. Dafür befindet sich jetzt aber das gegenüberliegende Zeichen, die Waage, im Ostpunkt, und wir sagen, die Waage befinde sich am Aszendenten. In nördlichen Breiten steigen die Tierkreiszeichen nicht gleichmässig über dem Horizont auf, deshalb stimmen meist die Felder nicht mit den Tierkreiszeichen überein. Zum Beispiel steigt in der Breite von London der Wassermann in etwa einer Stunde und acht Minuten auf, das heisst, es dauert ungefähr eine Stunde und acht Minuten, bis der erste Grad Wassermann am Aszendenten durch den ersten Grad Fische ersetzt wird, während beim Wechsel von Löwe zu Jungfrau zwei Stunden und achtundvierzig Minuten notwendig sind.

Die astrologische Bedeutung der zwölf Felder werden wir noch ausführlich besprechen, wenn wir uns mit den durch sie hindurchgehenden Planeten und deren Wirkung befassen.

Die Aspekte der Planeten

Ein Beobachter auf der Erde muss ein Teleskop, wenn er die Stellung von zwei verschiedenen Planeten am Himmel einstellen will, jeweils um einen bestimmten Winkel drehen. Wie schon zuvor erklärt, reagieren die Einflüsse zweier Planeten in bestimmten Winkeln gegenseitig aufeinander, und diese bestimmten Winkel nennt man Aspekte. Man unterscheidet die folgenden Aspekte:

Die Konjunktion

In Konjunktion stehen Planeten, wenn der Winkel zwischen ihnen gleich Null ist, d.h. wenn das erwähnte Teleskop überhaupt nicht in der Zodiakalebene gedreht werden muss.

Der Parallelaspekt

Parallel stehen Planeten, die den gleichen Deklinationswinkel haben, d.h. wenn man das Teleskop in der senkrecht zur Zodiakalebene stehenden Ebene nicht schwenken muss. [21]

Das Halbsextil

Das Halbsextil umfasst dreissig Grade.

Das Halbquadrat

Das Halbquadrat ist der Winkel von 45 Grad.

Das Sextil
Der Winkel von 60 Grad.
Das Quadrat
Der Winkel von 90 Grad.
Das Trigon
Ein Winkel von 120°.
Das Anderthalbquadrat
Ein Winkel von 135°.
Die Opposition
Der Winkel von 180°.

Es gibt auch noch weniger wichtige Aspekte von 72° (Quintil), 144° (Doppelquintil) und 150° (Quincunx). Diese können im allgemeinen vernachlässigt werden. Auch das Halbsextil und das Halbquadrat sind schwache Aspekte, ebenso das Anderthalbquadrat.[22]

In der traditionellen Astrologie war man übereingekommen, die Aspekte Trigon, Sextil und Halbsextil als «gut», Quadrat und Opposition als «böse» und die Konjunktion als «ungewiss» anzusehen. Die moderne Forschung hat uns jedoch dazu geführt, diese sehr summarische Ansicht zu modifizieren. Man wird in diesem Buch zahlreiche Beispiele finden, die dieser Regel widersprechen, die nur eine sehr grobe Verallgemeinerung darstellt.

Der Parallelaspekt ist von grosser, jedoch nur wenig verstandener Bedeutung. Seine Hauptfunktion scheint darin zu bestehen, andere Aspekte zu bestätigen und zu verstärken. Am stärksten wirkt der Parallel, wenn die Abweichung beinahe Null ist, das heisst, wenn die Kräfte der beiden parallelen Planeten so nahe als möglich bei der grossen Drehebene liegen, die die Gesamtkraft des Sonnensystems enthält.

Die Berechnung des Horoskops

Wie man eine Himmelskarte aufstellt,
die für die astrologische Deutung verwendbar ist.

Beim heutigen Stand der Wissenschaft Astrologie ist es nicht notwendig, ja nicht einmal wünschenswert, grosse mathematische Genauigkeit anzustreben, wie sie von den Astronomen gebraucht wird. Dafür gibt es zahlreiche Gründe:

Es ist ziemlich selten, dass die Geburtszeit einer Person genau bekannt ist. Dazu kommt, dass man nicht einmal sicher ist, welchen Augenblick man als «Geburtszeit» festhalten sollte, auch wenn die Geburt im «Lick-Observatorium»[23] stattfinden sollte und alle Astronomen der Welt sich am Bett der Mutter berieten.

Es ist nicht eindeutig festzustellen, zu welchem Zeitpunkt man einen Aspekt als «exakt» bezeichnen soll. Bei der Bildung eines Aspekts tritt manchmal die Wirkung schon etwas zum Voraus, manchmal mit etwas Verspätung ein.

Und wenn auch alle diese offenen Fragen zufriedenstellend beantwortet wären, so hängt das Urteil des erfahrenen Astrologen eben doch vom menschlichen Faktor ab, vom persönlichen Verhältnis. Die erfolgreichsten Astrologen sind nicht die, die sich am sorgfältigsten der mathematischen Seite der Sache widmen, sondern diejenigen, die ihre natürliche Deutungsgabe durch viel Erfahrung trainiert und entwickelt haben.[24]

Es ist sehr einfach, ein Himmelsbild aufzuzeichnen, das verwendbar ist für eine astrologische Deutung. Auch jemand mit recht bescheidenen mathematischen Fähigkeiten kann in einer Stunde lernen, ein Horoskop aufzustellen. Die hier gegebene Anleitung wird ihm dies bequem ermöglichen.[25]

Als erstes müssen Sie sich eine Ephemeride zutun. Sie können sie durch Ihren Buchhändler erhalten. Die heutige Astrologengeneration verwendet in der Regel «Raphaels Ephemeris of the Planets Places», und wir wollen annehmen, Sie hätten sich diese beschafft. Am linken Rand der linken Seite finden Sie jeweils das Datum und den Wochentag bezeichnet. Suchen Sie den gewünschten Geburtstag. In der nächsten Kolonne finden Sie die Sternzeit

(Sideral Time) angegeben. Wir brauchen hier nicht näher zu untersuchen, was dies bedeutet.[26] Wir geben hier lediglich die Vorschriften. Wenn die Zeit, für die Sie das Horoskop stellen wollen, nach Mittag liegt, addieren Sie die Stunden und Minuten nach Mittag zu der für den Tag in der Ephemeride angegebenen Sternzeit. Liegt die Zeit jedoch vor Mittag, so ziehen Sie die Stunden und Minuten vor Mittag von der Sternzeit ab (für acht Uhr morgens müssen Sie also vier Stunden abziehen). Wenn Sie im ersten Fall eine Stundenzahl über 24 erhalten, ziehen Sie davon vierundzwanzig Stunden ab. Im zweiten Fall addieren Sie vierundzwanzig Stunden zu der Sternzeit, falls diese weniger betragen sollte als die Stunden, die Sie abziehen wollen. Dann blättern Sie ans Ende der Ephemeriden und suchen in den Feldertabellen (Tables of houses) die heraus, die für den Ort, für den Sie das Horoskop aufstellen wollen, passt.[27]

Nehmen Sie nun das leere Formular zur Hand, das Sie sich unterdessen verschafft oder vorbereitet haben, das einen in zwölf Abschnitte unterteilten Kreis zeigt. In der Feldertabelle werden Sie in der linken Kolonne wieder die Sternzeit eingetragen finden. Verfolgen Sie die Kolonne nach unten, bis Sie zu der Sternzeit kommen, die derjenigen, die Sie zuvor wie angegeben berechnet haben, am nächsten kommt. Nun tragen Sie in Ihr Formular dort, wo das Feld 10 angeschrieben ist, das Zeichen und die Grade ein, die Sie neben der Sternzeit Kolonne in der Feldertabelle angegeben finden. Anschliessend füllen Sie die nächsten Felder entsprechend aus bis zum dritten. Vom vierten bis neunten Feld finden Sie keine Angaben, was auch nicht nötig ist, weil das vierte Feld genau dem zehnten gegenüberliegt, das fünfte dem elften usw. Wenn also z.B. 16° Krebs an der Spitze des zehnten Feldes stehen, so befinden sich an der Spitze des vierten 16° Steinbock. Wenn Sie demgemäss alle zwölf Felder ausgefüllt haben, können Sie wieder zum vorderen Teil der Ephemeride zurückblättern.

Nun tragen Sie in den Kreis die Planeten an ihren entsprechenden Stellen ein. Nehmen wir z.B. an, die Spitze des elften Feldes sei 24° Jungfrau. Wenn Sie für Ihre Sonne nur 22° Jungfrau angegeben finden, tragen Sie sie etwas vor der Spitze ein, wenn 26°, etwas hinter der Spitze. Die tägliche Bewegung der Sonne bleibt immer innerhalb von einem Grad (plus oder minus Minuten) und es ist deshalb völlig überflüssig, irgendwelche Berechnungen gemäss der Geburtsstunde zu machen. Es genügt vollkommen, die Stellung zu Mittag zu nehmen, wie sie in der Ephemeride verzeichnet ist, und zwar ab- oder aufgerundet auf den nächsten vollen Grad. Nehmen wir an, für die Sonne sei 16° 5′ 52″ Waage angegeben, so können Sie sie mit 16° Waage eintragen, selbst wenn die Geburtszeit beinahe Mitternacht ist. Etwas gesunder Menschenverstand ist alles, was dabei vonnöten ist.

Nun sehen wir uns die Stellung des Mondes an. Die tägliche Mondbewegung ist ziemlich gross. Sie kann bis zu fünfzehn Grad oder sogar etwas mehr betragen. Manchmal ist sie auch bloss zwölf Grad oder noch etwas weniger, aber dies ergibt ungefähr pro zwei Stunden einen Grad. In der Ephemeride sind die Stellungen für Mittag und Mitternacht angegeben. Wenn Sie die Stellung wählen, die der Geburtszeit näher liegt und pro Stunde einen halben Grad zu- oder abzählen, erhalten Sie eine Mondstellung, die abgesehen von einem unbedeutenden und zu vernachlässigenden Fehler korrekt ist. Nehmen wir an, Sie wollen das Horoskop für 9 Uhr abends stellen, und die Mondstellung um Mitternacht an diesem Tag ist 8° 37′ Stier. Sie brauchen bloss für die drei Stunden eineinhalb Grad (90 Minuten) abzuziehen, was 7° Stier ergibt. Nun gehen Sie zur rechten Seite der Ephemeride über, wo Sie die Stellungen der übrigen Planeten finden.

Neptun bewegt sich nie weiter als ein bis zwei Minuten in 24 Stunden, Uranus selten über zwei Minuten, Saturn selten mehr als sieben, Jupiter selten mehr als zwölf, Mars selten mehr als fünfzig und es ist deshalb ganz unnötig, mehr zu notieren als den nächstliegenden vollen Grad. Venus bewegt sich allerdings gelegentlich um mehr als einen Grad, und Sie sollten die Stunde, für die Sie das Horoskop stellen, in Betracht ziehen, um ihre Stellung zu bestimmen. Nehmen wir z. B. an, ihre Stellung betrage zu Mittag 19° 39′ Widder. Ist die Horoskopzeit vormittags, notieren Sie Venus auf 19°, ist sie nachmittags, auf 20° Widder. Merkur bewegt sich noch rascher, manchmal legt er über zwei Grad in 24 Std. zurück. Deshalb müssen Sie auch bei ihm die Stellung, die Sie notieren wollen, sorgfältig abschätzen.

Die Mondknoten sind in der Ephemeride auf der Seite rechts oben angegeben. Sie bewegen sich so langsam, dass man sich nicht die Mühe machen muss, ihre Stellung für die Tageszeit zu korrigieren.[28]

Die Stellung irgendeines Planeten auf Minuten und Sekunden genau berechnen zu wollen ist unnütz und absurd, weil wir bei den Aspekten Abweichungen von zwölf und mehr Graden gelten lassen. «Mücken seien und

Kamele verschlucken» (Mat. 23,24) ist Art der «Schriftgelehrten und Pharisäer – der Heuchler.»

Sie werden feststellen, dass einige Planeten manchmal als «rückläufig» mit einem «R» gekennzeichnet sind. Dies gilt nie für Sonne oder Mond und ist für die Berechnung der Horoskops nur bei Venus und Merkur zu beachten. Wenn Sie sehen, dass die Gradzahlen bei diesen Planeten in der Kolonne nach unten hin kleiner werden, statt grösser, dann wissen Sie, dass sie rückläufig sind. Sie müssen dann für die spätere Zeit die kleinere Gradzahl wählen und umgekehrt.

Etwas Verwirrung stiftet die Tatsache, dass sich der Tierkreis scheinbar entgegengesetzt zu den Planeten dreht. Dies ist selbstverständlich in Wirklichkeit nicht der Fall. Selbst die sogenannten «rückläufigen» Bewegungen beruhen nur auf der Tatsache, dass sich die Erde so viel schneller bewegt als die anderen Planeten und sie dadurch rückläufig erscheinen lässt. Es ist eine ähnliche Täuschung wie die, welche die untere Hälfte eines Wagenrades rückwärts drehend erscheinen lässt, oder wie ein Personenzug gegenüber einem Schnellzug erscheint, der ihn überholt. Was aber zu beachten ist: Dank der raschen Drehbewegung der Erde sieht ein Beobachter, der an irgendeiner Stelle der Erde steht, jede ein bis zwei Stunden ein neues Tierkreiszeichen aufsteigen, während die Sonne einen ganzen Monat lang im gleichen Zeichen verbleibt. Wenn Sie also ein Horoskop für Sonnenaufgang und eines für Mittag aufstellen, wird es so aussehen, als hätten sich alle Planeten rückwärts bewegt. Aber in Wirklichkeit bewegen sie sich natürlich vorwärts.

Ich hoffe, dass diese einfache Erklärung jedwede Schwierigkeit beheben wird, auf die der Astrologie-Neuling beim Aufstellen des Horoskopes stossen könnte.[29] Es gibt eine sehr nützliche und einfache Methode, um die Richtigkeit der Horoskopberechnung zu überprüfen. Ist die Zeit, für die das Horoskop gestellt werden soll, um die Zeit des Sonnenaufganges, so muss die Sonne im Horoskop in der Nähe des Aszendenten stehen, um Mittag in der Nähe der Spitze des 10. Feldes, um Sonnenuntergang bei der Spitze des 7. und um Mitternacht der des 4. Feldes. Zu den dazwischenliegenden Zeiten in den dazwischenliegenden Feldern. Es ist zu empfehlen, diese Überprüfung immer vorzunehmen, solange man nicht schon einige Dutzend Horoskope aufgestellt hat.

Wir haben versucht, diese Instruktionen so einfach und brauchbar wie möglich zu machen, indem wir alle Feinheiten und Komplikationen weggelassen haben. Aber wenn jemand ihnen dennoch nicht völlig problemlos folgen konnte, sollte er sich – erst nachdem er es mehrmals versucht hat, nicht vorher – an einen praktizierenden Astrologen wenden, um sich ein- oder zweimal zeigen zu lassen, wie die Sache funktioniert.

Allgemeine Grundlagen der Deutung

Nachdem Sie das Horoskop aufgestellt haben, sollten Sie als erstes das Zeichen am Aszendenten (das aufsteigende Zeichen) beachten. Blättern Sie zu dem Teil des Buches, wo die Wirkungen des Aszendentenzeichens beschrieben sind.[30] Als nächstes sollten Sie feststellen, ob diese Zeichenwirkung durch einen oder mehrere Planeten in diesem Zeichen kompliziert wird, und falls dies der Fall sein sollte, sehen Sie wiederum im entsprechenden Teil des Buches nach. Dann suchen Sie den Herrscher dieses Zeichens auf, stellen fest, in welchem Tierkreiszeichen er steht und in welchem Feld, und ob er noch irgendwie durch Aspekte eine komplexere Bedeutung erhält. In jedem Fall werden Sie einen Abschnitt in diesem Buch finden, wo diese Umstände beschrieben werden. Die gleichen Überlegungen müssen Sie dann der Reihe nach für jedes Zeichen anstellen.[31]

Wenn Sie alle diese vorbereitenden Arbeiten hinter sich haben, sind Sie schon auf dem besten Wege, sich eine Deutung zurechtzulegen. Sie werden gut daran tun, alle diese vielen Details wie einen Kasten mit Bausteinen zu betrachten, aus denen Sie ein Haus aufbauen können. Einige Faktoren werden Ihnen als besonders wichtig ins Auge springen, andere weniger. Je länger Sie über das Geburtsbild meditieren, desto mehr auffallende Punkte werden Ihrer Einbildungskraft als Anregung dienen, und wenn Sie nun Ihre Intuition in Gang setzen und Ihre schöpferischen Fähigkeiten anwenden, um Ihre Deutung auszuarbeiten, werden Sie ein geistiges Bild des Horoskops als Ganzem erhalten, das, obwohl auf der sicheren Grundlage der Tatsachen der Planetenstellungen fussend, mehr ist, als die Summe dieser Tatsachen.

Um eine Analogie aus der Malerei heranzuziehen: Ein Meisterwerk von Velasquez ist, wenn Sie es analysieren, ein auf eine bestimmte Weise angeordnetes Muster von Farbflecken, aber mit dieser Aussage ist das Bild in keiner Weise beschrieben. Ein Astrologe, der meint, aus gewissen Stellungen und Aspekten bestimmte Ergebnisse ableiten zu können, ist kein guter, sondern ein schlechter Astrologe. Je stärker sich der Astrologe auf das blosse Material seiner Berechnungen konzentriert, desto schlechter dürfte seine Deutung ausfallen. Unermüdlichkeit ist ein guter Diener, aber ein schlechter Meister.

Der geübte Astrologe gibt sich unendliche Mühe mit seinem Horoskop; er geht daran, die absurde Definition des Genies zu erfüllen, die Carlisle gegeben hat. Aber nachdem er sich in das ganze Horoskop eingelebt hat, denkt er nicht mehr daran oder bezieht sich nur noch beiläufig darauf, um den allgemeinen Eindruck, den er schon davon hat, zu bestätigen. Die wirkliche Deutung erreicht er dadurch, dass er alles, was aus dem Horoskop zu entnehmen war, in sich aufgenommen hat und sich nun den Ansprüchen der Situation gewachsen zeigt. Der Astrologe verarbeitet alle Horoskopdaten im Destillierkolben seiner Imagination. Die uneingeschränkte Flut seines Genies überschwemmt den Damm seiner gesammelten Daten und spült ihn hinweg. Was er erreicht, ist nicht bloss sinnvoll und vernünftig, es erhält durch seine erhabene Intelligenz gestalteten und erleuchteten Sinn und Verstand.

Deshalb ist der streberhaft tüftelnde Astrologe so nutzlos wie die gleiche Art von College-Lehrer. Es gibt keine einzige menschliche Tätigkeit, bei der Vorschriften von irgendwelcher Bedeutung wären. Es ist das Vorrecht jedes grossen schöpferischen Künstlers, die Regeln zu durchbrechen. Hätte sich Wagner an die zu seiner Zeit gültigen akademischen Gesetze der Harmonielehre gehalten, würde die Musik noch immer in jenem Morast stecken, in dem sie die Tanzmusikkapellmeister der Mendelsohn-Ära hätten versinken lassen. Hätte Whistler sich an die Plattheiten Ruskins gehalten, sässe Königin Elisabeth noch immer auf dem Thron von England.[32] Man kann Dichtkunst nicht dadurch beurteilen, dass man die Silben an den Fingern abzählt, und die hölzernen Rhythmen Drydens und Longfellows sind nicht musikalischer, sondern weniger musikalisch als die ungeregelten Ausbrüche Whitmans.[33]

Der Astrologe erhebt Anspruch darauf, ebenso ein schöpferischer Künstler zu sein wie der Dichter, Maler oder Musiker; und er wird niemals wahre Grösse in seinem Beruf erreichen, wenn er es zulässt, dass er sich strikte an die Tradition gebunden fühlt oder auch nur an die Regeln, die seiner eigenen Erfahrung entstammen.

Wir sind alle Menschen, aber wir sind des Namens Mensch nur würdig, insofern wir göttlich sind. Inspiration – und nichts anderes – unterscheidet den Menschen vom vergänglichen Tier.

Die allgemeine Bedeutung der Planeten
Zeichen und Felder

Die Planeten

In dem Teil dieses Buches, in dem die einzelnen Planeten beschrieben werden,[34] werden Sie einen Artikel über eines jeden Natur finden. Aber damit sich der Leser schon im voraus mit dem Thema vertraut machen kann, geben wir hier eine Zusammenfassung.

Diejenigen Leser, die mit der griechischen und römischen Mythologie vertraut sind, können über unseren Gegenstand bereits einen recht guten Überblick gewinnen, indem sie einfach die Eigenschaften in Betracht ziehen, die den Göttern, deren Namen den verschiedenen Planeten gegeben wurden, zugeordnet sind. Im Grossen und Ganzen gibt es gar keine bessere Methode, um sich mit diesem Thema auseinanderzusetzen, denn diese Namen wurden nicht zufällig verteilt, sondern den Planeten nach einer sorgfältigen Beobachtung ihrer astrologischen Einflüsse gegeben.

In früheren Zeiten war das Meer nicht in dem Sinne schiffbar, wir wir heute diesen Begriff verwenden. Die Schiffsreise des Odysseus von einem Ende des Mittelmeers zum andern wurde der feierlichen Verehrung für würdig erachtet, die ihr durch das grösste Werk der Dichtkunst zuteil wurde, das uns aus dem Altertum überliefert ist. Für die Alten war das Meer ein unbekanntes und schreckliches Ungeheuer. Es war von allerart entsetzlicher Fabelwesen erfüllt und hatte etwas ganz besonders Furchterregendes an sich. Es war die Verkörperung des Unbekannten, und der grosse Strom Okeanos (Oceanus), der die ganze damals bekannte Erde umgab, wurde nur von den düsteren Gestaden des Hades begrenzt.[35] Anderseits waren die Bewohner der Küsten und Inseln Griechenlands durchaus mit den spielerischen Launen des Meeres vertraut; und eine Anzahl anmutiger Legenden sind ebenfalls mit dem Namen Neptuns verbunden. Sie waren sich dann wieder auch wohl bewusst, dass ein plötzlicher Sturm das «masslose Gelächter des lauttönenden Meeres» in ein unersättliches, unbarmherziges und mörderisches Wutgeschrei verwandeln konnte. Diese Eigenschaften sind in der astrologischen Auffassung des Planeten Neptun zusammengefasst und verkörpert.

Uranus (griechisch: Ouranos = Himmel) war der Vater der Götter. Für die Alten stellten die Götter eine schreckliche und unberechenbare Macht dar. Die Götter waren mit keinem Mass zu messen. Es war unmöglich vorherzusagen, was sie in irgendeinem Augenblick gerade tun würden. Sie konnten aufrichten oder niederreissen, ohne sich um Tränen oder Gebete zu kümmern. In der ganzen indischen Literatur taucht diese Vorstellung immer wieder auf. Die Götter waren zu entrückt, um vom Menschen verstanden zu werden. Sie waren leidenschaftslos und unwandelbar und konnten dennoch auf die Erde herabsteigen und sich in die Angelegenheiten der Menschen mischen. Der «tugendhafte Aethiopier»[36] bewirtete Jupiter und nannte ihn seinen Freund, ganz ähnlich wie es Abraham in der biblischen Geschichte tat.[37] Aber es war unvorsichtig, den Göttern ins Gesicht zu sehen – jeden Augenblick konnten sie dem Unbedachten Fallen stellen. Sie konnten ihn durch Stolz verführen oder ihn mit unzähmbarem Verlangen erfüllen, das ihn zum Untergang führen musste. Es ist richtig, dass die Menschheit alle Vorteile den Göttern verdankt. Die Götter waren es, die die Menschen in allen Künsten und Wissenschaften unterrichteten, aber sie handelten gleichzeitig auch auf völlig unvorhergesehene und teuflische Weise. Wenn Sie diese Gedanken richtig verstanden haben, so werden Sie bereits recht viel über die Natur des Planeten Uranus oder Herschel wissen.[38]

Der erstgeborene Sohn des Uranus war Saturn (= Kronos). Saturn ist zunächst der Herr des Ackerbaus und auch der Gott der Fortpflanzung. Das Zeitalter des Saturn war das «Goldene Zeitalter». Zu jener Zeit blühte die Tugend – die Menschen waren fleissig, einfach, streng und doch glücklich; aber Saturn stellte auch die Zeit dar, und man sagte von ihm, er fresse seine eigenen Kinder auf. Deshalb wurde er mit der Erscheinung in Beziehung gebracht, die allgemein als Tod bekannt ist. Beim Zusammenbruch der alten Zivilisation, als man das Leben nicht mehr in seinem richtigen Verhältnis zum Sein verstand, und als man Attis, Adonis, Osiris und andere verstümmelte oder ermordete Götter allgemein zu verehren begann, wurde Saturn mit dem jüdischen Schaitan (Satan) vermengt. Zeit, Leben und alle Existenzbedin-

Bild 3: Die «Planetenkinder» des Saturn, der seine Kinder frisst und die Sense des Todes führt, sind Ackerbauern, Schlächter, Gefangene und Darbende.

Saturnus.

gungen wurden als übel angesehen, als ein Ergebnis bösen Willens. «Jenseits-Orientiertheit» hatte die einfache Annahme der Tatsachen des Lebens zerstört, die das Heidentum gekennzeichnet hatte. Die spätere Auffassung von Saturn ist deshalb hauptsächlich diejenige von Schwere, Erschöpfung und Alter, von bösem Willen gegenüber den Menschen und von Friede auf Erden – aber nur von Grabesfrieden. Wenn Sie über diese Bermerkungen meditieren, sollten Sie einen recht guten Eindruck davon erhalten, was der Astrologe unter dem Einfluss des Planeten Saturn versteht.

Oben haben wir erwähnt, dass Saturn seine eigenen Kinder frisst. Aber als sein Kind Jupiter (= Zeus) zur Welt kam, täuschte die Mutter Saturn, indem Sie ihm an Stelle des Kindes einen schwarzen Stein gab und so dem Kind das Leben rettete. Es wurde erwachsen, enttrohnte seinen Vater und machte sich selbt zum König über die Götter. Nachdem die alte Vorstellung des Saturn bereits zu derjenigen eines Greises verschoben war, zu einem alten Mann, dessen Kräfte langsam schwinden, der aber dennoch seinen Haushalt in strenger Disziplin hält, die oft schon Tyrannei genannt werden könnte, übernahm Jupiter seine Stelle in der Hochachtung und Liebe der Menschen. Er stellte den jungen Menschentyp dar, den erfolgreichen, stattlichen, freundlichen, väterlichen Mann. Seine Macht war allerdings schrecklich, aber er übte sie alles in allem mit Weisheit und Güte aus. Die hebräische Vorstellung von Jehova ist der römischen Vorstellung von Jupiter nicht sehr unähnlich, aber der letztere weist nicht die rächenden Eigenschaften auf, wie sie die heilige Schrift dem ersteren zuschreibt. Jupiter bestrafte wohl gelegentlich einen besonders schändlichen Fall von Gotteslästerung und einige Versuche, seine Macht zu usurpieren, aber er war in allererster Linie der Vater seines Volkes. Seine Autorität und Würde waren enorm. Er war zwar nicht leicht zugänglich, aber anderseits war er selten zornig und blickte, auch wenn er nicht angerufen wurde, vom Himmel herab, um zu sehen, ob er nicht irgendetwas Gutes für seine Kinder tun könnte. Diese kurze Skizze dürfte ein recht zutreffendes Bild von dem Einfluss vermitteln, den Astrologen dem Planeten Jupiter zuschreiben.

Mars war der Kriegsgott der Römer, und es ist gewiss unnötig das Wesen des Krieges in diesem Jahr des Herrn 1915 zu beschreiben. Mars ist der Krieger, mutig, kraftvoll, grob, gewalttätig, wild, brutal, listenreich, aber vielleicht nicht besonders intelligent. Er ist sehr jähzornig – bei ihm heisst es: ein

Wort – ein Schlag. Sogar in der Kanonenmündung sucht er die aufgeblasene Ehre. Diese Eigenschaften sind es, die der Astrologe in seiner Vorstellung vom Einfluss des Planeten Mars zusammenfasst.

Nun müssen wir bis zu einem gewissen Grad die klassische Mythologie verlassen, denn die Sonne[39] hat für das astrologische Verständnis einen weiteren, tieferen und wahrhaftigeren Sinn, als ihn die Römer ihrem Sonnengott Apollo zuerkannten. Es war eine der Geheimlehren des Heidentums, dass die Sonne nicht nur die Quelle des Lichts, sondern auch des Lebens war; und wenn wir die Bedeutung verstehen wollen, die der Astrologe der Sonne zumisst, müssen wir uns in das Geheimnis dieses Arkanums vertiefen. Die Sonne ist bei weitem der wichtigste aller Planeten, denn sie stellt das Leben des Menschen selbst dar. Sie ist die Nabe des Rades, alle anderen Eigenschaften sind zweitrangig. Es ist schon so, dass sie – wie Apollo – rasches Leben schenkt und raschen Tod und dass mit ihr auch so wesentliche Ausschmükkungen des Lebens wie Kunst und Liebe aufs Engste verbunden sind, aber im römischen System war Apollo nicht der höchste der Götter. Man konnte nicht sagen, dass ohne ihn nichts bestehen könnte, und dies gilt natürlich für die Sonne. Allerdings wurde die klassische Vorstellung von Apollo durch das Eindringen syrischer und ägyptischer Religionen, die hauptsächlich auf die Sonne ausgerichtet waren, allmählich beeinflusst, sodass Apollo später in gewisser Weise mit dem leidenden Gott des Christentums, der Freimaurerei und ähnlicher Kulte identifiziert werden konnte.

Aus dem Gesagten soll nun nicht abgeleitet werden, wir wollten etwa die Wichtigkeit der anderen Planeten herabmindern. Worauf es uns hier ankommt, ist, darauf hinzuweisen, dass, wenn die Sonne verletzt ist, keine noch so guten Aspekte von anderen Planeten diesen Schaden wieder gutzumachen vermögen. Das ganze Thema «Sonne» ist jedoch so weitläufig und so wichtig, dass es wirklich unmöglich ist, mit wenigen Worten zusammenzufassen, was der Astrologe unter der Kraft des Muttergestirns unseres Systems versteht.

Die astrologische Auffassung der Venus führt uns wieder auf klassischen Boden zurück. Venus wurde aus dem Ozean geboren, als dieser in bester Laune lächelte. Sie kam in einer Austernschale zur Welt, was sie mit der Symbolik des Fruchtbarkeitskultes in Verbindung bringt. Sie ist deshalb mit Neptun in seiner besten Laune und mit ihrem Vater Jupiter verbunden. Venus ist das Idealbild der Frau – ohne jeden Makel. Sie ist Liebe, Anmut,

Schönheit, Zärtlichkeit und Freude. Sie inspiriert die Kunst, und wo immer sie einhergeht, tut sie es mit Tanz und Musik. Darüberhinaus – und dies ist von unserem gegenwärtigen Gesichtspunkt aus sehr wichtig – bringt sie Ertrag. Darüberhinaus führt sie die Kraft in Versuchung. Wenn Sie diese Angaben in Betracht ziehen, wird Ihnen dies ermöglichen, ein recht klares Bild davon zu gewinnen, welche Vorstellung sich der Astrologe von dem vom Planeten Venus ausgehenden Einfluss macht.

Der Gott Merkur hat mehrere Formen. Als erstes ist er ein verspielter, boshafter, schelmischer Junge. Er ist das enfant terrible der Götter. Bei patriarchalischen Völkern war es Brauch, die Knaben des Stammes als Sendboten zu verwenden, da die Männer bei den wichtigeren Arbeiten für den Haushalt nicht entbehrt werden konnten. Es ist deshalb ganz natürlich, dass Merkur als Götterbote eingesetzt wurde. Diese Vorstellungen wurden später weiterentwickelt und ausgebaut, so dass wir sehen, wie der in ihnen enthaltene Same in Merkur seine Früchte trägt. Er ist der Lehrmeister von Wissenschaft und Wissen und der Erfinder der Musik – ausgeübt wird sie allerdings eher von Apollo. Aber das kindlich Schelmische bleibt in seiner Verschmitztheit, Schlagfertigkeit und Klugheit, so dass Merkur auch zum Schutzpatron aller Art von Dieben und Schelmen wurde. Darüberhinaus erfand er, besonders in seiner ägyptischen Form: Tahuti oder Thot, die Kunst des Schreibens und wurde zum Schirmherren aller Schriftwerke, was ihn wieder um mit der Idee eines Briefboten in Verbindung bringt. Der Astrologe betrachtet Merkur deshalb als den Planeten, der hauptsächlich den Intellekt beeinflusst, den Menschengeist mit all seinem Glanz, seiner List und seiner Bosheit.

Einer der bevorzugten Beinamen der Mondgöttin war bei den Römern Trivia, die der drei Wege, weil sie drei Erscheinungsformen hat. Sie ist weiblich sowohl als Mutter als auch als Kind. Diese doppelte Möglichkeit ergänzt die Vorstellung des Frauseins, von dem die oben beschriebene Venus nur einen Teil ausmacht. Es gibt aber im Leben einer Frau noch eine gewisse dunkle Seite, um die zu verstehen wir noch einmal zu einer Betrachtung des Lebens primitiver Völker zurückkehren müssen. In den frühen Volksgemeinschaften war eine Frau, die keine Kinder mehr gebären konnte, zu nichts mehr nütze. Ganz egal, was sie auch dem Stamm für Dienste erwiesen haben mochte – sie war vergessen. Sie versank in Verachtung und Hass und kehrte natürlich Hass und Verachtung gegen ihre Umwelt. Dazu verwendete sie die abgewandelten Formen der Künste, die sie im Umgang mit Männern erlernt hatte, jetzt um diese zu plagen. Selbst heute noch blickt man in Indien und einigen anderen Staaten, die wir nicht näher zu bezeichnen brauchen, mit Furcht und Abscheu auf die alten Frauen. Man glaubt, dass sie ihre ganze Zeit darauf verwenden, Unheil zu stiften. Deshalb kann die alte Frau bei abergläubischen Völkern ganz offensichtlich in den Ruf gelangen, sie sei eine Hexe. Der abnehmende Mond wurde deshalb als Symbol jeglicher Art von Teufelei betrachtet. Die alte Mondgöttin ist Hekate, die Königin der Stryges (Hexen). Ein gutes modernes Portrait dieser Vorstellung ist in «Macbeth» gegeben.

Der dritte Aspekt des Mondes ist der, welcher sich aus den natürlichen Gegebenheiten ergibt: Seine rasche Bewegung über den Himmel und seine wechselnde Erscheinung statten ihn mit den Eigenschaften Wankelmut und Unbeständigkeit aus. Dies ist mit der Launenhaftigkeit und Unachtsamkeit verbunden, die wir bei kleinen Kindern beobachten können. Es sind also folgende Hauptpunkte in Betracht zu ziehen: Der Mond stellt erstens das Leben der Frau selbst dar, genau wie die Sonne das Leben des Mannes repräsentiert. Zweitens stellt er die Frau in ihrem Aspekt als Mutter dar – im Gegensatz zu dem des «Weibchens», und gleichzeitig bedeutet er das kleine Kind in den ersten Lebensjahren, ehe sich noch sein Denken, das Merkur zugeordnet ist, voll entwickelt hat, und das kleine Wesen nicht viel mehr ist als ein Bündel von Begierden, Stimmungen und Empfindungen. Drittens stellt der Mond ziemlich genau das in der Frau dar, was Saturn im Mann repräsentiert, aber dies gilt nur, wenn er abnehmend und verletzt ist. Wenn Sie über diese Punkte meditieren, werden Sie imstande sein, recht gut zu verstehen, was der Astrologe unter dem Einfluss unseres Trabanten versteht.

Es gibt noch zwei Punkte im Horoskop, die festzuhalten sind und auf die wir bisher noch nicht eingegangen sind. Einige heutige Astrologen vernachlässigen sie mit der Begründung, dass der Einfluss, der ihnen von den älteren Sternkundigen zugeschrieben wurde, nunmehr durch die Entdeckung von Uranus und Neptun erklärt sei, aber wir haben Horoskope gesehen, in denen ihr Einfluss sehr deutlich ausgeprägt ist, und wir meinen, dass es unseren Gegenstand nicht über Gebühr komplizieren wird, wenn wir kurz auf ihre Funktion und ihr Wesen hinweisen.

Es handelt sich um die Mondknoten; das sind die Punkte, wo die Mondbahn die Ekliptik kreuzt. In der Astrologie werden sie auch Drachenknopf (Caput Draconis) und Drachenschwanz (Cauda Draconis) genannt. Der Einfluss des Drachenkopfes vereinigt in einer besonders plötzlichen und heftigen Art die Wirkungen von Sonne und Jupiter, und er ist deshalb für den Anfang jeder grossen Unternehmung günstig. Er ist ganz besonders hilfreich beim Studium der erhabensten, reinsten Art der okkulten Wissenschaft und verleiht dem diese Dinge Studierenden grosse Kraft.[40] Der Drachenschwanz, der sich immer genau gegenüber dem Drachenkopf befindet, hat genau den gegenteiligen Einfluss. Er ist sehr gut, um etwas aufzulösen, aber kann plötzliche Verluste mit sich bringen, so wie der Drachenkopf plötzliche Gewinne anzeigt. Er ist unschätzbar für denjenigen, der die eher physischen und praktischen Formen des Okkultismus studiert. Weder Drachenkopf noch -schwanz bilden Aspekte zu den Planeten. Sie sind nur in ihrer Stellung zum Horoskop wichtig.[41]

Die Zeichen

Das Universum ist eine Einheit, allmächtig, allwissend, allgegenwärtig. Seine Substanz ist homogen, und man kann von ihr nicht sagen, dass sie Eigenschaften des Seins, der Bewusstheit und der Glückseligkeit besitze, denn diese sind vieleher deren Schatten, den das hochgradig erleuchtete Erkennen wahrnehmen kann, wenn es ihm nahekommt. Zeit und Raum sind nur Illusionen, die einen Schleier bedeuten. Diese Substanz hat bei den verschiedenen Völkern viele verschiedene Namen erhalten. Die Hindus nennen sie Parabrahma, Atman und haben noch viele Namen dafür. Bei den Gnostikern heisst sie Pleroma. Die Kabbalisten geben ihr viele Namen wie etwa das weisse Haupt, der Glatte Punkt, das Alte des Alten, das Verborgene des Verborgenen usw... Später wurde sie Gott genannt, das Absolute, Geist und von einigen Philosophen sogar Materie. Alle jedoch sind sich über ihre Eigenschaften einig, und diese sind natürlich hauptsächlich negativen Charakters. Aber die Griechen nannten sie das Eine. Und dieser wesentlichen Einheit wegen betrachten wir sie hier, denn die Einheit ist die erste zählbare Grösse. Diese Substanz ist nun aber eines, einheitlich und ihrer selbst bewusst, und kann sich, solange sie in diesem Zustand ist, auf keine Weise manifestieren.

Es wäre absurd, nach den Gründen für ihre Manifestation in irgend einem anderen Zustand zu forschen, weil Gründe keine Eigenschaften sind, die dieser Einheit angehören. Es genügt zu wissen, dass sie sich in zwei gleichwertige und entgegengesetzte Abläufe teilte, die von verschiedenen philosophischen Schulen ganz unterschiedlich beschrieben wurden, als männlich und weiblich, als aktiv und passiv, als Feuer und Wasser, Wesen und Erscheinung, Materie und Energie, Yin und Yang, oder auch als Personifikationen wie Shiva und Shakti oder jedes andere Paar von Gottheiten erster Ordnung. Dieses Doppelprinzip, so entrückt es auch sein mag, kommt doch den Grenzen menschlichen Denkens etwas näher, weil unser Denken selbst dualistisch ist, indem sich unser Bewusstsein aus Subjektivem und Objektivem zusammensetzt, aus dem Ich und dem Nicht-Ich.

Es ist möglich, diese Dualität wieder zurück zur Einheit aufzulösen durch einen mystischen Prozess, aber der natürliche Ablauf, der sich aus ihrer eigenen Kombinatbon ergibt, ist der, ein drittes Wesen zu formen, das zwar an den Eigenschaften beider teilhat, jedoch eine unabhängige Existenz besitzt. So entsteht das absteigende Dreieck von Vater, Mutter und Sohn, das Jod, He, Vau des kabbalistischen Trigrammatons und die vorchristliche Dreieinigkeit von solchen Göttern wie Isis, Horus und Osiris oder vielen anderen, deren Namen dem Leser ohne weiteres einfallen werden. In der alten griechischen Philosophie des Parmenides, Empedokles, Heraklit, des Zenon aus Elea und sogar in der Philosophie des Pythagoras und des Stagyriten (Aristoteles) fanden sich diese drei Prinzipien wieder unter den Namen Feuer, Luft und Wasser. Sie sind mit den drei möglichen Zuständen verbunden, in denen man das Universum auffassen kann: Sein, Nichtsein und Werden. Je sorgfältiger man Plato und Aristoteles studiert, desto klarer werden diese Punkte. Man muss dabei allerdings wissen, dass diese Prinzipien alle drei aktiv und bewirkend sind – sie gehören noch der göttlichen Hierarchie an; in einem Wort, der jeziratischen Welt des Rabbi Ben Simeon. Aus dieser Dreiheit von Aktiva schlägt sich ein Passivum nieder, das, um die Benennung der naturphilosophischen Schule fortzuführen, Erde genannt wird. Diese ganze Doktrin wird in wunderbarer Weise, wenn auch noch erweitert, im System der Sephirot zusammengefasst. Diese Unterteilung bildet einen ausserordentlich befriedigenden Ausgangspunkt für jedes Einordnungsschema. Es war deshalb nötig, kurz auf das Gebiet der reinen Philosophie einzugehen, denn es ist unmöglich, ohne einiges Verständnis dieser Urprinzipien sich ein Bild davon zu machen, nicht so sehr, was die Astrologen unter einem Tierkreiszeichen verstehen, sondern, warum sie dies verstehen. Die zwölf Tierkreiszeichen werden nämlich in vier Dreiecke unterteilt, die beim Widder beginnend der Reihe nach Feuer, Erde, Luft und Wasser zugeordnet sind. Und jedes Dreieck weist jeden seiner Teile einem der drei Aktiva zu.

So repräsentiert Widder den feurigen Teil des Feuers, die aktive und gewalttätigste Erscheinungsform dieses Elements; Schütze ist der wässerige Teil des Feuers, die passive und lenkbare Form; und Löwe schliesslich bildet den luftigen Teil, die ausgeglichene, vollendete und gefestigte Manifestation des Feuers.[42] In der Natur könnte man den Widder mit dem Blitz vergleichen, den Schützen mit dem Regenbogen und den Löwen mit der Sonne. Ähnlich ist es beim Wasserelement: Krebs ist die aktivste Form. Man möge dies nicht missverstehen: Wasser ist seiner Natur nach passiv und empfangend, und dennoch hat es auch gewisse aktive Eigenschaften, so zum Beispiel die Kraft der Auflösung. Fische ist die passive, reflektive, stille Form dieses Elementes; und Skorpion bringt die beiden zum Ausgleich und stabilisiert sie. So können Wolken, Regen, Ströme und Flüsse den Krebs symbolisieren, Brunnen und Teiche die Fische und das Meer den Skorpion. Bei der Luft wiederum ist die Waage die aktivste Form,[43] die in ständigem Austausch alles durchdringende Hülle unseres Erdballs. Die Zwillinge stellen die Luft in Aufnahme und Umwandlung dar als Atem und Denken des Menschen. Wassermann harmonisiert diese beiden Vorstellungen. Im Wassermann ist die Luft so fest und fixiert, dass sie etwas von der Wassernatur annimmt: Er ist der Träger des Wassers, wie die Wolken selbst. Wenden wir uns der Erde zu, finden wir die gleiche Unterteilung. Steinbock ist die Erde im Sinne der Formkraft; Berge sind dieser Vorstellung besonders analog, weil sie vorspringend und zerklüftet sind und Hindernisse darstellen. Jungfrau ist die Erde in ihrer passiven Form; Felder und Weiden, die natürlicherweise anderen Einflüssen nachgeben, entsprechen ihr. Währenddem bildet Stier die Kombination dieser Vorstellungen; er stellt den gefestigten und fixierten Gang der Erde dar, den wir nur als das Wesen der Arbeit interpretieren können.

Diese einführenden Bemerkungen sollten dem Studierenden helfen, wenn er seine Nachforschungen nach den Bedeutungen der Tierkreiszeichen, wie sie vom Standpunkt der Naturphilosophie aus gesehen werden, beginnt.

Wir müssen nun ein völlig andersgeartetes Element betrachten, jedoch ein äusserst wichtiges, das wesentlich zu den Grundlagen der astrologischen Konzeption des Tierkreises beiträgt. Zuerst muss der Student auf die Tatsache hingewiesen werden, dass alle alten Religionen symbolische Verehrungen von Naturkräften waren, entweder des Makrokosmos und somit hauptsächlich der Sonne, oder des Mikrokosmos und damit in erster Linie der Fortpflanzung. Mit andern Worten: Alle religiösen Ideen beziehen sich entweder auf das Leben des Erdballs oder auf das Leben des Menschen. Wegen der zahlreichen Zwischenfälle, die sich auf dem Wege der allmählichen Entwicklung der Zivilisation ereignet haben, und wir möchten im besonderen von der Entwicklung des römischen Reiches sprechen, gerieten diese Ideen bis zu einem gewissen Grade in Unordnung. Politische Überlegungen flossen in die Theologie ein; Priester, die die wahre Überlieferung nicht mehr kannten oder denen sie gleichgültig geworden war, machten Anpassung oder Kompromisse. Entsprechend können wir feststellen, dass diese beiden Gedankengänge so sehr miteinander vermengt wurden, dass nicht alle Spitzen der Gelehrsamkeit, selbst nicht die Eingeweihten, sie befriedigend auseinanderhalten können. Um ein auffälliges Beispiel zu nehmen: Es ist doch seltsam, dass das Frühlingsfest, das wir heute Ostern nennen, mit Leiden und Tod in Verbindung gebracht wird, wie bei Attis, Dionysos und anderen. Die Lösung finden wir, wenn wir betrachten, was der Tod ist – wir wollen hier keinen Euphemismus und keine blinde, sondern eine mystische Wahrheit aussprechen, die überhaupt nur für Eingeweihte höchsten Ranges in gewisser Weise zu verstehen sein dürfte. Aber was offensichtlich gemeint ist, erhellt die Tatsache, dass neun Monate danach, zur Zeit der Wintersonnenwende, wenn die Sonne in den Steinbock eintritt, die Geburt der Sonne und des Jahres stattfindet. Die Kreuzigungssymbolik der Sonne, die mit ihrer Überquerung des Äquators zusammenhängt, sollte in Wirklichkeit eher mit ihrem Eintritt in das Zeichen Waage, als mit dem in den Widder verbunden werden, und beinahe alle Verwirrung, die sich ergeben hat, stammt von diesem ursprünglichen Irrtum.[44] Der Eintritt der Sonne in den Widder bedeutet richtig ihre Auferstehung, aber es ist durchaus nicht die Zeit, um ihr Leiden zu symbolisieren, den Untergang unter den Äquator, aus dem sie, symbolisch gesprochen nach drei Tagen und Nächten wieder aufersteht, das heisst, nach sechs Monaten.

Glücklicherweise haben wir ein sehr bemerkenswertes Dokument, das

Buch des Atu oder Tahuti, allgemeiner bekannt unter der Bezeichnung Taro (Tarot). Über Ursprung und Alter dieser ausserordentlichen Darstellungen streiten sich die Gelehrten, und es liegt jetzt nicht in unserer Absicht, eine derart knifflige Frage hier zu erörtern. Wir sind sogar gerne bereit, uns mit der These zufrieden zu geben, dass, obwohl sogar im Mittelalter die Darstellungen von unwissenden Kopisten verändert und verfälscht wurden und sie dringend einer Wiederherstellung bedürfen, sich zumindest ein sehr bemerkenswerter Grad von Wahrheit erhalten hat. Wenn wir diese Karten sorgfältig betrachten und studieren, sind wir imstande, eine klare Konzeption der notwendigen Folge und Bedeutung der Tierkreiszeichen aufzuzeichnen. Im ganzen gibt es 78 Karten. Sechzehn davon sind höfische Karten: König, Königin, Prinz und Prinzessin in jedem der vier Elemente. Dann gibt es die vier Asse; sie stellen die göttliche Wurzel der Kraft jedes der vier Elemente dar. 36 Karten tragen viermal die Nummern 2 bis 10 und stellen die sechsunddreissig Dekanate des Tierkreises dar. Und die verbleibenden 22 Karten entsprechen den zweiundzwanzig Buchstaben des hebräischen Alphabeths, von denen drei den drei aktiven Elementen zugeordnet sind, sieben den Planeten (denn man muss daran denken, dass die Entdeckung von Uranus und Neptun erst der Neuzeit angehört) und zwölf den Tierkreiszeichen.[45] Wir wenden nun unsere besondere Aufmerksamkeit dieser letzten Beziehungsreihe zu:

Widder – Der Herrscher, der Kaiser oder der Pharao
Stier – Der Hohepriester oder der Papst
Zwillinge – Die Liebenden oder die Entscheidung
Krebs – Der Wagen oder der Wagenlenker
Löwe – Die Kraft
Jungfrau – Der Weise, der Eremit oder die Vorsicht
Waage – Die Gerechtigkeit
Skorpion – Der Tod
Schütze – Die Mässigkeit
Steinbock – Der Teufel oder der Schwarzmagier
Wassermann – Die Sterne
Fische – Der Mond

Die Bezeichnungen der Karten sagen nicht in jedem Fall besonders viel aus. Ohne Zweifel wurden sie erst in späteren Zeiten hinzugefügt, um irgendein hervorstechendes Merkmal der Darstellung zu benennen. Es ist deshalb notwendig, die Darstellungen auf den Karten kurz mit Worten zu skizzieren.

Der Herrscher zeigt einen gekrönten König. Er sitzt mit Reichsapfel und Szepter in den Händen auf einem würfelförmigen Stein, der mit einem roten Adler gekennzeichnet ist. Seine Armhaltung ergibt mit Ellbogen und Kopf ein aufrechtes Dreieck, seine Beine bilden ein Kreuz. Das Dreieck über dem Kreuz ist das alchemistische Zeichen für Schwefel, wodurch das Feuerelement in einer sehr sublimierten und sakramentalen Form dargestellt wird. Die Analogie zwischen diesem Kartenbild und dem Zeichen Widder, das von dem feurigen Planeten Mars beherrscht wird und in dem die Sonne erhöht ist und triumphiert, ist leicht einzusehen. Widder bedeutet den Neubeginn des Jahres, wenn sich die Erde erneuert und alles Leben wieder zur vollsten Tätigkeit erwacht.

Der Papst oder Hohepriester wird in seinen Zeremoniengewändern dargestellt, mit einer dreifachen Tiara gekrönt, an deren Stelle natürlich in früheren Zeiten nichts anderes als die gelbe Krone des Osiris zu finden war. Sie stellt die schöpferische Kraft dar, die den Menschen mit der Gottheit verbindet. Seine Hände sind segnend erhoben, und ihm zu Füssen knieen vier Menschen, die so angeordnet sind, dass die fünf Köpfe die Eckpunkte eines Pentagramms bilden.[46] Das Pentagramm ist der Stern des Mikrokosmos, des von Gott erschaffenen Menschen. Deshalb stellt diese Karte die Inkarnation dar. In alten Mythologien, besonders beim Shiva-Kult in Indien, beim Mithras-Kult in Syrien und beim Apis-Kult in Ägypten finden wir als Symbol des Erlösers den Stier. Auch Isis und Hathor werden als Kuh dargestellt, und aus ihnen entspringt durch Inkarnation der Erlöser. So ist die Sonne im Stier eine Festlegung des Sonnenfeuers in seiner Erhöhung auf die Erde durch das Weibliche. In Taurus, im Zeichen Stier, herrscht die Venus und der Mond ist erhöht. Es ist ein passives Erdzeichen.

Die Liebenden (Die Entscheidung) bilden ein ganz eigenartiges Symbol. Diese Karte stellt die Ausbreitung und Zerstäubung der auf der Erde fixierten feurigen Kraft in der Luft dar. Das übliche Kartenbild zeigt einen Jüngling zwischen zwei Frauen, einer dunkelhaarigen und einer blonden. Diese verkörpern den zunehmenden und abnehmenden Mond. Über den Köpfen dieser Gruppe schwebt ein geflügelter Gott, ein Putto, der einen Bogen und einen mit Pfeilen gefüllten Köcher trägt. Einen Pfeil richtet er auf den Kopf des Jünglings. Dies symbolisiert die Inspiration, das geistige Wachstum des Jünglings. Die Zeichner der neueren Zeit haben diesen geflügelten Gott irrtümlich für Amor gehalten, tatsächlich aber handelt es sich um eine Darstellung der Sonne, wobei dieses Licht als Träger einer dahinter verborgenen Kraft, des Schöpfers aller Dinge, angesehen wird. Hier wird Merkur mir der Sonne identifiziert. (In welch engem Zusammenhang die Mythen von Hermes und Dionysos stehen, ist nicht allgemein bekannt, und hier ist nicht Platz genug, um die Beweise für diese Übereinstimmung darzulegen). Im Kreislauf des Jahres symbolisiert diese Karte das Spriessen der Knospen und Aufbrechen der Blüten; es ist jene Zeit im Monat Mai, da die Sonne in den Zwillingen steht.

Der Wagenlenker ist ein gekrönter König, der auf einem **Wagen** steht, welcher von zwei Sphinxen, einer schwarzen und einer weissen gezogen wird. An den vier Ecken des Wagens befinden sich Stangen, die einen azurblauen und mit Sternen besetzten Baldachin tragen. Die Bedeutung dieser Karte und ihre Verbindung mit dem Zeichen Krebs ist recht offensichtlich. Die Sonnensommerwende bezeichnet der Eintritt der Sonne in das Zeichen Krebs, das heisst, die Sonne betritt den Krebs im Zeitpunkt ihres höchsten Triumphs, ihrer äussersten nördlichen Deklination, im Hochsommer. Die beiden Sphinxe stellen natürlich Tag und Nacht dar. Der Sternenbaldachin bedeutet die Weite des Himmels und die vier Pfosten die vier Jahreszeiten. In seiner Hand hält der König einen Kelch und dieser steht mit der Symbolik des heiligen Gral in Verbindung.

In Zusammenhang mit dem Leben des Mars stellt die Karte das Erwachen des Lebens des Kindes in der Gebärmutter dar, was drei Monate nach der Befruchtung stattfindet, die durch den Eintritt der Sonne in den Widder symbolisiert wird. Krebs ist ein Wasserzeichen und so ist diese Periode das Gefäss, das die Kraft des vorangegangenen Quadranten aufnimmt. Es ist vom Mond beherrscht, und seine Verbindung wird mit dem Symbol der Mutter deutlich. Jupiter ist im Krebs erhöht, was zu dem göttlichen Einfluss in Beziehung steht, der über die Inkarnation herrscht.

Bild 4: Der Hohepriester (Papst), auf der Karte 5 des von Aleister Crowley entworfenen Tarotspiels, wird auch mit Jupiter (Zeus) assoziert. Ein Beispiel wie frei A. C. seine Tarotkarten gestaltet hat.

Die Kraft heisst eine Karte, auf der eine Frau abgebildet ist, die einem Löwen das Maul zuhält. Im Jahreslauf bedeutet dies, dass die Früchte nun vor den Gefahren, die ihnen während des Frühjahres von den gefrässigen Naturgewalten drohten, sicher sind. Das Feuer des Widders wird hier gefestigt. Ein entsprechendes Gefühl der Sicherheit und des Triumphs herrscht auch in Bezug auf das Leben des Menschen. Es ist ein Zeitraum der Sicherheit, des schönen Wetters. Die harte Arbeit des Pflügers ist vorüber. Die Getreideernte wird eingebracht, und man braucht für den Winter keine Hungersnot zu befürchten. Wenn uns heute diese Erfahrungen trivial erscheinen, weil wir uns dank des Fortschritts der Wissenschaft dauernd gegen den Hunger abgesichert haben, sollten wir uns im Zusammenhang damit daran erinnern, dass diese Karten zu einer Zeit gezeichnet wurden, als die Lage noch völlig anders war. Die Bewohner moderner Städte denken niemals an die Ernte, es sei denn, sie spekulieren mit Getreide. Aber für eine Familie im alten Ägypten oder Chaldäa war dies ein dauerndes Anliegen und Angstmoment. Diese Karte ist eine Hieroglyphe für den alten Aphorismus, dass die Errettung derjenigen Frau geschenkt wird, deren Mut und Kraft die Erhaltung der Art garantieren. Und im Jahreslauf wiederum zeigt sie die Segnungen der Hausfrauenarbeit an. Erinnern wir uns daran, dass bei allen primitiven Völkern alle harte Feldarbeit von den Frauen getan wird.

Der Weise. Wenn die Sonne ins Zeichen Jungfrau eintritt, ist die Getreideernte gesichert und es reifen die Früchte der Erde. Deshalb ist das Symbol auf der Karte **des Eremiten** sehr leicht zu verstehen. Sie zeigt einen alten Mann mit Haube und Kutte, der einen langen Stab hält und eine Lampe trägt. Zu seinen Füssen geht ihm eine Schlange voraus. Dieser Mann ist Hermes, der Götterbote, der die Menschen die Wissenschaften und die Schrift lehrte. Nur auf den Bildern unserer Zeit wird er alt dargestellt, weil das Wort «Eremit» (engl. Hermit) für Hermes (Merkur) gesetzt wurde. Das Wort Eremit kommt vom griechischen Eremitos, was einen Menschen bedeutet, der in der Wüste lebt. Weil die Ensiedler, die im Mittelalter bekannt waren, meist alte Männer waren, wurde an Stelle des Merkur ein alter Mann gezeichnet. Lampe, Stab, Umhang und Schlange sind klare Zeichen dafür, dass das ursprüngliche Kartenbild den Götterboten zeigte. Er symbolisiert das entwickelte Denken des Menschen, seine Vorsicht und Klugheit, die ihn dazu veranlassen, die Früchte seines Pflügens, Säens und Erntens in Kornkammern aufzuspeichern, denn die Jungfrau ist das letzte Sommerzeichen. Die Sonne bereitet sich schon auf ihre Kreuzigung am Äquator vor. Die Jungfrau ist ein erdiges und merkurisches Zeichen und stellt die Festlegung des Intellekts auf praktische Methoden dar.

Die Gerechtigkeit genannte Karte zeigt eine ernst aussehende Frau mit strengem und feierlichem Gesichtsausdruck. Mit ihrer rechten Hand hält sie ein Schwert erhoben, mit ihrer linken eine Waage, und sie sitzt auf einem Thron. Wenn die Sonne in das Zeichen Waage eintritt, sind erneut Tage und Nächte gleich lang. Deshalb bildet diese Karte die passende Ergänzung zum Herrscher, der dem Widder vorsteht. Dies ist nun der Augenblick der Kreuzigung der Sonne, die für die restlichen sechs Monate des Jahres unter dem Äquator bleibt. In der Waage herrscht Venus, aber Saturn ist in diesem Zeichen erhöht, was in Bezug auf das Leben der Menschen die Sorgen und Lasten der Frau symbolisiert. Sie werden feststellen, dass das Szepter in der Hand des Herrschers, das Symbol für Erschaffung und Zerstörung, hier durch das Schwert ersetzt ist, das nur zerstört. Diese Frau ist es, die das Gesetz des Allmächtigen erfüllt, der festgesetzt hat, dass jeder Aufstieg durch einen Fall zum Ausgleich gebracht werden soll.

Auch die Karte **Tod** ist eine ebenso deutliche Darstellung. Sie zeigt das Bild eines Skeletts, das eine mit einem Kreuzgriff versehene Sense hält und damit ein Feld mäht, auf dem man Köpfe und Hände von gekrönten Königen und von Bettlern erkennt. Wenn die Sonne in den Skorpion eintritt, bedeutet das den Tod des Jahres. Die Blätter fallen, die Natur verwest. Skorpion, das feste Wasserzeichen, steht unter der Herrschaft des Mars und seine Bedeutung in der Alchemie ist immer Zerfall und Verwesung. Dieser Vorgang ist notwendig für die Wiedergeburt, und dass dies die Aufgabe des Todes ist, wird durch die Tatsache dargestellt, dass der Handgriff der Sense die Form eines Kreuzes besitzt. Das Kreuz ist das heilige Zeichen der Erlösung, in dem das wahre Licht existiert, aber in einer verborgenen Form. Denn die Buchstaben des lateinischen Wortes LUX werden von den Armen eines Kreuzes gebildet.

Die Karte, die dem Schützen entspricht, heisst die **Mässigkeit** und stellt die abschliessende Handlung der «grossen Arbeit»[47] dar. Die Karte zeigt eine Frau, in deren Gürtel die Sonne scheint. Auf ihrem Kopf trägt sie die Krone der zwölf Sternbilder. Unter ihren Füssen ist der Mond, in der rechten

Hand trägt sie eine Schale, aus der Wasser auf einen Löwen fällt, der mitten in einem Feuer steht. In ihrer Linken hält sie eine Kerze, deren Licht einen Adler beleuchtet, der sich auf dem Meer niederduckt. Zwischen diesen beiden symbolischen Tieren kocht über einem Feuer ein grosser Kessel, und der Löwe und der Adler speien aus ihren Rachen zwei Ströme in den Kessel.[48] Das Bild ist so voller Bedeutung, dass es unmöglich ist, hier so vollständig darauf einzugehen, wie es wünschbar wäre. Was aber darin zu beachten wesentlich ist: Dass im Leben des Menschen diese Karte den Sieg des Weibes über die zerstörerischen Kräfte der Natur darstellt. Indem sie die widerstreitenden Mächte mässigt und ausgleicht ist es ihr gelungen, das, was ihr vom Herrscher anvertraut wurde, zu bewahren: die aktive und schöpferische Kraft, die sie entwickelt. Das Zeichen Schütze wird von Jupiter regiert, und dies ist wieder ein Anzeichen für den Triumph des Vaters.

Wir kommen nun zu einer ausserordentlich dunklen Karte, dem **Teufel.** Die Hersteller dieser Hieroglyphe waren bei diesem Symbol ganz aussergewöhnlich vorsichtig. Es schien ihnen absolut notwendig zu sein, den Uneingeweihten Sand in die Augen zu streuen. Offensichtlich stellt die Karte die Gestalt eines Satyrn oder Dämon dar. Er steht auf einem Altar, und vier andere Dämonen beten ihn an. Daraus ist leicht abzuleiten, dass er zum Steinbock, dem Ziegenwesen, in Beziehung steht, der von Saturn beherrscht wird und worin Mars erhöht steht. In dieser exoterischen Auslegung sehen wir Ende Dezember die Erde dargestellt, ein Element, das man aktiv übelwollend nennen könnte. Sie werden sich erinnern, dass das Fest des Saturn beim Eintritt der Sonne in das Zeichen Steinbock stattfand. Die Sonne hat ihre grösste südliche Deklination erreicht. Es ist der Höhe- und Endpunkt des Todes. Aber eine tiefer eindringende Philosophie findet in dieser Karte noch einen tieferen Sinn. Bemerkenswert ist, dass er eine Kerze und eine Schale trägt, wie seine Vorgängerin. Ebenso auffallend ist, dass er und seine vier Anbeter die Eckpunkte eines Pentagramms bilden, was, wie wir oben erwähnt haben, das Symbol des von Gott geschaffenen Menschen ist, die ganz besondere Hieroglyphe Christi. Schliesslich beachte man noch, dass der Teufel auf einem kubischen Stein steht, und diese Tatsache ist nicht ohne Zusammenhang mit derjenigen, auf die wir bei unserer Besprechung der Herrschers hingewiesen haben.

Die Kerze und die Schale sind die gleichen Symbole wie Szepter und

Reichsapfel in einer leicht abgewandelten Form, und das Pentagramm oder Pentakel (Fünfstern oder Fünfeck) war zuvor schon bei der Karte des anderen Erdzeichens Stier aufgetreten, die wir «Der Papst» nennen. Wir müssen also diesen Teufel als den verkleideten und verschleierten Herrscher ansehen, und die Symbolik des Ganzen wird klar, wenn wir uns daran erinnern, welches Fest die Saturnalien ersetzt hat, welches Hauptereignis der Weltgeschichte beim Eintritt der Sonne in den Steinbock stattfand. Folglich stellt diese Karte esoterisch den vollständigen Sieg der schöpferischen Kraft dar, die vom Herrscher ins Leben gerufen wurde. Es ist die Geburt der Sonne. Auch im Jahresablauf ist es nicht nur die Zeit der grössten Deklination der Sonne, sondern gleichzeitig auch der Anfang ihrer Rückkehr. Es ist der erhabene Optimismus, nicht des kurzsichtigen Volkes, das William James das «einmal-geborene» nannte, sondern der des Dreifach-Geborenen, der Leben und Tod gleichermassen als Teile eines Sakraments betrachtet. Eliphas Levi[49] hat diese Karte neu gezeichnet und sie dabei mit den alten Darstellungen von Baphomet in Einklang gebracht. Er zeigt darin den vollkommenen Ausgleich und den Triumph aller Kräfte und insbesondere die vollendete Vermählung von Geist und Materie. Die ältere Darstellung ist jedoch tiefer und subtiler. Besondere Aufmerksamkeit sollte man dem Planeten Mars widmen, der die Sonnenenergie repräsentiert. Im Widder sahen wir ihn an der Arbeit, im Skorpion offenbar im Versagen, hier ist er nun erhöht im Hause des Saturn. Er ist die Lebenskraft, die im Palast des Todeskönigs triumphiert.

Die Sterne oder auch die Hoffnung heisst eine Karte von graziösem und schönem Charakter. Sie zeigt eine Frau, die am Ufer eines Stromes kniet. Sie hält Wasserkrüge in den Händen; mit dem einen füllt sie den Strom, den anderen giesst sie über ihr eigenes Haupt aus. Über ihr glänzt der Stern des Merkur, und ihr zur Seite ist ein Rosenbusch, um den ein Schmetterling gaukelt. Wie der Schütze den Sieg der Frau darstellt, so bedeutet diese Karte dessen Anerkennung; in diesen Teil des Jahres fällt das Fest der Läuterung der Jungfrau. Das Zeichen Aquarius bedeutet Wasserträger. Die alten Astrologen geben als seinen Herrscher Saturn an, aber neuere Denker, die sich diesem Thema gewidmet haben, neigen dazu anzunehmen, dass an seine Stelle eher Uranus zu setzen sei. Es gibt jedoch einige Überlegungen, die Saturn als sehr passend erscheinen lassen. Eine davon ist, dass im Lebensablauf des Jahres der Februar der Monat der grössten Inaktivität ist. Er ist auch der Monat der schwersten Regenfälle, die den Boden für den Pflug aufweichen. Weiter gibt es da eine sehr merkwürdige Bedeutung, die man beachten sollte. Es handelt sich um eine Verbindung zur Geschichte von der Sintflut. Die Erde ist die Arche, in der der wertvolle Same getragen und vor den zerstörerischen Elementen bewahrt wird während der Zeit ihres wildesten Wütens. Diese Arche wiederum ist aufs Menschenleben übertragen ein Symbol für die Frau, und die Flut selbst ist das Fruchtwasser.

Nun kommen wir zur letzten und in gewisser Hinsicht eigenartigsten dieser Darstellungen. Der **Mond** auf der Karte ist abnehmend. Er beleuchtet eine Landschaft mit niederen Hügeln, die von zwei Türmen gekrönt werden. Direkt unter dem Mond windet sich ein enger Pfad zwischen den Hügeln, und auf beiden Seiten des Weges sitzt ein Schakal, das dem Anubis heilige Tier, dem Wächter der Götter und Hüter der Schwelle. Im Vordergrund ist ein Wasserteich, aus dem ein Käfer auftaucht, das Symbol des Kephra, der Sonne um Mitternacht. Das ganze Bild ist charakteristisch für den Augenblick vor der Morgendämmerung sowohl des Tages als auch des Jahres. Und auch im Leben des Menschen repräsentiert es die anfängliche Phase der Verwirrung. Dunkelheit und Illusion, die Frauen charakterisiert, ehe sie den Zweck ihres Daseins entdeckt haben. Das wird weiter durch die Tatsache angedeutet, dass die Fische das sogenannte rechte Haus des Jupiter sind, und Venus in ihnen erhöht steht. Moderne Astrologen ordnen das Zeichen allerdings Neptun zu, weil, wenn wir diese Hieroglyphe auf der Ebene des menschlichen Denkens interpretieren, sie den gegenwärtigen Zustand des Zweifels darstellt. Die Dämmerung der Fähigkeit zu einer vollen spirituellen Erleuchtung im Menschen.

Die Felder

Das erste Feld beschreibt die Persönlichkeit und das Temperament des Geborenen, auch seine physische Konstitution und Erscheinung. Es gibt auch über alle Dinge Auskunft, die unabhängig von Vererbung, Zeitmilieu und Umwelt zu ihm als Individuum gehören.

Das zweite Feld unterrichtet über die Besitztümer des Geborenen und seine Fähigkeit, sie zu vermehren. Damit sind jedoch keine Gewinne durch Erbschaften oder Legate gemeint und auch nicht die Geschäftstüchtigkeit des Geborenen.

Das dritte Feld hat in erster Linie mit den geistigen Gaben des Geborenen zu tun und mit jeder Art von Medium im allgemeinen, durch das er seine Persönlichkeit seinen Mitmenschen mitzuteilen sucht. Auch kurze Reisen, womit solche gemeint sind, die beiläufig unternommen werden, fallen unter dieses Feld. Es gibt auch über die Schwestern, Brüder, nahen Verwandten und Nachbarn Auskunft, wobei solche Bekannten und Freunde, zu denen der Geborene eher intellektuelle als emotionale Beziehungen hat, ebenfalls dazu zählen.

Das vierte Feld beschreibt den Geburtsort und das Heim des Geborenen. Es bezeichnet die Aussichten des Geborenen auf Erbschaften, insbesondere von Seiten des Vaters, und es beschreibt den Vater selbst. Eine weitere Bedeutung ist die von Häusern, Ländereien und Besitztümern, die etwas mit Erde zu tun haben, besonders Minen. Aus ihm lassen sich Schlüsse auf die späteren Lebensjahre, den Todesort und ganz allgemein auf das Ende der Angelegenheit ziehen.

Das fünfte Feld beschreibt die Gefühlsbedingungen des Geborenen, seine Vergnügungen, das Spiel inbegriffen, und die Begierden seines Herzens. Es hat eine ganz besondere Bedeutung im Hinblick auf seine vita sexualis. Es beschreibt auch seine Kinder.

Das sechste Feld beschreibt die Gesundheit des Geborenen oder andere Dinge, die eng mit seinem Körper zusammenhängen, wie seine Nahrung und Kleidung. Es hat auch eine sehr geheimnisvolle und eigentümliche Beziehung zu der okkulten Entwicklung seines Ego. Weiter beschreibt es seine Beziehungen zu jeder Person, die er in seinen Dienst nimmt, gleich welcher Art, nicht nur Hausbedienstete, und es zeigt seine Beziehungen zu kleinen Tieren an, ganz besonders zu Haustieren. Ausserdem hat es auf eine ganz besondere Weise eine Verbindung zum Ackerbau und auch zu jeder Spekulation, die der Geborene ausschliesslich zu Gewinnzwecken, ohne jeden Gedanken an Amusement unternehmen könnte.

Das siebente Feld beschreibt die Partner des Geborenen, vornehmlich die in der Ehe, aber auch solche im Geschäft und in anderen Lebensbereichen, in denen die Mitarbeit anderer Personen nötig ist. Es hat auch mit

Rechtsstreiten zu tun und beschreibt jede Person, die dem Geborenen offen gegenübertritt.

Das achte Feld zeigt die wahrscheinliche Lebensdauer und die Art ihres Endes an. Es weist auf jeden Gewinn hin, den der Geborene durch Legate oder Vermächtnisse erhalten könnte.

Das neunte Feld ist das Feld der Wissenschaft und Religion. Es hat mit langen Reisen zu tun, das heisst Reisen, denen viel Gewicht beigemessen wird und die mit dem Leben des Geborenen eng verwoben sind. Es gibt Hinweise auf die Fähigkeit, oder eher noch auf das Streben des Geborenen, geistig vorwärts zu kommen, und beschreibt die Eigenart seines religiösen Lehrers.

Das zehnte Feld beschreibt den Beruf des Geborenen und gibt auch Hinweise auf seine Karriere. Sein Ruf sowohl als auch sein Rang und sein Ansehen unter seinen Mitbürgern hängt von diesem Feld ab. Es beschreibt den Vorgesetzten, Arbeitgeber oder Meister des Geborenen und seine Beziehungen zur Regierung seines Landes. Schliesslich bedeutet es die Mutter.

Das elfte Feld ist dasjenige der Freunde. Es beschreibt die Personen, zu denen sich der Geborene auf natürliche Weise hingezogen fühlt und die Art seiner Beziehungen zu ihnen. Es zeigt auch seine Ambitionen an, aber diese muss man sorgfältig unterscheiden von seinem Streben einerseits und seinen Wünschen andererseits.

Das zwölfte Feld ist das Feld der Einschränkung und beschreibt jeden Einfluss, der in irgendeiner Weise den freien Willen des Geborenen behindern könnte. Es weist auch auf seine geheimen Feinde hin und auf den Charakter jeder Intrige, an der er teilnehmen oder die gegen ihn gerichtet sein könnte. Es bezieht sich auf alle geheimen Verbindungen, zu denen er in Beziehungen stehen könnte. Es bedeutet auch grosse Tiere, wie etwa Pferde, und das Glück des Geborenen in Beziehung auf sie. Schliesslich zeigt es alle Orte an, an denen er sich befinden könnte, an denen in erster Linie auf Disziplin geachtet wird.

Es gibt eine praktische, wenn auch etwas oberflächliche Methode, für

Bild 5: Das nach griechisch-römischer Ansicht hierarchisch aufgebaute Universum von der Unterwelt bis zum Olymp. Die sieben Planetenstufen kann man als Entwicklungsstufen auffassen.

jede Person, die mit dem Leben des Geborenen in Beziehung steht, zu wahrsagen. Man muss nur das Horoskop so drehen, dass das Feld, das diese Person bezeichnet, als erstes Feld steht. Zum Beispiel lässt sich über die Mutter der Frau etwas aus dem vierten Feld ablesen, über die Brüder der Mutter aus dem zwölften, usw.[50] Aber da handelt es sich um eine sehr rohe, grobe, unfachmännische, ungenaue und unwissenschaftliche Art der Deutung, auf die man nie zurückgreifen sollte, wenn das Horoskop der betreffenden Person erhältlich ist.

Mensch und Universum

Zwillings-Spiegelbilder ihres Schöpfers
Prologomena zum Studium der Astrologie

Die Planeten, ja überhaupt das ganze Universum kann nur derjenige richtig verstehen, der die Lehre der Entsprechungen von Mikrokosmos und Makrokosmos kennt. Gott erschuf das Universum aus dem Nichts. Deshalb sagen die Pantheisten, ist Er in allem. Aber dies ist nur ein Teil der Wahrheit, denn er erschuf auch alles und bleibt frei von seiner Schöpfung. Wir haben nicht die Absicht, auf diese hoch mystischen Wahrheiten hier einzugehen. Es möge genügen, zu sagen, dass das Universum als ein Ebenbild Gottes, ein Schatten Gottes, oder gar eine Inkarnation oder Materialisation Gottes anzusehen ist. Auf die gleiche Art ist der Mensch das Ebenbild Gottes. Aus dem Schatten die Substanz wiederzugewinnen ist die Aufgabe des Adepten; das kleinere Abbild mit dem grösseren zu vergleichen ist die Aufgabe des Astrologen. Schon ganz zu Beginn dieses Studiums springen gewisse auffällige Analogien ins Auge. Insbesondere sehen wir in den sieben Planeten[58] die sieben Lebensalter des Menschen.

Der Mond, wechselvoll, passiv, leicht formbar, freundlich, zart, rein, träumerisch – das Kleinkind.

Merkur, das Kind in der Pubertät, nicht mehr so veränderlich, aber rasch entflammt, wissensdurstig, seiner selbst bewusst, oft voller Tricks und verrückter Ideen.

Dann Venus, voller Grazie, zärtlich, das neue Bewusstsein aufnahmebereit für die Eindrücke aus der Umwelt, darauf aus, einen Partner zu finden, Kunst und Religion ergeben.

Folgt die Sonne, der Erwachsene, immer noch beweglich, aber standfester, aktiv, brillant und kreativ, der junge Mann, der sich seiner Kraft freut.

Mars als nächster. Der Mensch beschäftigt sich nicht mehr so sehr mit seinem Selbst, sondern wirft sich mutig ins Lebensgetümmel.

Jupiter symbolisiert die Entwicklung des Menschen vom Kämpferischen zum Siegreichen und Beherrschenden. Er ist der Leiter seines Geschäfts, der Vater einer Familie.

Als letzter Saturn, streng, ernst, schwerfällig, die Last des Alters auf seinem Rücken, der Greis, das Ende.

Was ist nun mit Uranus und Neptun? Diese Planeten repräsentieren Teile des Menschen, die ausserhalb der Zeit liegen, oder zumindest ausserhalb der kleinen Perioden, die wir mit dem Ausdruck Zeit meinen. Wir können gar nicht oft genug das Missverhältnis zwischen menschlicher und astronomischer Zeit in Betracht ziehen. Die Entfernungen zu den Fixsternen sind so riesig, dass es scheint, als würden wir da eine ganz andere Seinsordnung sehen. Tatsächlich ist das gestirnte Universum gerade um soviel grösser, als das Universum der Bakterien kleiner ist. Wir haben hier also drei Grössenordnungen der Schöpfung, und nur drei, die wir heute erfassen können. Dieser Gedanke sollte dazu dienen, uns das Verständnis zu erleichtern.

Nun, Uranus und Neptun stellen die Teile von uns dar, die diese mächtigeren Spiegelbilder des All-Einen erfassen. Behalten Sie dies im Gedächtnis, und beinahe alle ihre Besonderheiten sind bereits erklärt.

Uranus ist ein äusserst okkulter Planet. Dunkel und furchterregend ist er der Klingsor des Parsifal. Geheimnisvoll bewegt er sich in eigenartigen Bahnen; er trägt eine Maske des Schreckens. Er ist unendlich langsam, und doch auch unendlich plötzlich, wie eine Schlange. Er stellt die wahre magische Kraft im Menschen dar, namenlosen Übels fähig und doch lebensnotwendig für seine Existenz, fähig auch der Sühne, und erlöst die grösstmögliche Macht zum Guten.

Bei Wesen von niederem Entwicklungsgrad bestehen diese grossen Kräfte natürlich nicht. Uranus ist für sie natürlich lediglich die Ursache von Exzentrizität oder Verrücktheit; mit guten Aspekten oder günstig gestellt bewirkt er wissenschaftlichen Forscherdrang, Menschenfreundlichkeit und Ähnliches.

Neptun ist gerade das Gegenstück zu Uranus. Er ist Aussenposten des Sonnensystems und empfängt die Einflüsse der Fixsterne. Hier ist er Vize-Regent der Nacht, die Sternengottheit. Aus diesem Grunde bedeutet er den Endpunkt, genau wie es die Sonne tut; aber er ist die Umzäunung, die Sonne das Zentrum, er die Mutter und die Sonne der Vater.

Er ist entfernt, allein, in Träumen und Wünschen nach Heiligkeit verloren, brütet über kosmische Dinge und umwirbt die Sterne, wie Pierrot den Mond besingt. Deshalb führt er bei niederen Naturen Maskerade und Komö-

Die Beziehungen von Planeten und Zeichen

Zeichen	Element	Herrscher	Erhöhung	Fall	Vernichtung
♈	🜂	♂	☉	♄	♀
♉	🜃	♀	☽	♅	♂
♊	🜁	☿			♃
♋	🜄	☽	♃	♂	♄
♌	🜂	☉		☿	♅
♍	🜃	☿	☿	♀	♃
♎	🜁	♀	♄	☉	♂
♏	🜄	♂	♅	☽	♀
♐	🜂	♃			☿
♑	🜃	♄	♂	♃	☽
♒	🜁	♅ ♄	☿		☉
♓	🜄	♆ ♃	♀	☿	☿

Man beachte, dass die Planeten in dem Zeichen im Fall sind, das dem ihrer Erhöhung gegenübersteht, und vernichtet in den Zeichen, die ihren Herrschaftszeichen gegenüberstehen.

dienspiel herbei, eine Verschmitztheit und Begeistertheit, die einen Kern von Kummer enthalten. Und oft, wenn die Wünsche in die Irre gehen, werden Drogen und Tränke zuhilfe gerufen, um die Melancholie, die Leere und das Sehnen nach dem Unendlichen zu heilen – denn alle diese Menschen verstehen nicht, dass nur Er, der die Seele wie einen Funken aus seinem eigenen Feuer geschlagen hat, ihre Sehnsüchte zu stillen vermag.

Dies ist ein sehr bemerkenswerter Punkt; Uranus bewirkt auch Drogenabhängigkeit und Alkoholismus, aber in seinem Fall ist es ein Laster, eine Bestialität; bei Neptun ist es eine verirrte Tugend, eine durchkreuzte Spiritualität.

Diese Bemerkungen sind unentschuldbar verschwommen und unzusammenhängend. Aber sie haben ihren Zweck erfüllt, wenn sie einen bestimmten Gesichtswinkel, eine gewisse Betrachtungsweise deutlich gemacht haben. Ohne diese Einstellung und Haltung kann kein Mensch zu einem Verständnis des Kosmos gelangen.

Teil II
Eine Studie über Neptun

Neptun
Neptun in den Tierkreiszeichen
Neptun und seine Aspekte
zu den anderen Planeten

Neptun[1]

Und der Geist des Vaters sprach: «In Dreie!», und also wurde alles sofort geteilt.

Dieses Zoroaster zugeschriebene Orakel hat nebenbei etwas mit der Unterteilung der Natur in die drei aktiven Elemente, Feuer, Luft und Wasser zu tun. Erde ist eine Mischung dieser drei in unterschiedlichen Anteilen. Nach der Mythologie fiel bei dieser Teilung das Reich des Feuers an Hades oder Pluto, das der Luft an Zeus oder Jupiter und das des Wassers an Poseidon oder Neptun.

Neptun ist also der Herrscher des Ozeans und im besonderen des Oceanus, des grossen Stromes, der die ganze Welt umgürtet.

Es ist unklug, sich über die scheinbaren Absurditäten der alten Geographie lustig zu machen. Die Erde ist zwar keine Ebene, aber das Sonnensystem; und am Rande dieses flachen Diskus befindet sich jene einsame Kreisbahn, der Aussenposten der Sonnenfestung: Neptun. Es war also ein äusserst glücklicher Zufall, dass dieser Planet den Namen des Herrschers des Oceanus erhielt.[2]

So sah die fernste Raumbasis im weisen und wahren Traumland der Philosophen, dem Palast unseres Wissens, aus. Wir wollen sehen, wie ihre merkwürdigen Symbole Hinweise auf die Wahrheit enthalten, wie aus der Wurzel der Poesie der Baum der Prosa entsprossen ist.

Betrachten Sie Neptun zuerst als eine einsame Wache, die um die äusserste Grenze unseres Lagers patrouilliert. Denken Sie an die Einsamkeit und an die Finsternis dieser geheimnisvollen und ewigen Runde – welche Gedanken müssen da aufkeimen? Werden sie nicht mystisch sein, herb, romantisch? Was für ein Kometenbote könnte sich nähern aus dem äussersten Weltenraum? Der Abenteuergeist bringt das Blut in Wallung, eingefroren wie es ist von der Berührung mit dem Raum der eisernen Leere – mit Ausnahme (vielleicht) von Meteoren und dunklen Sternen. Neptun ist immer sternhell; von ihm aus gesehen ist bei seiner Entfernung von der Sonne unser Muttergestirn kaum grösser als jeder andere Stern. So galoppiert Neptun durch die beinahe ewige Nacht, zu fern ist seine Quelle der Wärme und Bewegung, um ihn aufzumuntern, aber er trägt Hoffnung, Treue und Liebe in sich.

Wie hoch geistig, wie sternenrein müssen da die Gedanken eines solchen Wanderers sein, des Eremiten des Sonnensystems? Wie standhaft, wie einsam, wie geläutert müssen seine Stimmungen sein.

Aber die Einsamkeit hat etwas an sich, was die Menschen zum Träumen anregt. Nicht immer ist dieser Traum die himmelstürmende Sehnsucht des Ritters, die er irgendeiner unerreichbaren «Frouwe» widmet, oft stiehlt sich durch das Zauberfenster ein Schimmer eines phantastischen Frohsinns. In helleren Augenblicken ist da etwas von einem Minnesänger, und sogar vom Pierrot in seiner Melancholie, die beide das Unerreichbare begehren. Denn es liegt nicht in der Neptun-Natur, den Hafen zu erreichen. Er sehnt sich nach Liebe und Freundschaft; gewänne er sie, zöge er sich zurück. Denn nichts kann diesen Durst nach unendlichen Dingen stillen, da gibt es kein erreichbares Ziel. Neptun ist der schrankenlose Geist des Menschen; der Himmel selbst ist zu eng für seine Begierden. So kommt die heitere Gefallsüchtigkeit in seine Natur; er wird sich seiner eigenen Ängste bewusst, und dies äussert sich dann in einer Vorliebe für Maskeraden. Er weiss, dass Liebe unerreichbar ist, und so spielt er Liebe. Er weiss, dass Glückseligkeit ausserhalb seiner Reichweite liegt, und so sucht er sie, indem er die Grenzen des Seins verletzt. Seine wahre Natur, durchbebt von der Weisheit der Sterne, mit denen er in Jahrhunderten seiner zeitlosen Wache solch hingerissene Zwiesprache hält, führt ihn zu mystischen Trancen, zu Visionen der Göttlichkeit, zu geheimen Hochzeiten mit Elementen, die ausserhalb unseres Systems liegen. Denn er, der Ismael der Planeten, wendet sein Gesicht niemals der Sonne zu.

Aber wenn er nicht gestählt ist, die Verbannung zu ertragen, die schneeigen Gipfel der Allwissenheit und Glückseligkeit mit den Mitteln des weisen Einsiedlers zu erlangen, dann macht sich die falsche Natur über die wahre lustig. Dann erfreut sie sich auf phantastische und närrische Weise – obwohl mit Bitterkeit im Herzen – an Komödien, am Gebrauch von Drogen oder perversen Vergnügungen, an unbeseelten und neurotischen Träumen; – so versucht er seine Seele zu befriedigen.

Ah, Neptun ist die Seele!

Und passt dies nicht auch auf's Wasser? Ist das Meer nicht gleichzeitig unendlich ruhig und unendlich wütend? Nimmt das Meer nicht seltsame Formen an, bricht es nicht das Licht in Myriaden phantastisch gefärbter Flecken? Illusion und Kunst, Chamäleon und Drache, das ist die See! Ist nicht das Meer einmal zart, anbetungswürdig, von der Sonne geküsst, einmal schrecklich in seiner Qual, ein Wirbel unersättlicher Begierden? Warf sich nicht Sappho selbst ins Meer, und sog nicht Undine aus ihm die bittere Freude ihres Daseins? Sind nicht die Stimmungen des Meeres unaufgerührt, unausgelotet, und beherbergt es nicht Monstren, die fürchterlicher sind, als sich die Phantasie des Altertums je träumen liess? Ja! Nehmen Sie den Ozean des Odysseus und des Jason, von de Mandeville und von Swinburne; lassen Sie die Romantik und den Schrecken, das Geheimnis und die überirdische Freude aller Künstler dieser Welt Ihrem Blick die Richtung geben; sehen Sie durch ihre Augen auf das Meer und nehmen Sie seine Wunder und Munterkeit in Ihre Seele auf. Und verstehen Sie dann, wie angemessen der Ozean ist als Bild für die Seele, mit welchem Recht Neptun den Ozean beherrscht. Die Seele!

Ja, das ist das Wort! Neptun ist die Seele, und auf allen seinen blossgelegten Nerven spielen die Strahlen fremder Systeme, bösartig wunderlich, feenhaft, oder auch wie die Saiten einer Harfe, von einem Spieler aus dem Jenseits gezupft, zu fein und göttlich, als dass seine Melodien die Ohren von Sterblichen erreichen könnten.

Nur dieses Mitfühlen, diese Sehnsucht, diese Anderweltlichkeit in uns selbst, dieser Einfluss des Neptun in unseren Horoskopen, ermöglicht es uns, ein weitentferntes Echo dieser lyrischen, zarten, silbernen Musik der Seele unseres innersten Wesens zu erfassen. Es war von Neptun in seiner vornehmsten Form, dass der Dichter schrieb!

Erhabenster! Du Selbst, Dir selbst genug!
Alleiniger Geist, der Du elliptisch einsam kreisest,
der Du in Deiner eignen Seel' Verfinsterung
Dein eigenes Licht so greifbar, formlos und unendlich weisest,
dass Du durchreisest
die leeren Äther, die um Dich sich türmen,
(wie eine meerumtoste Festung, die von Stürmen
umbraust; wo flinker Lüfte Flügel
der wilden Wellen helle Hügel
mit unschiffbarem Gischte seewärts treiben)
und mich mit Deiner keuschen Lippen Kuss
hinaufziehst in glückseligen Genuss,

in Deinen Schlaf, Dein Leben und Dein unvergänglich Bleiben!
Lass diesen jungen Gott in Deiner Aug' Pupillen
durchbohr'n die meinen, sein Geheimnis mich erfüllen,
Dein' Friede, Reinheit, Deiner undurchdringlich weiser Seele Willen.

Vollendetes wird immer einsam sein:
Des Mondes Bahn, der Sternsysteme ungewusste Weiten,
sollt ihnen Feuer, Wechsel, Änderung gemeinsam sein?
Bewegungslos, wenn sie die ew'gen Grenzen überschreiten.
Narben und Jahreszeiten
beflecken die Planeten nicht, die Heim' nicht zu ergründen,
Gesichter, raumlos, ungeformt, die sich im Himmelsdom befinden
leuchtender und dunkler im Vergleich mit allen Dingen,
geboren unter diesen ew'gen Schwingen –
Genug: Vereinsamt sind die unbewohnten Höhlen,
das Winterholz kahl und entlaubt,
und dies erhabenste, so graue Haupt,
das über Hainen wacht: Allein die schäumend' Bernsteinwellen
und o wie höchst allein
des Berges melancholisch' Thron und Schrein,
und weit darüber Gott – wie muss er letztlich einsam sein!

Ich sass auf dem bemoosten Felsenkranz,
wo sich ans Grundgestein die Wasser nicht mehr krallten,
nein wild, in Wirbeln, Blitzen, Gischt und Glanz
als Lichterbogen unermüdlich talwärts prallten,
lockten und wallten,
in wildes Kosen wundersame Strudel schlossen
und in das feierliche Echo sich ergossen,
das auffing diesen Ansturm roher Flutgewalten,
ihn mit sich trug, um weit und breit ihn zu entfalten
bis alle Luft von diesem Tosen Feuer fing;
die stummen Berge lauschten all und machten
Verbeugungen, ermunterten sich, lachten,
lauffeuergleich das Kriegssignal schon weiterging;

die ganze Erde hat den Klang empfunden und,
sicher, in der einen Melodie gebunden,
hat auch als Stern sie sich als tiefster Stille Seel' gefunden.

So sass ich, Mittelpunkt von Tod umnachtet,
und lauscht', dass Gottes Stimme an mein Ohr wohl schlägt
und es durchbohrt, das sinnend darauf achtet, ob ich,
Ihm selbst zulieb, wenn Gott zu sprechen nun erwägt,
nicht bliebe unbewegt.
Kein Laut, kein Klingen und kein Singen
könnt' den beneidenswerten Allzustand durchdringen.
Die Sonn', der Mond verharrten, standen stille.
Die Achse nur, des Geistes Wille,
betrachtete ihr' eigen' Seel' und suchte tödlichere Tiefe;
und sie, die in der monotonen Stimmung war
erhabensten Alleinseins, und auch bar der Trauer oder Freude,
weil sie nun nicht schliefe, ihr' Musse ruh'gen Aug's ertrug,
galaktisch' Ladung, einsam mit Geduld genug,
noch freut' zu wissen, dass sie Gott war, sie mit Fug.

Bewegung, Wandel, Laut: der Schwachheit Zeichen.
Der Mensch erträgt des Todes undurchdringlich Dunkel nicht.
Selbst Christus, stillen Duldens Beispiel ohnegleichen,
am Kreuz schreit laut er auf, der sonst so ruhig spricht,
da nun sein Auge bricht,
denn seine Hingebung sich nicht gewachsen zeigt
dem Neumonddunkel in der Luft, wenn alles schweigt,
der Stille auf dem schaudernd kahlen Hügel
und der Bewegungslosigkeit der Flügel
der Legionen seines Vaters; und sie geht zu Grund.
Doch ich, sollt ich nun etwa stille
hier stehen zwischen Furcht und Wille?
Sollt, unbefriedigt, ich verschliessen meinen Mund?
Denn Einsamkeit mög' selbst sich niederbücken
zu allem Selbsterfüllten, einen Freund ans Herze drücken

und Gott bewahren, selbst er sein und übers Ende weiter blicken.

Einsamkeit! Wie viele irrig meinen,
dass Kummer, Furcht, gar Tod dein' Name wären!
Nur deine Kinder wachen nachts und weinen –
wie solltest sprechen du und sagen, dass sie dich nicht hören?
O Seel' der Zähren!
Denn nie ward deine Form geschaut,
nie fiel dein Wort wie Tau, nie ward als Weisheit laut
dein Weinen um die Stadt
im Hause, das kein Mitleid hat,
nein, in verlassenen Hallen nur, einsam im Wüstensand –
nicht im Gelächter laut, gemein,
nicht in der Menge Weinen, Schrein,
nein, weit im fernsten Meer, im unbetretenen Land.
Wo du hingingst, da wollte ich auch sein,
dein Volk war mein Volk, und das mein' ertrug das dein',
dein Leben meins, und du, der du dein Gott bist, bist der mein'.

Mit nicht vorhandenen Stricken zieh mich fort,
verzaubre mich mit Strängen unerhört und unhörbar,
gewebt aus Schweigen und geformt am Ohr,
wo Totengeister spuken Jahr für Jahr.
Der Angst ganz bar folg ich dem Wege ohne Wiederkehr,
da gibt's die Pfade und Paläst' des Tags nicht mehr,
geht's über Nacht und Himmel weit empor,
hinaus über das ungeheure Tor
der Ewigkeit, über das innewohnend Wunder aus.
Geheimstes Selbst in allen Dingen!
Hab' weder Füsse oder Schwingen,
seis denn, zu folgen über Himmel, Erd' und Höll' hinaus,
bis ich mein' Laun' gefeiht,
und da ich in dir bin, Einsiedler ich in meinem Kleid,
so werd ich selbst zu dem, was ich bedacht: selbstlose Einsamkeit.[3]

Neptun in den Tierkreiszeichen

Um die obigen Bemerkungen noch ausführlicher darzulegen: der Einfluss des Tierkreiszeichens auf Neptun findet wohl statt, jedoch nur in sehr begrenzter Weise. Da Neptun etwa 15 Jahre braucht, um ein Zeichen zu durchqueren, müssen die Deutungen allgemeiner gefasst werden. Würden wir sagen: «Neptun im Widder zeigt ein kriegerisches Temperament,» könnte man dies folgendermassen auslegen: «Alle zwischen 1861 und 1875 geborenen Menschen besitzen dieses kriegerische Temperament.» Aber, wenn es sich darum handelt, die Beeinflussung eines anderen Planeten durch einen Aspekt des Neptun zu betrachten, so ist es klar, dass da in der Wirkung ein Unterschied bestehen wird, je nachdem, ob sich Neptun im Widder oder im Stier befindet. Sein Charakteristikum wird sich als Zeitgeist vor allem und am deutlichsten auf die anderen Planeten auswirken.

Wir werden deshalb nun zu einer Betrachtung der verschiedenen Auswirkungen der Tierkreiszeichen auf Neptun fortschreiten, wobei wir den Leser bitten, die eben gemachte Einschränkung im Gedächtnis zu bewahren.

Neptun im Widder [4]

Zwischen dem harten, praktisch ausgerichteten, feurigen und energischen Widder und dem kalten, sensitiven Neptun besteht sehr wenig Sympathie. Ihre Kombination ergibt Unterbrüche. Ein Aspekt dieses Neptun auf einen anderen Planeten dürfte einiges Durcheinander verursachen. Die Aspekte, die wir sonst «günstig» nennen, werden nicht so günstig sein, wenn Neptun in diesem Zeichen steht, als wenn er in einem stünde, das mit seiner Natur besser harmoniert. In allen Fällen wie Krieg oder anderen Unternehmungen, die Initiative und Energie erfordern, dürfte dieser Einfluss ganz besonders unglücklich sein. Man könnte sagen, dass Neptun alle Pluspunkte des Widders wegnimmt und sie durch gegenteilige Qualitäten ersetzt: passiv anstelle von aktiv, weich anstelle von hart, sensibel anstelle von kraftvoll. Im speziellen Fall eines Seemannes sind die Bedeutungen nicht ganz so ungünstig, aber es scheint dennoch unklug, das Wohlergehen einer ganzen Flotte einem Admiral anzuvertrauen, dessen Neptun im Widder am Aszendenten steht. Eine solche Kommandoübertragung wäre nur verantwortbar bei mehreren aussergewöhnlich günstigen Aspekten von Planeten wie Mars und Jupiter.

Wenn Neptun im Widder in Gesundheitsfragen eine ausschlaggebende Rolle spielt, so wird er möglicherweise dafür sorgen, dass die Erkrankung eher den Kopf als irgendeinen anderen Körperteil betrifft. Damit wir diese Bemerkung nicht für jedes Zeichen wiederholen müssen, sei hier kurz angemerkt, dass sie für jedes Zeichen gilt, wobei Sie lediglich das Wort «Kopf» durch den dem jeweiligen Zeichen entsprechenden Körperteil ersetzen müssen.[5]

Bild 6: Die Zuordnung von Körperteilen zu Tierkreiszeichen wurde häufig dargestellt. Entsprechend dieser Zuordnung wurde der richtige Zeitpunkt und die richtige Körperstelle für den Aderlass bestimmt; daher der Name «Aderlass-Mann» für diese Zeichnungen.

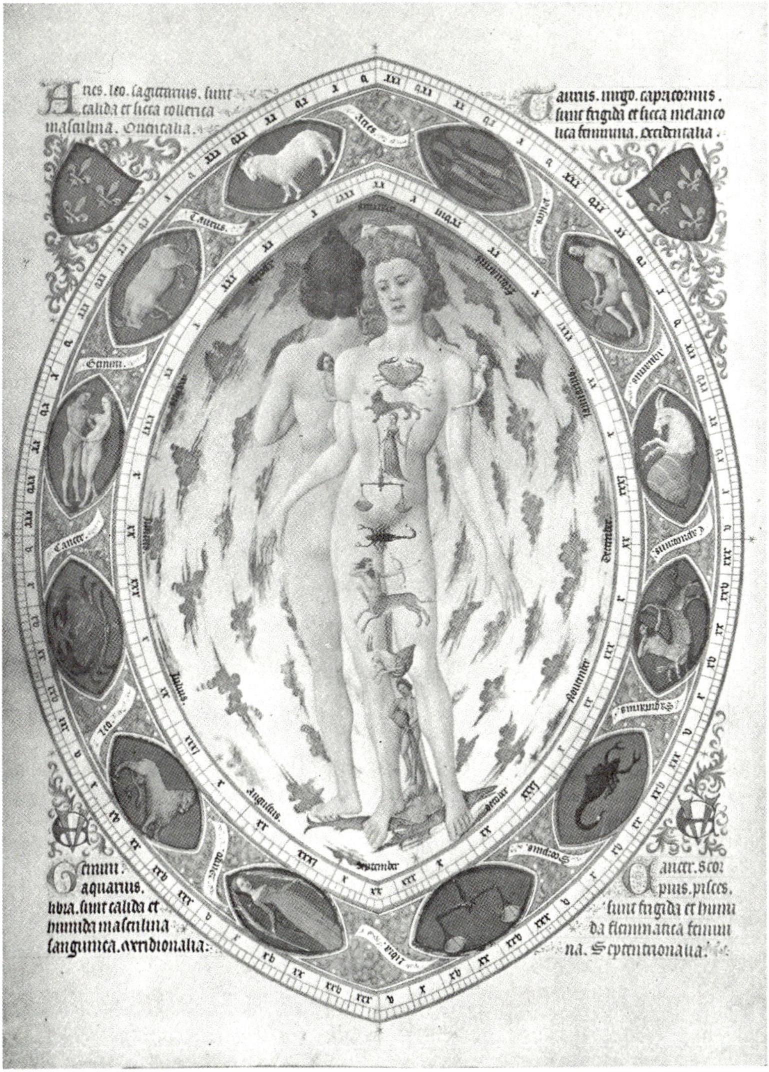

Neptun und seine Aspekte zu den anderen Planeten

In der enger gefassten Vulgärastrologie, die sich wohlweislich auf die materielle Ebene beschränkt, erscheint Neptun als Übeltäter. Man könnte sogar so weit gehen, zu sagen, dass er als Übeltäter noch finsterer und dunkler erscheint als Saturn. Das liegt darin begründet, dass Neptun den Einfluss eines spirituellen Elementes darstellt, das sich keinen Deut um die Angelegenheiten der Erde kümmert. Die anderen Planeten haben einen Bezug zum Relativen, sie lassen sich mit irdischen Massstäben messen. Neptun dringt von aussen auf sie ein als das Absolute und Unermessliche. Er stellt im Leben die Wirkung dar, die in der Mathematik der quadrierte Kreis und der verdoppelte Würfel hat. Für Menschen, die sich dem Spirituellen verpflichtet haben, ist er deshalb vollkommen gut, für die andern vollkommen schlecht; er entreisst sie der Heiterkeit.

Über Aspekte im allgemeinen

Die Konjunktion bedeutet im allgemeinen Verwirrung, ausser, wenn die Natur der in Konjunktion stehenden Planeten sehr harmonisch ist. Deshalb sind die Konjunktionen des Neptun für die anderen Planeten ungünstig, wenn keine anderen positiven Einflüsse zu Hilfe kommen.

Die Opposition bedeutet gewöhnlich Konflikt und Erschöpfung, beide Planeten verlieren an Kraft.

Das Quadrat bedeutet Angriff, beide Planeten werden brutaler. (Das muss nicht unbedingt immer schlecht sein: Wenn es um die Gesundheit geht, könnte ein Sonne-Mars-Quadrat eine grobe Robustheit darstellen.)

Das Sextil ist freundlich und bringt die weicheren Qualitäten beider Planeten zum Vorschein.

Das Trigon gleicht der Verbindung zweier grosser Könige. Sie unterstützen und verteidigen sich gegenseitig, die Kraft eines jeden von beiden kommt in ihrer besten Form zum Ausdruck. Dieser Aspekt ist wichtiger, wenn die Planeten gross sind und sich langsam fortbewegen.

Diese Bemerkungen sollten Sie beim Studium des Folgenden im Auge behalten. Der Bequemlichkeit und Kürze halber werden die Aspekte nur gerade in günstig und ungünstig eingeteilt. Dies müssen Sie natürlich, entsprechend dem Horoskop, dessen Deutung verlangt ist, modifizieren. Die Ebene, auf der die Aspekte wirksam werden, hängt selbstverständlich davon ab, in welchen Feldern die Planeten stehen oder herrschen.[6]

Neptun und Uranus

Diese beiden Planeten sind von höchster Bedeutung in geistigen Dingen. (Sie standen z. B. in Konjunktion bei der Geburt von Charles Baudelaire, und zeigen, wenn sie in genauer Opposition stehen, die Geburt eines Meisters des Tempels an. Solche Ereignisse sind kosmisch wichtiger, als der Fall von Königreichen.) Da ihre Natur so kraftvoll und einander entgegengesetzt ist, weigern sie sich, miteinander zu harmonieren; jeder Aspekt, den sie bilden, ist das Schlachtsignal in den Kriegen der Weltseele. Und, da das Universum unterwegs ist zu absoluter Wahrheit und Schönheit, bedeutet jede solche Schlacht einen Sieg der Liebe.

Bei sonst unbedeutenden Horoskopen lässt die Freundschaft dieser Planeten auf einen inneren Kampf der Seele schliessen, auf eine wahrscheinlich lange und bittere Selbstanalyse, die aber beinahe sicher mit einem Sieg der höheren Kräfte endet. Nach aussen hin kann sich dies auf die eigenartigsten Weisen zeigen, die den Oberflächlichen nicht erkennen lässt, was tatsächlich geschieht. Wir können dem Erscheinungsbild eines Eigenbrödlers, eines liebenswürdigen Spinners, eines Fanatikers oder eines selbstquälerischen Heiligen begegnen.

In Horoskopen, die an sich schon bedeutend sind und dem Geborenen zu mehr oder weniger frühzeitigem Ruhm verhelfen, erwarten wir, dass ihn eine Freundschaft von Neptun und Uranus prinzipiell zu einem Menschen macht, der gewisse tiefgreifende Gegensätze ausgleicht. Bei der Geburt von Herbert Spencer, der mit seiner Lehre vom «Unwissbaren» die widerstreitenden Tendenzen von Religion und Naturwissenschaften aussöhnte, waren die beiden nur 3° voneinander entfernt; und sie standen in genauer Konjunktion im Horoskop von Charles Baudelaire, der in seiner moralischen Unendlichkeit Gut und Böse vereinte. Das gleiche gilt für Pasteur, der die moderne

Naturwissenschaft revolutionierte und für Kopernikus, der den Naturwissenschaften durch seine ausserordentlichen und welterschütternden Entdekkungen in der Astronomie eine Grundlage schuf. Auch für General Grant, der Amerika wiedervereinte, und Paul Krüger, der das britische Weltreich zu Fall brachte. Bei der Geburt von Cecil Rhodes bildeten sie ein Sextil und bei der Napoleons beinahe ein Trigon.

Bei denjenigen, die sich an ähnliche oder weniger wichtige Fragen wagten, können wir Sir Edward Durning-Lawrence, den Shakespeare-Bacon-Spinner, zitieren, der diese Planeten im Halbsextil hatte; Dr. Orville Owen, beinahe im Sextil; «George Eliot» in Konjunktion mit 4° Abstand; und beinahe im Halbsextil stehen Neptun und Uranus auch im Geburtsbild von Joseph Smith!

Wie schon zuvor bemerkt, besteht zwischen den freundlichen und unfreundlichen Aspekten dieser Planeten kein wesentlicher Unterschied. Die Auseinandersetzung ist bei ungünstigen Aspekten vielleicht noch schrecklicher und kann sich mit unverminderter Heftigkeit durchs ganze Leben hinziehen. Aber bei solchen Streitigkeiten ist der Kampf wichtiger als Sieg oder Niederlage. Luther, der die Christenheit in Fetzen zerriss, hatte diese Planeten in einem Feuerzeichen (Schütze) innerhalb von 10°, aufgestachelt durch eine heftige Leidenschaftlichkeit, die sich in einer Konjunktion von Mars und Venus (im Skorpion) erkennen lässt. Im Horoskop von John Ruskin stehen Neptun und Uranus in Konjunktion: Seine radikale Kunst- und Lebenskritik erlebte ein sehr berühmtes Fiasko; in demjenigen von Algernon Charles Swinburne bilden sie ein Sextil: seine Muse machte sich heimlich davon, ehe er sechs Jahre lang geschrieben hatte. Den gleichen Winkel hatte Alfred Tennyson, der bestrebt war, aus der Dichtkunst eine Handelsware zu machen. Tennyson hatte auch eine Konjunktion von Mars und Uranus, was ihn zu einem schleimigen und selbstsüchtigen Schurken machte. Savonarola hatte ein Sextil und ging in dem Feuer zugrunde, das er selbst geschürt hatte. Dante, bei dem die beiden Planeten im Quadrat standen, machte aus seinem eigenen Herzen Hölle, Fegefeuer und Himmel. Sir Richard Burton, Englands grösster Sprachgelehrter und Forscher, ein grossartiger Dichter und höchst origineller Denker, hatte sie in genauer Konjunktion im 3. Feld.

Im ganzen kann man demnach die Aspekte dieser Planeten als eher gefährlich ansehen. Je grösser und bedrohlicher der Aspekt, desto besser für die

Welt als Ganzes, wenn auch nicht eben für den Frieden und die Zufriedenheit des Geborenen. Die Mollstimmung des Lebenskampfes, die gedämpfteren Klänge der Seele bedeuten oft blosse Exzentrizität.

Achten Sie auf Menschen, die um den 4. November 1880 und um den 3. Dezember 1900 zur Welt kamen.

Neptun und Saturn

Die Aspekte dieser Planeten sind ausserordentlich machtvoll, denn sie halten sich in einer hohen geistigen Ebene, während der eine die Fehler des anderen wieder wettmacht. Ihre Vereinigung ist nicht so spirituell wie die soeben betrachtete, aber gerade deshalb wirkt sie selbstverständlicher und mächtiger im täglichen Leben.

Als erstes springt dem Betrachter ins Auge, dass beide Planeten Einzelgänger und deshalb – auf der irdischen Ebene – traurig sind. Wenn der Aspekt ungünstig ist (und in diesem Falle muss die Konjunktion eindeutig als schlecht angesehen werden, sofern nicht beide Planeten sehr stark stehen oder von günstigeren Winkeln gestützt werden), bringen sie Unglück und Trübsinn. Der Geborene ist einsam, schliesst sich ab, trägt sich mit Ahnungen oder, im besten Fall, mit asketischen und herben Gedanken. Es fehlt ihm wahrscheinlich an Sympathie und er dürfte ein Zyniker oder Menschenfeind sein. Er ist schwer zugänglich, er stösst ab. Obwohl er jedoch langsam und unpraktisch ist, dürfte er doch sklavisch von Launen und Grillen abhängig sein. Mit hohem Alter stellt sich dann oft deutlich der Trübsinn ein. Georg III., der «alte, verrückte, blinde, verachtete und sterbende König» in Shelleys Sonett hatte diese Planeten in Konjunktion.

Zum Glück wird der Einfluss jedoch häufig in Kunst umgesetzt, in die Kunst des «Weltschmerzes». Coleridge, Chopin und Alfred de Musset hatten alle diese Konjunktion. Alle drei verkörpern die Molltonart. Im Falle Coleridges kommt die Konjunktion der Venus dazu, und der sanfte Einfluss dieses Planeten vermehrte einerseits seine Sentimentalität und trieb ihn anderseits zum Opium.

Oscar Wilde hatte ein Quadrat zwischen diesen beiden Planeten, und obwohl beide günstig aspektiert waren, Saturn von Uranus und Neptun von

Merkur, erwies sich ihr Einfluss als verhängnisvoll. Neptun befand sich im Feld der öffentlichen Feinde (7. Feld), und Saturn im 10. Feld, was immer Aufstieg zu Ansehen und darauffolgenden Fall bedeutet.)

Der sonst wenig wichtige Aspekt von 150° scheint bei diesen beiden Planeten ganz besonders bösartig zu wirken. Zum Beispiel litten sowohl Charles I. als auch Dreyfuss darunter. Im politischen Leben ist der Einfluss sehr stark, aber verräterisch. Gladstone hatte diese Planeten in Konjunktion im 11. Feld, und obwohl er immer viele Freunde um sich scharte, wurde er immer wieder durch geheime Ränke und Verschwörungen zugrunde gerichtet.

Rossetti, ein weiterer passender Fall, war trübsinnig und litt schrecklich unter seiner Sensibilität. Sein Neptun stand auch mit Mars in Konjunktion und er endete in geistiger Umnachtung. Ein Sonne-Trigon machte ihn trotz seines Missgeschicks zu einem grossen Künstler.

Es gibt einen ganz aussergewöhnlichen Fall dieser Konjunktion an der Spitze des 10. Feldes, wo der Geborene mit Hilfe des Jupiter so etwas wie einen doppelten Verstand besass: Er konnte nicht nur zwei Dinge zu gleicher Zeit tun, er musste; er konnte nie weniger aufs Mal tun!

Die günstigen Aspekte sind ausserordentlich glücklich, schenken aussergewöhnliche Tüchtigkeit im Beruf, vollständige Beherrschung der Technik, gestützt von einer ungeheuren Energie und schöpferischen Kraft, grosser Vitalität und Verständnissinnigkeit. Die Wirkung des Trigons wird an solch überragenden Karrieren deutlich wie denjenigen von Michelangelo, Pasteur und Lord Roberts. Sogar Sextil und Halbsextil sind von grossem Wert. George Sand, beinahe die einzige weibliche Künstlerin seit Sappho, hatte ein Sextil, Petrarca und Adelina Patti ein Halbsextil. Jedes dieser Beispiele zeigt den künstlerischen Elan von seiner besten und siegreichsten Seite, zeigt eine breitangelegte Fähigkeit sowohl ins Detail zu gehen, als auch das grosse Ziel anzusteuern, und sichert seinen Ruhm dadurch, dass dieser auf Bewunderung für das klar gesteckte Ziel und für die Reinheit des Herzens beruht.

Neptun und Jupiter

Die religiöse und geistige Wirkung des Jupiter lässt Neptun in einer wärmeren Blauschattierung erscheinen. So finden wir einen netten, leichtfüssigen, menschenfreundlichen Stil der Mystik bei Männern wie Colonel Olcott, Petrarca und Lord Lytton, die diese beiden Planeten im Sextil hatten. (Im Falle von Petrarca tönte ein Quadrat von Sonne und Mond sein Werk mit der Einsicht des Realismus, das Quadrat ist wunderbar, um von Illusionen zu befreien, und das Halbsextil von Saturn fügte die Strenge und Reinheit hinzu, für die wir ihn preisen.)

Im Horoskop Shelleys sind Mars und Jupiter im 9. Feld mit Neptun vereint. Wir übertreiben nicht, wenn wir behaupten, Shelley habe die «Religion der Humanität» erschaffen. Die Verbindung von Mars und Jupiter gibt mehr Kraft als jede andere Kombination, und wir müssen Shelley J. P. Moreno gegenüberstellen, in dessen Geburtsbild diese beiden in Opposition zu Neptun stehen. Der eine zeigt die Kraft von Idealen, der andere die Kraft, gegen sie zu arbeiten. Ähnlich, allerdings ohne Mars, erscheint uns Maeterlinck als ein kraftloser Pseudomystiker, ein Schwindler, ein Dilettant, die innere Seele seines Neptun im Widerstreit mit ihrem äusseren Jupiter-Kleid; die Religion wurde hier, ihres innersten Wesens beraubt, zu einem Vampir. Und doch hätte er, würde nur Merkur seine Hilfe beigesteuert haben, gleichzeitig der grösste der Dichter und der grösste der religiösen Lehrer werden können.

Der Quadrataspekt ist nicht so erschöpfend. Er verleiht einen ungeheuren Wirklichkeitssinn in Religion und Politik oder in ethischen Lehren, sei es durch das Mittel der Kunst oder unmittelbar. So finden wir Zola (der sich aufgrund eines Halbsextils von Venus durch die Kunst ausdrückte) als den Erbauer eines Gesellschaftssystems, das auf kompromisslosestem Realismus beruhte. Dieser Realismus gründete jedoch, ohne, dass er selbst es wusste, auf einer durch und durch romantischen Idee. Die Lokomitive in «La Bête Humaine» und die Stille in «L'Assommoir» sind viel «symbolischer» als irgendetwas bei Ibsen oder Wagner. Sie leben, bewegen sich, haben ihr persönliches Wesen und die Personen der Geschichte sind Marionetten in ihren Händen.

Die gleiche Kritik lässt sich auf das Werk von Pico de Mirandola anwenden, der den gleichen Aspekt hatte, wie auch Cecil Rhodes und Brigham Young, die beide auf ihre Weise danach trachteten, Staaten neu zu gestalten, der eine mit einer neuen Religion, der andere mit Geld. Beide hatten das romantische Ziel und beide die realistische, brutale Methode. (Das Sonne-Trigon schenkte Rhodes zusätzlich Ruhm, Reichtum und Erfolg.)

Wenn wir uns freundlicheren Aspekten zuwenden, bemerken wir Lewis Caroll, den sein Halbsextil von Venus (am Aszendenten) verbunden mit dem Halbsextil von Jupiter nicht nur zu einem religiösen Künstler, sondern auch zu einem Kinderfreund machte. (Die Harmlosigkeit der Aspekte bedeutet allerdings auch eine Einschränkung. Man könnte fast mit Sicherheit sagen, dass es kein erstklassiges Horoskop gibt, in welchem nicht die männlichen Planeten Sonne, Mars oder Saturn günstige Aspekte empfangen oder stark gestellt sind. Jupiter ist zu bequem, um alleine die Welt zu bewegen; ihm behagen die Dinge, so wie sie sind.)

Vom Trigon gibt es ein erschütterndes Beispiel. Der aufsteigende Mond von Alfred Dreyfus hatte ein Quadrat zu Mars, und Saturn im 7. Feld verletzte Neptun am Aszendenten, eine mundane Opposition und beinahe ein 150°Aspekt. Aber dem schrecklichen Elend, das sich aus diesen Stellungen ergab, wurde zuletzt vom Trigon Jupiter-Neptun entgegengewirkt.

Um zu unserer Anfangsbemerkung über die Wärme und Farbe der Seele zurückzukehren, auf die diese Planeten harmonische Strahlen werfen, so haben wir zwei überragende Beispiele für den Trigon-Aspekt: Johann Wolfgang Goethe und J. M. W. Turner. Vergleichen Sie einmal diese beiden mit den schon beim Trigon Saturn-Neptun genannten Horoskopen von Michelangelo und Pasteur. Sie werden eine offenere Menschlichkeit und eine geringere Straffheit feststellen. Auch sie beide waren in vergleichbarem Masse Meister ihrer Kunst, aber lebendiger, allumfassender und weniger einseitig. Es wird hauptsächlich auf Ihr eigenes Horoskop ankommen, welches der beiden Paare Sie als das für die Menschheit nützlichere wählen, aber für jedes intelligente Denken ist die Art des Unterschiedes offensichtlich. Und es ist äusserst instruktiv, diesen Punkt zu betrachten, weil er den Unterschied von Jupiter und Saturn in ihrer Wirkung auf Neptun veranschaulicht.

Neptun und Mars

Die Einflüsse dieser beiden Planeten sind ihrer Natur nach so gegensätzlich, dass nicht einmal ihre kräftigste und günstigste Kombination viel Gutes hervorbringen dürfte. Neptun neigt dazu, Mars lebensuntüchtig zu machen, er lässt ihn dann seine Hand zurückhalten, wenn seine einzige Chance darin bestünde, mit aller Kraft zuzuschlagen. Bei Charles I. von England und König Georg V. finden wir das Trigon, Edward VII. hat ein Sextil. In jedem dieser Fälle finden wir eine gewisse schwächliche Liebenswürdigkeit im Charakter verbunden mit einem gewissen Talent für Intrigen. Dies wäre kein schwerwiegender Charakterfehler für jemanden, der kein gekröntes Haupt ist. Chopin hat ein Trigon, das aber von einem Quadrat zur Sonne noch vergröbert wurde und weiter verstärkt wurde von Saturn und Mond. Als Künstler hatte er Erfolg, aber wer wollte daran zweifeln, dass er ein verheerender Herrscher geworden wäre? Der schwache, verträumte, beinahe idiotische W. B. Yeats hat ein Mars-Neptun-Trigon, aber die Konstellation verleiht ihm in seinem eigenen Schattenreich Macht.[7] Und wieder finden wir das Halbsextil bei dem sentimentalen Schwätzer Ruskin, obwohl ihm der mit Mars verbundene Merkur Beredsamkeit verlieh.

Theodor Roosevelt hat ein Sextil des Mars, und dies bedeutet politisches Geschick – dessen sich auch Edward VII. erfreute. Aber der Expräsident hat auch Quadrate von Jupiter und Venus, die seinem dem Wesen nach etwas knabenhaften Idealismus eine gewisse Schroffheit und ungestüme Kraft verleihen.

Das Quadrat des Mars ist manchmal günstiger als die Aspekte, die man gewöhnlich als günstig bezeichnet. Es nimmt Neptun seine Wirklichkeitsferne und die halsstarrige Verblendung des Mars wird durch Einbildungskraft kuriert. So finden wir diesen Aspekt in Horoskopen wie denen von Jay Gould und William III. von England. Auch Tschaikowsky hat ihn; ausserdem steht bei ihm noch Mars in naher Verbindung mit der Sonne. William Jennings Bryan hat Mars im 10. Feld in einem Quadrat zu einer Neptun-Sonne-Konjunktion. Trotz anderer ungünstiger Aspekte (Merkur Quadrat Jupiter und Saturn Opposition Mond) schenkte ihm dies seinen Augenblick des Erfolgs.

Die Konjunktion erweist sich auf die Dauer gewöhnlich als verhängnisvoll, obwohl sie einen zeitlich begrenzten Erfolg hervorzaubern kann. Der Aspekt stellt die Kraft des Fanatismus dar, und wir finden ihn bei Wilhelm II. (zu seinem Glück verleihen ein Trigon vom Mond und ein Quadrat von der Venus der Konjunktion Gewicht und Bedeutung und wandeln ihre wütende Energie in Friedlichkeit, so dass er sagen konnte, er habe Europa 43 Jahre lang den Frieden erhalten) und auch bei König Ludwig von Bayern, dem

Schirmherrn Wagners, dem Monarchen, dessen tragische Geschichte wohl bekannt ist, und bei Robespierre, dem eher schrecklichen Verfechter einer Idee.

Zweifellos trägt diese Konjunktion die Gefahr einer wildwütenden Verrücktheit in sich. Napoleon I. hat diesen Aspekt, aber Mars hat beinahe ein Sextil zu Jupiter und ein genaues Trigon zu Uranus. Auch Richard Strauss hat diese Konjunktion, aber mit einem Sextil zur Venus, so dass sich seine Epilepsie dem künstlerischen Bereich zuwandte und seine Ausbrüche musikalischer Natur sind. Ein weiterer Fanatiker, Shelley, hat diese Konjunktion; in seinem Falle machte der Wohltäter Jupiter seine Manie menschenfreundlich. Auch Rossetti, der diese Konjunktion hat, wurde verrückt, aber ein Sonne-Trigon machte aus ihm den grossen und gewandten Künstler, als den wir ihn bewundern. Ein merkwürdiger Fall ist der von Dumas Vater, der diese Planeten in Opposition hat; ihr Einfluss wird aber von der überstarken Konjunktion von Venus, Jupiter und Saturn überdeckt.

Im ganzen lässt sich bestätigen, dass kein Aspekt von Mars und Neptun besonders wünschbar ist, sofern nicht von einem anderen Bereich her Unterstützung zu finden ist. Mars ist grob, brutal, blind, materiell, selbstverständlich, freizügig, wütend; Neptun ist genau das Gegenteil von all dem. Neptun ist der Planet des 18. Jahrhunderts, der Stern von Versailles, der Geist von Watteau, Verlaine, Ernst Dowson; all dies sind für Mars schreckliche Greuel. Ludwig XV. machte sogar den Krieg selbst zu einer Angelegenheit von Uniformen und Ballsälen; die Revolution verwandelte sogar das Theater zu einer Schlachtbank. Es ist bemerkenswert, wie Mars Neptun ein Ende setzen kann; das Jahr 1914 geht an die Dekadenten (Kubisten, Futuristen und die übrigen, bei denen sich die Kunst in Krankheit und Wahnsinn verwandelt hat), gerade wie der Terror die grausen Narreteien des Œil-de-Bœuf in Fetzen riss.

Allfällige Hilfe, die Aspekte dieser beiden Planeten bieten könnten, ist hauptsächlich auf den Pfaden der Intrige zu finden. Das Ergebnis ihrer Kombination ist der Macchiavellismus. Wo ein Talent für Ränke vonnöten ist, unterstützt von dem Willen und der Kraft, gelegentlich einen Knoten mit dem Schwert zu durchschlagen, um Erfolg zu haben, da mag ein starker Aspekt zwischen Mars und Neptun nicht wenig nützen. Viele mittelalterliche Päpste sind von den Sternen in diesem Sinne bevorzugt. (Mars und Uranus sind in ihrem Einfluss nicht unähnlich und finden sich mit gleicher Häufigkeit in solchen Fällen.) Heute hat man diese Methoden oberflächlich leicht abgeändert, aber das Wesen bleibt dasselbe. Die Gesellschaften und höfischen Intrigen ersetzen wir durch die Schikanen des Rechts, verwenden politischen Druck, kaufen Richter und bestechen Behörden, während wir anstelle der Verwendung des Dolchs und des Giftbechers gemeinere, tödlichere, feigere und hinterlistigere Mittel einsetzen – die Zeitungen.

Neptun und Sonne

Genau das Gegenteil von dem, was wir über Neptun und Mars gesagt haben, stimmt für Neptun und Sonne. Die Sonne erhellt alles, was trübe ist, stärkt alles, was schwach ist an diesem entferntesten aller Planeten. Neptun ist die Peripherie des Systems, die Sonne sein Zentrum. Neptun ist das Bild der Seele, der grossen Mutter, wie die Sonne dasjenige des Vaters ist. Deshalb sind sie gegenseitig eine Ergänzung und man könnte beinahe sagen, notwendig füreinander; ihre Beziehung ist völlig harmonisch. Bei Menschen mit solchen Aspekten können wir eine solche Vollkommenheit der Natur erwarten, dass sie nur zum Erfolg führen kann. Die Persönlichkeit wird eine starke Ausstrahlung besitzen, eine Fröhlichkeit, die von einer göttlichen Trauer getönt wird, eine Melancholie, die in überschäumende Freude verwandelt ist. Schon die kleinste Hilfe von seiten eines dritten Planeten wird die Tonart angeben, in der die Melodie zu spielen ist, denn Sonne und Neptun sind in ihrem Zusammenwirken so in sich zufrieden, dass sie keine besondere Tönung besitzen. Deshalb wird die Deutung des Horoskops stark von den anderen Planeten abhängen. Es lässt sich lediglich sagen, dass diese spezielle Kombination eine ruhige, grosse und harmonische Harfe bildet, die der Künstler mit der «Sphärenmusik» zum Klingen bringen kann. Konkrete Beispiele für die Wirksamkeit dieses Gesetzes haben wir zuviele, so dass wir den Leser mit einer Auswahl zufriedenstellen müssen.

Die wahrscheinlich grösste Sängerin der Welt, Adelina Patti, hat Neptun in Konjunktion mit der Sonne. (Ihre Karriere wurde von Mars in seinem eigenen Zeichen im 5. Feld mit einem Trigon von Uranus bestimmt.) Eine weitere Konjunktion finden wir bei Savonarola, bei dem noch Merkur hinzukommt, was ihn zu einem Gelehrten und Mystiker machte. Eine Konjunktion von Venus und Saturn in einer Entfernung von nur 10° machte ihn asketisch und fanatisch. Erasmus wiederum, das eine grosse Licht der Gelehrsamkeit im Mittelalter, hat diese Konjunktion unter Mithilfe des Mondes. Merkur und Venus stehen in Konjunktion mit dem Aszendenten in der Waage und waren die entscheidenden Faktoren seines Lebens. Edison hat wie Savonarola Neptun mit Sonne und Merkur in Konjunktion. Bei ihm steigt der Skorpion auf, dessen Herrscher im 3. Feld günstig aspektiert ist. Dies macht die praktische Wissenschaft zur Grundlage seines Lebens. Gladstone hat diese beiden Planeten in einem Halbsextil zu Neptun; sie stehen an der Spitze des 1. Feldes und gaben ihm seinen Ehrgeiz, seine Beredsamkeit und seine Kraft. William Shakespeare hat Sonne und Mond in Konjunktion in einem Halbsextil zu Neptun, wobei dieser im 10. Feld, dem Feld des Ruhmes steht. Jupiter und Saturn stehen ebenfalls in genauer Konjunktion in diesem Feld.

Petrarca hat Merkur und Sonne in Konjunktion im Quadrat zu Neptun, jedoch unterstützt von Jupiter und Saturn. Neptun steht im 5. Feld, dem der Kunst, Liebe und Schönheit. Emile Zola hat eine Konjunktion von Sonne und Mond in einem Halbsextil zu Neptun, wobei dieser durch ein Halbsextil zu Venus anzeigt, dass seine Energie in künstlerischer Form ihren Ausdruck findet, während ein Jupiterquadrat seinen antireligiösen Standpunkt und die Gegnerschaft andeutet, die er von Seiten des Klerus erfuhr.

Chopin hat Neptun mit Saturn in einem Quadrat zur untergehenden Sonne, und Neptun ist in dem für ihn ungünstigsten Punkt, im Immum Coeli. Dies gab seinem Werk die Nachdenklichkeit und Melancholie. Glücklicherweise verbanden sich die Energie des Mars und die Reinheit des Mondes zu seiner Rettung. Tschaikowski hat ein Quadrat, aber den Mars bei der Sonne.

Königin Elisabeth I. von England hat eine Opposition von Sonne und Neptun in den Feldern 10 und 4, beides ungünstige Stellungen – die Umkehrung ergibt die günstigsten Stellungen, und dies erklärt sowohl ihren Misserfolg bei der Gründung einer Dynastie als auch ihren tatsächlichen Erfolg als Herrscherin und bei der Verteidigung ihres Landes. (Die Sonne steht in nahem Trigon zu Saturn, was ihr die entschlossene Standhaftigkeit ihres Gewissens gab, die wir mit ihrem Namen in Verbindung bringen; und Jupiter steht am Aufgang.) Georg V. von England hat ein Sextil von der Sonne und ein Trigon von Mars, aber Jupiter im 12. Feld eingeschlossen mit einem Quadrat von Uranus könnte ihm seinen Thron kosten.[8]

Wir wenden uns nun dem Trigon zu und finden in der Tat ein ganzes Milchstrassensystem leuchtender Beispiele. Huxley hat das Trigon, und sein Werk, nicht nur das des Wissenschaftlers, sondern auch das des Philosophen, wird für Jahrhunderte gültig bleiben, während die Ausgewogenheit seines persönlichen Charakters selbst von seinen erbittertsten Feinden bewundert wurde. Rossetti hat das Trigon, und es machte ihn göttlich, trotz des üblen Einflusses von Mars. General Grant, einer der drei politischen Leuchten Amerikas, hat ebenfalls dieses Trigon. Ebenso Cecil Rhodes, obwohl ein Quadrat von Jupiter sein Lebenswerk durchkreuzte, und er starb, ohne sein Werk zu vollenden. Auch Kopernikus hat diesen Aspekt; und trotz seinem Quadrat der Venus (eine vergleichsweise unwichtige Figur in einem so grossartigen Spiel) vollzog er die Revolution der Astronomie. In diesem Fall gaben eine Konjunktion von Uranus und ein Trigon von Saturn ihren Beistand. Daraus erklärt sich die kosmische Dimension seiner welterschütternden Leistung.

Michelangelo hat dieses Trigon, mit einer Konjunktion von Merkur und Venus am Aszendenten in einem Sextil zu Jupiter. Mond und Uranus stehen in Konjunktion im Skorpion in einem Trigon zu Saturn im 5. Feld. Dies schenkte ihm seine majestätische Kunstauffassung, seine schöpferische Energie und Gestaltungskraft.

Als Schlussfolgerung kann man nur wiederholen, dass ein günstiger Aspekt dieser beiden Planeten, wenn sie stark gestellt und von anderen Planeten günstig aspektiert sind, eine der glücklichsten Stellungen ist, die möglich sind, und ein Guthaben fürs Leben, das sozusagen jedem anderen vorzuziehen ist.

Neptun und Venus

Die Verbindung von Neptun mit der Venus ist im allgemeinen ebenso ungünstig wie diejenige mit Mars, nur aus genau entgegengesetzten Gründen. Wohl bedeutet Venus Liebe, Schönheit und Anmut, Zärtlichkeit und was sonst noch dazugehört, aber wenn diese Eigenschaften nicht von einem männlichen Element gefestigt werden, so bedeuten sie praktisch nur Schwäche, Liederlichkeit und Sentimentalität. Die alten Alchemisten schrieben

Venus «äusseren Glanz und innere Verdorbenheit» zu, und die Astrologie bestätigt dies. Venus ist das falsche Gold, das ätzende, giftige Kupfer. Wir werden diese These anhand unserer Beispiele vielfach bestätigt finden. Venus ist Neptun zu ähnlich, um für ihn eine gute Ergänzung zu bilden. Sie ist «die sichtbare Seele der Natur», deren unsichtbare Seele Neptun ist; und es war (wie wir in der Chymischen Hochzeit des Christian Rosencreutz erfahren) dem Suchenden verboten, seinen Blick auf die Venus zu richten. Auch die besten Aspekte zwischen diesen beiden Planeten bedeuten eine so passive und beeindruckbare Seele, dass das übrige Horoskop viel zu viel Kraft erhält; und selbst, wenn diese Kraft «gut» sein sollte, ist die Kombination letzten Endes eben doch nicht gut. Nur, wenn ein stabilerer Planet seine Kraft direkt mit dem Venus-Neptun-Aspekt verbindet, kann er einen wirklichen Erfolg sicherstellen. Mit anderen Worten, es braucht einen so starken anderen Aspekt, dass der Venus-Winkel sozusagen zum Juniorpartner in der Firma wird.

Deshalb finden wir in den Horoskopen solch brillianter Menschen wie Zola, Goethe, Brigham Young und Roosevelt die Unterstützung von Jupiter, bei Coleridge kommen Merkur und Saturn zu Hilfe und Kopernikus wurde von einem Sonne-Trigon gerettet. Wo Venus mit Neptun allein Erfolg bedeutet, kommt dieser dank Heuchelei oder Sentimentalität zustande. Königin Victoria zum Beispiel, hat ein Trigon zwischen diesen beiden Planeten, und über ihr Zeitalter spötteln die Männer noch heute. Swedenborg hat sie im Sextil, und seine Religion hat kein Rückgrat, ist ein Kult von unmännlichen Spinnern. Bei Backhaus stehen sie in Konjunktion, und wir haben einen Menschen vor uns, dessen «Fertigkeit» man nur bewundern kann. Krüger hat ein Trigon, und wohl nie herrschte ein gemeinerer alter Schwindler, obwohl die Konjunktion von Mars und Jupiter, die nicht weit entfernt steht, ihn auch kräftig, listig und kühn machte. Wilhelm II. mit einem Quadrat setzte immer und immer wieder die Existenz seines Landes dadurch aufs Spiel, dass er in unverantwortbarer Weise um jeden Preis den Frieden in Europa zu erhalten trachtete. Ludwig XVI., mit einem Sextil, verlor Thron und Kopf, weil er sich weigerte, den Mob mit einer züchtigen Kartätschenladung hinwegzufegen. Tolstoi hat eine Konjunktion und war von einer Sentimentalität, die schon fast an Wahnsinn grenzte. Dickens mit einem Quadrat ruinierte seine grossartige satirische Begabung (Saturn an der Spitze des 3. Feldes in seinem Zeichen Steinbock im Quadrat zu Mars in seinem Zeichen Widder) mit der schlimmsten Art viktorianischer Bedenklichkeit und Idiotie. Th. Roosevelt hat – trotz der rohen Gewalt des Realismus, die ihm ein Jupiterquadrat, und der heftigen Energie, die ihm ein Marssextil verlieh – ein Venusquadrat, und letztlich erstickte er an seinen Schlagworten und an seinem Appell an den gröberen und gemeineren Idealismus. Sir Alfred Harmsworth (Lord Northcliffe) hat ein Sextil, und er ist ein Hintertreppenpolitiker, der Kloakengewäsch liefert für die Gossenmentalität. Zweifellos verleihen diese Aspekte Überzeugungskraft; aber es ist nur die faule Kraft der Heuchelei. Sie beruht auf Illusion. All dies steckt schemenhaft und verschwommen in Neptun, und, anstatt verfeinert zu werden, wird es von der grundlegenden Falschheit und Wertlosigkeit, der unerlösten und vampirgleichen Venus ins Entsetzliche gesteigert, die nicht Venus-Urania, die Himmlische Liebe ist, sondern Lilith, die die Träume böser Menschen heimsucht, die sich von schlafenden Kindern nährt, der erste und schlimmste aller Dämonen der Hölle.

Neptun und Merkur

Die Aspekte dieser beiden Planeten sind sehr günstig. Merkur verleiht dem mystischen Planeten Intellektualität, und Neptun erlöst die kalte Brillanz des Verstandesgestirns. Gleichzeitig ist Merkur der Gaukler und Neptun der Meister der Maskerade, und die Vereinigung dieser beiden ergibt oft eine Wunderlichkeit oder Verdrehtheit, bei der es hauptsächlich auf das übrige Horoskop ankommt, ob und wie sie von Vorteil sein kann. Im guten Sinne kann diese Kombination Witz und Geist bedeuten, im schlechten Verschlagenheit und Schrullenhaftigkeit. Manchmal verleiht sie eine Logik, die vom gesunden Menschenverstand weit entfernt ist.

W.E. Gladstone verlieh ein Halbsextil (unterstützt von der Sonne) Beredsamkeit und politisches Geschick; er war deshalb der grösste Redner und Parlamentarier seiner Zeit. Edison, mit einer stärkeren Form dieses Doppelaspekts, ist der überragende Geist seiner Zeit im Bezug auf praktische Anwendungsmöglichkeiten der Naturwissenschaft. Auch Petrarca hat ein Quadrat von Sonne und Merkur zu Neptun, und seine Beredsamkeit und Leidenschaftlichkeit sind unvergleichlich. Dante, der Intellekt und Mystizismus vor seinen Wagen der Satire und Schmähung spannte, hat Merkur und Neptun im Sextil. Coleridge hat ein Halbsextil und seine Tischgespräche waren das Vergnügen seiner Zeitgenossen. Ebenso Luther, dessen Intellekt und Beredtheit die Welt erschütterte. Diese beiden hatten zusätzliche Unterstützung durch andere Planeten. Ein dritter Fall ist Ruskin, dessen Prosa ein dauerhaftes Denkmal seiner Epoche bleibt. Napoleon zeigte nicht nur als Feldherr, sondern auch als Gesetzgeber einen Intellekt, der seinesgleichen sucht. Er hat ebenfalls diesen Aspekt. Alexandre Dumas hat Merkur im Trigon zu Neptun, und trotz eines üblen Marsaspekts schrieb er die brillantesten Abenteuergeschichten, die es in französischer Sprache gibt. Savonarola hat eine Konjunktion mit Merkur und Sonne. Er war der beredteste und gelehrteste Arzt, den selbst Florenz auf sein Schild heben kann. Bei Balzac stehen diese beiden Planeten in Opposition, jedoch unterstützt von einem Halbsextil des Mondes. Daran können wir seinen messerscharfen Intellekt, sein unbegrenztes Verständnis für die Menschheit und seine Zusammenfassung von all dem in Form einer Komödie oder eines Maskenspiels ermessen. Das Quadrat hat, wie im Falle Byrons, einen bitteren Zynismus zur Folge. Philip Bourke Marston, der blinde, präraphaelitische Dichter hat sie in Opposition; er ist der klarsichtigste und realistischste dieser künstlichen Schule.

Für die edle Kraft des Trigon haben wir zwei brillante und vollendete Beispiele: Oscar Wilde und Bernhard Shaw. Der geistvolle Stil dieser beiden ist absolut typisch für diesen Aspekt. Für das schwächere Sextil ist George du Maurier ein Beispiel, der Autor von «Trilby», dessen feiner Humor und scheue Satire auch heute noch bewundert werden. Harmsworth, ein cleverer, skrupelloser Journalist, hat Merkur im Trigon zu Neptun, aber ein Venus-Sextil hat alles zum Üblen gewendet. (Er hat überdies die Sonne in Opposition zu Saturn und im Quadrat zum Mond. Saturn steht im 10. Feld – er wird mit einem Sturz enden.) Die Konjunktion kann auch einen grossen religiösen Lehrer hervorbringen, wie etwa Rudolf Steiner. Die Opposition dürfte eher eine gewisse Hemmung im wahren religiösen Denken verursachen, und die Energien auf schrullige Launen lenken, auf eine intellektuelle Exaktheit ohne jeden Sinn für Mass. Dies ist der Fall bei Eustace Miles, der die Welt mit einer neuen Gesundheitsernährung zu reformieren gedachte und seine Reden nach Tisch mit Scherzen über die Namen der Anwesenden würzte. Howard Carrington geht noch einen Schritt weiter und schlägt als Kur gegen alle

Krankheiten des Menschen vor, sich völlig der Nahrung zu enthalten. Ganz klar, dass er hierin recht hat! Glücklicherweise kam ihm ein Trigon und ein Sextil von Uranus zu Hilfe, und die Reife brachte ihm einen gewissen Grad an Weisheit, oder zumindest doch an gesundem Menschenverstand.

Genug der schönen Worte; jetzt muss es allen klar sein, auf welche Weise diese Planeten agieren und reagieren, wie ihre Wirkung im wesentlichen die Eigenschaften des Denkens bestimmt, und insbesondere diejenigen der Sprache, die ja aus dem Denken hervorgeht. Es ist keine grossartige Kombination für Künstler, die von den Planeten mehr an Schirmherrschaft und schöpferischer Kraft brauchen. Die meisten der als Beispiele angeführten Personen halten wir eher für brillant, als für tiefsinnig. Gladstone war zu clever, um ein richtiger Politiker zu sein; Edison machte nie eine theoretische wissenschaftliche Entdeckung; Petrarca gehört nicht zu der Spitze der Dichter; Coleridges Stern hat nur drei schmale Strahlen; Luther war kein tiefgründiger Theologe; Ruskin war als Künstler eine Niete; Napoleon kümmerte sich nie darum, wohin die Wurzeln seiner politischen Eichen wuchsen; Dumas ist bloss ein Erzähler; Savonarola tat nie mehr, als die Symptome des Übels, das er bekämpfte, zu geisseln; Byron schrieb niemals erstklassige Dichtung; Marston ist nur ein armer Meister im Reimen; Wilde und Shaw haben nichts Unsterbliches geschaffen; Harmsworth ist nur ein Sammelbegriff für Oberflächlichkeit, Stumpfsinn und Sensationsmache; du Maurier schrieb für Geld, Steiner für Gläubige. Balzac, das stimmt allerdings, war der grösste Romanschreiber, den dieses Trigon hervorgebracht hat, aber bei ihm ist der Merkur-Neptun-Aspekt von zweitrangiger Bedeutung im Horoskop, denn er hat eine Venus-Mars-Konjunktion im Halbsextil zu Jupiter im 10. Feld, wobei auch die Sonne nur 7° entfernt im 10. Feld steht. Merkur bestimmt seine Ansichten und sogar bis zu einem gewissen Grad die Art seines Werks, aber die grösseren Götter müssen zum Sprechen gebracht werden, um seine Fähigkeiten, Kräfte und seinen Ruhm zu erklären.

Neptun und Mond

Die Bemerkungen, zu denen wir uns über Venus und Neptun verpflichtet fühlten, müssen in noch ernsterer Form wiederholt werden, wenn wir uns angemessen mit den Beziehungen des Mondes zu Neptun auseinandersetzen wollen. Venus hat noch eine grosse Leichtigkeit und Munterkeit; der Mond ist kalt, blass, die Mutter der Illusionen. Er ist völlig dunkel, wenn ihm die Sonne nicht von ihrem Licht leiht. Er ist das Gestirn von Hexen; eigenartige Tiere schleichen im Dunkeln; Giftmischer sammeln ihre todbringenden Kräuter unter dem abnehmenden Mond. Neptun ist noch eine «Oktave» des Mondes, so dass sie in Verbindung miteinander die stärkste Abweichung vom Gleichgewichtszustand ergeben, und jede unausgewogene Kraft ist von Übel. Entsprechend finden wir eine übermässige Schwäche und Verweichlichung, die sich in einer griesgrämigen Melancholie äussert, die oft mit einer angeschlagenen Gesundheit und Drogen- und Alkoholabhängigkeit verbunden ist. Bei den starken Charakteren, den grossen Männern, die diese Planeten in einem Aspekt haben, stehen sie entweder in einer unbedeutenden Stellung oder werden von einem männlichen Wohltäter unterstützt. Ein Beispiel für die erste Möglichkeit ist Wagner, der sie im Sextil hat, bei dem aber die Sonne genau am Aszendenten in einem Trigon zu Mars-Sextil-Jupiter und einem Halbsextil zu Merkur steht, eine Konstellation, die den Mond-Neptun-Aspekt bei weitem überstrahlt. Für die zweite Möglichkeit zeugt Shakespeare, dessen Halbsextil gleichzeitig ein Halbsextil zur Sonne ist; Erasmus hat Sonne und Mond in Konjunktion mit Neptun; Zola hat Mond und Sonne in Konjunktion in einem Sextil, wozu noch Aspekte von Venus und Jupiter kommen; Chopins Sextil ist von Mars und Sonne verstärkt; Philip Bourke Marstons Opposition ist gleichzeitig eine Merkuropposition und daneben hat er als dominanten Faktor seines Horoskops eine Mars-Jupiter-Konjunktion. Wilhelm II. hat ein Trigon des Mondes, woraus sich sein physisches Unglück und sein schwächlicher Pazifismus erklärt; zum Glück verhütete die Mars-Neptun-Konjunktion im 10. Feld, dass die Schwäche kriminelle Ausmasse annahm.

George Eliot hat die beiden Planeten in einem Halbsextil; daraus lässt sich ihre übermässig weibliche Natur und ihr Wunsch verstehen, diese durch

Bild 7: Das «natürliche Horoskop», die Zuordnung von Tierkreiszeichen und Feldern, wie sie hier dargestellt ist, erwähnt A.C. des öfteren. Im inneren Kreis sind ausserdem die Planeten- und Elementzuordnungen angegeben.

10th
ACHIEVEMENT
9th
WISDOM
8th
DEATH
7th
PARTNERS
6th
OPERATION
5th
CREATIVITY
4th
SECURITY
3rd
COMMUNICATION
2nd
AQUISITION
1st
APPEARANCE
12th
PRIVACY
11th
FELLOWSHIP
Noon
Midnight
ASCENDENT
DAWN
DESCENDENT
DUSK
SPRING EQUINOX
AUTUMN EQUINOX
SUMMER SOLSTICE
CARDINAL
FIXED
MUTABLE
NATURE

Männlichkeit zu maskieren. Franz Joseph hat sie im Quadrat; sein Leben war eine Tragödie – zu gross, um darum zu weinen. Robert Louis Stevenson hat sie in Konjunktion; dies ist ein typischer Fall – das zerbrechliche, blutarme, zarte, feine, wehmütige und freundliche Wesen, das von seiner Persönlichkeit her völlig ausserstande ist, den Lebenskampf zu bestehen, und nur von Venus an der Spitze des 11. Feldes (die ein Trigon zu Uranus hat) wird er dank der Hilfe von Freunden vor fortgesetztem Missgeschick gerettet. Sonne und Mars in Konjunktion im 8. Feld bedeuten plötzliche und unerwartete Kraft in Stunden der Verzweiflung, aber natürlich brachte ihn dieser Aspekt zuletzt um. Saturn, der im 2. Feld aufsteigt, ist noch melancholischer, zumal er innerhalb von 2° von einer Opposition des Jupiter steht.

Dreyfus hat den gleichen Aspekt, eine Konjunktion, und sie machte ihn zum Spielball eines übelsten Geschicks, trotz des Jupiter-Trigons, das schliesslich nur seine Rehabilitierung bewirken konnte. Das Trigon wiederum finden wir bei Guy de Maupassant, und zweifellos können wir diesem seine nervöse Feinfühligkeit zuschreiben. Aber er hat die Venus in Konjunktion mit Jupiter und Mars im 1. Feld, eine übermächtige Charakterstärke, die dem anderen schwächenden Effekt entgegenwirkt. Als letztes Beispiel wollen wir die bekannte Mabel Collins anführen, deren Neptun nicht nur in Konjunktion mit dem Mond steht, sondern auch noch in einem Trigon zu Mars, einem Quadrat zur Venus und einem Sextil zu einer Uranus-Saturn-Konjunktion. Solch ein Kuddelmuddel von Aspekten ist zu verwirrend, um je günstig sein zu können. Ihr Neptun im 5. Feld, dem Feld der Vergnügungen und der Kunst, verdarb ihr diesen Teil ihres Lebens. Ihre Bücher waren nur Potpourris von Wahnideen, schlecht geschrieben, anmassend und unwissend und ihre Vergnügungen waren im höchsten Grade ungeniessbar.

Zusammenfassend können wir sagen, dass die Verbindungen von Neptun und Mond zwar sehr günstig sein können, indem sie die Einbildungskraft anregen, Feingefühl und Tiefe des Denkens verleihen und den Charakter rein, strebsam und freundlich machen, dies aber nur selten der Fall sein wird, es sei denn, das Horoskop sei in anderer Hinsicht aussergewöhnlich kräftig. Solch verborgene und dunkle Ideen werden in Stürmen des Lebens fast mit Sicherheit Schiffbruch erleiden, sofern die Seele nicht mit dreifachem Messing und Eisen gewappnet ist, das ihr andere Planeten verleihen, die eher dazu geeignet sind, den Wellenschlägen der Umstände Widerstand zu leisten.

Die Bedeutung des Neptun in den zwölf Feldern

Neptun im 1. Feld

Für gewöhnlich sind Menschen mit Neptun am Aszendenten leicht zu erkennen.[9] Es ist schon auf den ersten Blick ersichtlich, dass sie anders sind als andere. Dieses Gefühl ist schwer zu erklären, doch es ist unverkennbar. Diese Menschen wirken irgendwie eigenartig, stark individualistisch und doch ohne die übliche Art von Kraft oder Stärke. Die allgemeinen typischen Merkmale des Gesichts werden stärker vom aufgehenden Zeichen, vom Planeten, der in diesem Zeichen herrscht, und von den Aspekten zu diesem Planeten bestimmt, doch es ist sozusagen immer möglich festzustellen, wenn Neptun am oder nahe am Aszendenten steht, denn sein Einfluss konzentriert sich in den Augen. Diese sind häufig von einem relativ kalten Grau oder Blau, und auch, wenn dem nicht so ist, üben sie doch eine eigentümliche magnetische Wirkung aus, die häufig geheimnisvoll und erschreckend ist. Es mag sogar eine Spur Verdorbenheit und Wahnsinn darin liegen. Die Augen blicken kalt und durchdringend und doch manchmal ausweichend und verschlossen; dieses Aussehen ist so typisch, dass es für den Studierenden genügt, einige wenige Menschen dieser Art zu beobachten, um sich damit vertraut zu machen. Dieses Merkmal ist besonders wertvoll, wenn die genaue Geburtszeit nicht bekannt ist, denn wenn Neptun zufällig am Aszendenten ist, ist jeder Zweifel über die genaue Stunde ausgeschlossen, und das Horoskop kann vertrauensvoll auf diese Zeit berechnet werden.

Die moralischen und geistigen Eigenschaften von Menschen mit Neptun im 1. Feld sind einzigartig und subtil. Da Neptun in den verborgensten Winkeln der Seele wirksam ist, verursacht er tiefgreifende Umwälzungen der Persönlichkeit. Nichts wirft die üblichen Bedeutungen der Zeichen und des Herrschers so über den Haufen wie die Anwesenheit von Neptun. Nicht, dass er sie verändern würde – er bringt einen völlig neuen Einfluss auf einer verfeinerten und mächtigeren Ebene ins Spiel. Was als Folge davon unsere Aufmerksamkeit auf sich zieht, ist eine gewisse Widersprüchlichkeit, Schrullenhaftigkeit und Perversität des Charakters oder ein phantastischer Einschlag von Spott oder Maskerade. Bei einigen wird dieser Charakterzug sehr tiefgründend und umfassend, bei andern seicht, ja oberflächlich sein. Diese Frage muss durch die Bestimmung der dem Neptun in Beziehung zum aufsteigenden Zeichen oder seinem Herrscher zukommenden eigenen oder erworbenen Bedeutsamkeit entschieden werden. Es sei uns jedoch gestattet, einige der wichtigsten bis anhin gemachten Feststellungen anzuführen, die besonders charakteristisch für seine Wirkung sind. Bei jüngeren Seelen, die sich vom starken Einfluss des Körperlichen noch nicht einmal teilweise befreit haben, drückt sich das Verlangen nach dem Geist, das Neptun verkörpert, in einer Suche nach fremden Göttern aus. Der Gebrauch oder Missbrauch jener Drogen, die die Schranken von Zeit und Raum niederreissen und den Einzelnen, zumindest vorübergehend und auf Kosten seiner Umgebung, scheinbar weiterbringen, ist eine häufige Erscheinung. Aus genau dem selben Grund flüchtet sich der neptunbetonte Mensch in abnorme Laster. Die üblichen Freuden des Lebens erscheinen ihm banal. Er hat noch nicht gelernt, seine eigene Seele und die Seele des Universums zu beherrschen, die den nach den verborgenen Mysterien des Lebens Suchenden zurück zur geistigen Gesundheit führt. Die fortgeschrittene Seele weiss, dass das Leben ein Traum ist; aber sie weiss auch, dass es ein göttlicher Traum ist. Sie vermengt die Ebenen nicht miteinander. Am Anfang ihrer Suche von einem Gefühl der Unzufriedenheit getrieben, ist sie ganz selbstverständlich von der Vorstellung beherrscht, dass sie, wenn sie die natürliche Ordnung der Dinge, die sie als schlecht ansieht, umkehrt, das Gute erreichen wird. Wahrscheinlich ist dieser geistige Vorgang für jeden Menschen irgendwann notwendig. Wenn er jedoch seinen Weg bis zu Ende geht, kommt er zum Schluss, dass die Dinge, wenn sie auf den Kopf gestellt werden, letzten Endes nicht besser sind als wenn sie aufrecht stehen. Er wird dann ganz vernünftigerweise den einfachsten Pfad einschlagen – er wird mit dem Leben zufrieden sein, nicht in der unreflektierten Art, wie sie den niederen Tieren zu eigen ist, sondern weil er göttliche Einsicht gewonnen hat. Ohne Zweifel sind er und jedermann auf der Welt nur Schauspieler auf einer Bühne, Schemen in einem Traum, doch er erkennt auch, dass er in diesem Stück das Beste leisten sollte. In diesem Traum sollte er nicht die Mächte eines Alptraums heraufbeschwören.

Wir dürfen deshalb, und auch wegen unseres eigenen Verständnisses der göttlichen Toleranz, die das Lächeln der Sonne und die Tränen des Regens auf die Gerechten und die Ungerechten gleichermassen verteilt, den neptunbetonten Menschen nicht die Schuld geben für jene Eigentümlichkeiten, die sich in unserem früheren Urteil als vernichtend für seine Seele zeigen. In extremen Fällen ist es vielleicht vonnöten, der Seele zu gestatten, dass sie sich vernichte, denn nur die Vernichtung führt zur Erlösung. Wir sollten daher eine mitfühlende Haltung einnehmen und versuchen, diese wundervollen Impulse zu verstehen. Es hat keinen Sinn, zu versuchen, sie zu unterdrücken. Sie kommen von göttlicher Seite, doch es empfiehlt sich, diese Leidenschaften zu beherrschen, wenn sie – aus unserer Sicht – mehr Schaden anrichten als Gutes tun. Man tut gut daran, sich zu erinnern, dass die Quelle, der sie entströmen, nicht zum Versiegen gebracht werden kann. Sie steigen aus den Tiefen empor, wo der Charakter seinen Sitz hat, und jeder Versuch, unsanft mit ihm umzugehen, ist vorherbestimmt und zwecklos. Unsere Versuche würden nur Widerspruch auslösen, und dieser Widerspruch wäre gerechtfertigt, denn in den Augen unserer weltlichen Weisheit würde es die Heerscharen der allweisen Vorsehung Gottes in Schlachtordnung aufstellen.

Ein typisches Merkmal eines aufsteigenden Neptun ist für Menschen mit dieser Stellung äusserst ärgerlich. Edgar Allan Poe hat es in seiner Geschichte «The Imp of the Perverse» geschildert. Ein Mensch kann sich seiner Ideen völlig klar sein, sein Urteil kann vernünftig und sein Wunschdenken frei sein, doch in dem Augenblick, in dem er seinen Willen in Tat umsetzen soll, stockt er (und wird störrisch). Ibsen hat die gleiche Eigenschaft in seiner Schilderung vom «Troll» in uns dargestellt, aber der vielleicht kürzeste und prägnanteste Bericht dieser eigentümlichen Eigenschaft findet sich bei Paulus in seinem «Römerbrief» VII, 15–24.[10]

Wir wollen dies keineswegs mit dem Kampf des Fleisches gegen den Geist verwechseln, der sich in jedem von uns ständig abspielt, oder mit Zweifel, Zögern, Wankelmut und dem Widerstreit der Gefühle oder der Schwierigkeit, zu einer ausgewogenen Urteilsfähigkeit zu gelangen. Es ist Perversität in Reinkultur.

Die Eigenschaft, nach Dingen zu streben, die jenseits der Grenzen des Lebens liegen, ist allen neptunbetonten Menschen gemeinsam, wobei sie für ältere Seelen, die durch die reinigenden Feuer hindurchgegangen sind, für jene Geister, denen Wissen und Verständnis des Kosmos zu eigen ist, und die gelernt haben, Leidenschaft und Gefühle richtig einzusetzen, eine weniger zerstörerische Form annimmt. Die Entschlossenheit, das ewige Jenseits zu erreichen, bleibt bestehen, aber die entsprechende Methode ist sorgfältig überlegt und nicht instinktiv, und der gesunde Menschenverstand sorgt dafür, dass weder Gesundheit, Verstand, Glück oder gesellschaftliche Beziehungen darunter leiden. Wer solcherart begabt ist, mag seltsame Wissenschaften studieren, doch er wird sich niemals in ihnen verlieren, er wird jeden Augenblick seiner freien Zeit in Gebet und Meditation verbringen, doch er wird kein Fanatiker werden; er wird mystische Praktiken anwenden, die dem Durchschnittsmenschen völlig närrisch erscheinen mögen, doch wahrscheinlich wird er in dieser Angelegenheit Schweigen bewahren.

Der Einfluss des Neptun reicht demzufolge von den finsteren Abgründen der Hölle bis zu den Gipfeln der ewiggleissenden Berge des Himmels; die Antriebskraft, die allem zugrundeliegt, bleibt stets dieselbe. Es ist das Verlangen nach der Unendlichkeit. Der Drogenabhängige, der Psychopath, der Irre und der Heilige, sie alle sind Mitglieder ein und derselben Familie, und was sie voneinander unterscheidet, liegt nicht in der Verschiedenheit der Seele begründet, sondern vielmehr im Grad des Wissens und der Erfahrung. Es ist die Mentalität, die Franz von Assisi vom Marquis de Sade unterscheidet, und bei der Auslegung eines bestimmten Horoskopes müssen wir den Geborenen nach jenen Feldern und Planeten beurteilen, die den Geist regieren.

Um nur auf einige weniger wichtige neptunische Eigenschaften hinzuweisen: der gleiche Impuls, der einen Ignatius von Loyola, einen Giles de Rais, einen indischen Yogi oder einen Napoleon dazu veranlasst, festzulegen, dass sie etwas Ausserordentliches sind, treibt unpraktische Menschen mit einem weniger gut entwickelten Sinn für Aktualität dazu, festzulegen, dass sie vorgeben, etwas Ausserordentliches zu sein; dazu gehören jene Menschen, die sich Titel aneignen, auf die sie kein Recht haben, die gerne ausgefallene Kleidung tragen, die sich in Wolken exotischen Parfüms einhüllen oder ihr Antlitz schminken. Diese Einstellung mag noch auf andere Art und Weise ihren Ausdruck finden, z. B. in einer Vorliebe für Intrigen, indem man anderen einen Streich spielt, die Freunde oder die Öffentlichkeit zum Narren hält oder indem man auf der Bühne des Lebens eine Rolle spielt, die absolut nicht angeboren ist. Ausgeglichenere Menschen werden diese Neigung wahrscheinlich verwirklichen, indem sie tatsächlich zur Bühne gehen und damit ihrem Streben eine legitime und durchaus anerkannte Form des Ausdrucks verschaffen.

In allen diesen Fällen wird sich selten eine wahre kreative Neigung zeigen. Mimikri und Nachahmung sind das Übliche, doch meist nicht ohne eine Messerspitze Originalität. Als Beispiel für eine ganze Epoche unter dem Einfluss Neptuns mag die Zeit Molières dienen, in der sich jedermann verkleidete. Es waren nicht nur die Kammerdiener und Hausmädchen, die vorgaben, ihre Herrschaften zu sein, sondern auch die Adligen selbst konnten nicht einmal dem kleinsten Flirt frönen, ohne vorzugeben, Schäfer und Schäferinnen aus der Zeit Vergils zu sein. Dies zu sagen war vonnöten, damit der Studierende diese Eigenschaft nicht mit der ganz unentschuldbaren Derbheit verwechsle, die dem Snobismus zu eigen ist.

Der neptunbetonte Mensch ist zumeist eher verantwortungslos, sehr unbeständig, und wie es scheint von schwächlichem moralischem Empfinden, weil es eher von Impulsen und Grillen bestimmt wird als von einem auf das eigene Interesse ausgerichteten Urteil. Er weiss zumeist, dass er sich mit seinen Possen lächerlich macht, aber seine faunische Geisteshaltung verführt ihn dazu, sie weiter zu vollführen, wobei ihn der kleinste Widerspruch veranlasst, die Fehler, über die seine Freunde klagen, masslos zu übertreiben.

Der Neptungeborene wandert gerne, oft ist er unzufrieden mit dem Ort, an dem er sich gerade befindet; wir brauchen uns nicht zu entschuldigen, wenn wir Baudelaires Prosagedicht «Anywhere out of the world» (Pariser Spleen, Gedicht Nr. 48) zitieren, das ein beredtes Bild jener Geisteshaltung gibt, von welcher wir gesprochen haben:

Dieses Leben ist ein Krankenhaus, wo jeder Kranke von dem Verlangen besessen ist, sein Bett zu wechseln. Der eine möchte gegenüber dem Ofen leiden, und der andere glaubt, dass er neben dem Fenster Heilung finden würde.

Mir ist, als ob ich immer da glücklich sein würde, wo ich nicht bin, und diese Frage der Wohnungsveränderung gehört zu denen, über die ich mich ständig mit meiner Seele unterhalte.

Sag mir, liebe Seele, arme, frierende Seele, was meinst du, wenn wir nach Lissabon zögen? Dort soll es warm sein, und dort würdest du wieder ganz munter werden wie eine Eidechse. Die Stadt liegt dicht am Wasser; man sagt, sie wäre aus Marmor erbaut, und den Menschen dort wäre alles Gewächs so verhasst, dass sie alle Bäume ausreissen. Das wäre ein Land nach deinem Geschmack, ein Land, aus Licht und Stein gemacht, und das Wasser, um sie zu spiegeln!»

Meine Seele antwortet nicht.

«Da du die Ruhe so sehr liebst, zugleich mit dem Schauspiel der Bewegung, willst du mit mir kommen, um in Holland zu wohnen, diesem beseligenden Land? Vielleicht wird dich diese Gegend, deren Bild du so oft in den Museen bewundert hast, angenehm zerstreuen? Was meinst du zu Rotterdam, du, die du die Wälder von Masten und die am Fuss der Häuser vor Anker liegenden Schiffe liebst?»

Meine Seele bleibt stumm.

«Batavia könnte dich vielleicht mehr locken? Wir würden dort übrigens den Geist Europas finden, vermählt mit der Schönheit der Tropen.»

Kein Wort. – Sollte meine Seele gestorben sein?

«Bist du denn in solche Erstarrung gefallen, dass du nur an deinem Leiden Gefallen findest? Wenn es so ist, dann lass uns zu Ländern fliehen, die aussehen wie der Tod. – Ich weiss, was wir brauchen, arme Seele! Wir wollen unsere Koffer für Torneo packen. Reisen wir noch weiter an das äusserste Ende der Ostsee; noch weiter weg vom Leben, wenn möglich; lassen wir uns auf dem Nordpol nieder. Dort streift die Sonne die Erde nur mit schrägen Strahlen, und die langsame Abwechslung von Licht und Nacht hebt die Verschiedenheit auf und vermehrt die Eintönigkeit, dieses halbe Nichts. Dort könnten wir lange Bäder von Finsternis nehmen, während das Nordlicht, um uns zu zerstreuen, von Zeit zu Zeit seine Rosengarben schicken würde, wie der Widerschein eines Feuerwerks der Hölle!»

Da endlich bricht es aus meiner Seele hervor und gelassenen Tones ruft sie mir zu: «Ganz gleich wo, wenn es nur ausserhalb dieser Welt ist!»

Aus allem, was wir bisher gesagt haben, geht hervor, dass der rein neptunische Mensch fast ausschliesslich durch und über das Nervensystem lebt. Vielfach ist er von zierlicher, zarter, blütengleicher Gestalt, doch seine Seele lodert mächtig, und leicht wird der Degen aus der Scheide gezogen. Immer, wenn die Körperfunktionen eingeschränkt sind, und die Nerven nicht jene übermässige Energie zugeführt erhalten, nach der sie so stark verlangen, kommt es leicht zu Hysterie und Nervenzusammenbrüchen. Menschen, die solcherart leiden, haben vielleicht Glück, denn die Warnungen der Natur sind in solchen Fällen nicht zu überhören, und eine ärztliche Behandlung, die absolute Ruhe und Stille verlangt, kann ihnen ihre Gesundheit wiedergeben. Wo der Körper kräftiger ist und eher bereit, auf die Extratouren des Nervensystems einzugehen, hat dies meist schlimme Folgen. Denn dann kann sich eine heimtückische, oft unheilbare Krankheit festsetzen, bevor der Patient dessen gewahr wird. Beschwerden wie Rückenmarksschwindsucht, allgemeine Lähmungen bei Geisteskranken, Hirnerweichungen und andere verborgene Schädigungen, können vielleicht zum Teil auf seinen Einfluss zurückgeführt werden. Sorgen und alle in der Folge auftretenden Beschwerden sind häufig neptunischen Ursprungs. Mit dem Hinweis auf einige weitere Schwächezustände, deren nervöser Ursprung von den weniger fortschrittlichen Schulen der orthodoxen Medizin noch nicht eingesehen wird, möchten wir schliessen.

Neptun im 2. Feld

Zuallererst sei die Bemerkung angebracht, dass Neptun, wenn er zu Beginn des 2. Feldes steht oder kein Planet vor ihm aufsteigt, ähnliche Auswirkungen auf den Charakter zeitigen mag, wie wenn er sich tatsächlich im 1. Feld befände. Falls dies jedoch nicht der Fall ist, dann steht zu erwarten, dass er in vollem Umfang Angelegenheiten beeinflusst, die mit Geld und Besitztum zu tun haben. Darunter sind nicht so sehr althergebrachte Interessen, vererbtes Eigentum oder auch das Vermögen ganz allgemein – egal, welcher Quelle es entstammt – zu verstehen, sondern jene Dinge, die jederzeit sofort verfügbar sind, genauer gesagt, der Verdienst, falls der Geborene arbeitet.

Der Einfluss des Neptun in diesen Dingen ist sehr eigentümlich; das Geld selbst ist ein etwas mystischer und schwer fassbarer Artikel. Es ist mit der ungewöhnlichen Eigenschaft behaftet, dass eine grosse Summe Geld in mancher Hinsicht weniger ist als eine kleine. Jeder Organisator wird bestätigen, dass sich fünftausend Dollar viel leichter auftreiben lassen als fünf. Dies ist mit einer der Gründe, warum es immer die Gegensätze von Arm und Reich geben wird. Die Grillenhaftigkeit des Neptun harmoniert daher gut mit dem Wesen des 2. Feldes, und wenn man eins zum andern fügt, ist nicht anzunehmen, dass sich der Geborene grösserer Armut ausgesetzt sieht. Wenn sein Bankkonto, am tatsächlich vorhandenen Geld gemessen, klein erscheint, bedeutet das nicht unbedingt gleich Not und Elend. Er könnte sich mit einer Art zigeunerhaften Leichtigkeit darüber hinwegsetzen. Er dürfte Geld als etwas sehr Flüssiges ansehen, das ohne ersichtlichen Grund kommt und geht. Es kommt am ehesten, wenn er es am wenigsten erwartet, und verflüchtigt sich am leichtesten, wenn er es am krampfhaftesten festzuhalten versucht. Es wird auch immer etwas Abnormes in der Natur der Mittel liegen, durch die er zu seinem Geld kommt. Direkte, ehrliche Anstrengung ist nicht das Übliche auf dem Programm. Das Denken hat eine Tendenz, auf die Art eines «Tango-Banditen» zu arbeiten. Wenn Sie einem solchen Menschen einen Vorschlag machen, wie er auf einfache, ehrliche und sichere Art reichliche Mengen Geld verdienen kann, so wird er ihn ablehnen. Er wird ihn dadurch verbessern wollen, dass er irgendwelche phantastischen, ausgeklügelten Spitzfindigkeiten, irgendeine zweideutige Komödie einführen will, die zwar sehr gut klingen, aber den ursprünglichen Aufbau völlig ruinieren werden. Irgendwie fühlen sich solche Menschen durch einen sauberen Handel angegriffen, und deshalb befinden sie sich finanziell gewöhnlich in seichtem Wasser. Von einem von ihnen ist gesagt worden, er würde tausend Dollars ausgeben, wenn er hoffen könnte, jemanden um dreissig Cents zu betrügen.

Menschen mit dieser Charaktereigenschaft sind natürlich äusserst argwöhnisch, dass ein anderer mit ihnen das gleiche Spiel treiben könnte, wie sie es selbst mit anderen tun möchten. Und lieber berauben sie sich tausender lange ersehnter Vergnügungen, als den Verdacht haben zu müssen, jemand hätte sie um ein Päckchen Zigaretten erleichtert.

Man muss grundsätzlich verstehen, dass diese Charaktereigenheiten nicht unehrlich im wahren Sinne des Wortes sind. Unehrlich nennt man jemanden, der, obwohl ihm klar bewusst ist, was recht ist, absichtlich das Unrechte tut. Im neptunischen Temperament ist nicht die Spur einer kriminellen Ader; es ist reinste, ausschweifende Perversität.

Aus der allgemeinen Instabilität der finanziellen Lage werden sich wahrscheinlich verschiedene merkwürdige Möglichkeiten ergeben. Oft wird Geld auf durchaus legitimen Wegen hereinkommen, aber in jedem Fall besteht die Wahrscheinlichkeit eines Verlusts. Der Geborene mag allerlei Vorsichtsmassnahmen anwenden, vielleicht bis zu einem absolut absurden Extrem sparsam sein, und dann plötzlich, völlig der Kontrolle des Geborenen entzogen, kommt es irgendwie zu einem phantastischen Ausbruch, der bewirkt, dass der ganze Betrag auf eine Art verloren geht, die mit einem Körnchen von gesundem Menschenverstand, das noch kleiner als das sprichwörtliche Senfkorn hätte sein dürfen, hätte vermieden werden können.

Natürlich besteht auch eine starke Neigung zum Spiel. Wenn das 5. Feld nicht sehr stark und glücklich ist, ist mit Katastrophen zu rechnen.

In einigen Fällen, wenn das übrige Horoskop wohl ausgewogen ist, besonders auch in Bezug auf den moralischen Charakter, dürfte der Einfluss des Neptun kontrollierter und legitimierter sein. Dies dürfte insbesondere dann der Fall sein, wenn er günstig aspektiert ist. Das Einkommen dürfte dann von Arbeiten mit neptunischem Charakter stammen. Der Geborene dürfte sein Geld auf der Bühne oder bei solchen Geschäften wie dem Verkauf von Bildern, besonders von «alten Meistern», die in Philadelphia gemalt worden sind, dem Handel mit Antiquitäten und dem Eröffnen von «Winkelbörsen» verdienen. Ganz allgemein werden sie alle Geschäfte bevorzugen, bei denen die Werte hauptsächlich auf Launen und Grillen beruhen, und solche, die an der Eitelkeit und Vorliebe der Menschheit fürs Betrogenwerden verdienen. Schönheitssalons und Quacksalbergeschäfte könnte man sehr gut mit Neptun im 2. Feld in Verbindung bringen.

Was sein persönliches Hab und Gut angeht, dürfte der Neptunier sehr unglücklich sein, es dürfte immer wieder auf irgendwie unerklärliche Weise verloren gehen oder verlegt werden. Diesen Effekt wird seine eigene Sorglosigkeit noch verstärken.

Es ergibt sich als Schluss, dass der Geborene immer auf der Hut sein muss vor Betrug und Täuschung in Bezug auf finanzielle Dinge. Besonders dürfte er gerne Geld durch Tricks und Schikanen bei solchen Dingen wie der Aufstellung von Verträgen verlieren. Es wird auch gut für ihn sein, Kleinigkeiten nicht zu unterschätzen; die kleinsten Zwischenfälle, an denen Neptun beteiligt ist, können oft zu den grössten Auswirkungen führen.

Neptun im 3. Feld

Die meisten Bemerkungen, die wir über Neptun im 1. Feld gemacht haben, lassen sich, allerdings in etwas abgewandeltem Sinn auch auf das 3. Feld anwenden. Die Tendenzen, die wir dort festgestellt haben, sitzen tief und sind eher Eigenschaften des Ego selbst, als seiner umgebenden Teile, aber das 3. Feld, das mit dem Denken zu tun hat, muss man als Hinweis auf die Entwicklung des Denkens durch Erziehung und Umwelt betrachten. Diese Unterscheidung ist nicht so kleinlich, wie sie zunächst erscheint. Es kann jemand eine sehr konventionelle Persönlichkeit haben, die mit einem sehr ausgelassenen Denken verbunden ist, und andererseits kann eine ausgesprochen exzentrische Person eine weitreichende, tiefgehende und ausgewogene Erziehung genossen haben. Gerade solche Eigentümlichkeiten sind es, die sich mit Hilfe der Astrologie am besten erklären lassen.

Die neptunische Mentalität ist eher oberflächlich. Nur ganz selten findet man ein einigermassen intensives wissenschaftliches Denken oder die Fähigkeit, sich auf das Geschäft zu konzentrieren, das gerade ansteht. Schon die kleinsten Eindrücke und Störungen werden die Aufmerksamkeit dazu veranlassen, umherzuwandern. Die Erziehung dürfte eine schwierige Aufgabe gewesen sein. Als Kind wird der Geborene seine Arbeit nicht ernst genommen haben, er wird sich lieber mit allerlei phantastischen Einfällen vergnügt haben, und wenn er tatsächlich irgendein Studium ernsthaft aufgenommen hat, so wird es sich wahrscheinlich um ein Gebiet handeln, das phantastisch und unpraktisch ist. Die meisten Kinder sammeln ja Marken, Schmetterlinge oder sonst etwas, wofür es schwierig ist, eine gute Begründung zu finden. Dieses Sammeln führt jedenfalls nicht auf der gleichen Linie zu einer reifen Entwicklung, und diese Neigung versandet gewöhnlich in der Pubertät. Der neptunische Intellekt führt sie jedoch weiter bis ins Erwachsenendasein. Er scheint unfähig zu sein, die Dinge in den richtigen Proportionen zu sehen, und ein solcher Mann bringt es fertig, anstatt seinen Geschäften nachzugehen, in Trödlerläden herumzuhängen und nach Schnupftabakdosen zu suchen.

Bei Personen von einem fortgeschrittenen intellektuellen Typ dürfte sich diese Eigenart darin äussern, dass sie sich eher nutzlosen Studien widmen, und bei den spirituell orientierten wird sie dazu führen, dass sie einem falschen Pfade folgen. Bei Verletzung des Planeten oder, wenn das Horoskop im allgemeinen schwach ist, dürften die Äusserungen bei weitem ernstere Formen annehmen. Bei Kindern kann man Imbezilität, ja manchmal sogar Idiotie finden, während die Kinder, die ihre ersten Lebensjahre in vergleichsweise normaler Art verleben, erst wenn sie älter werden eine mildere

Form von Geistesgestörtheit entwickeln dürften. Man könnte wahrscheinlich gut sagen, dass die allgemeine Tendenz eher in Richtung auf Depression als auf Manie geht. Verfolgungswahn wird nicht selten sein, und eine ungünstige Direktion[11] von Mars oder Uranus kann eine Selbstmordtendenz auslösen. Im Alter ist ziemlich sicher mit Demenz zu rechnen.

Bei der Erziehung eines Kindes mit dieser Neptunstellung ist es sehr wichtig, zu versuchen, den Hang zum Unsinn machen so stark als möglich einzudämmen. Man sollte sich die grösste Mühe geben, für ein solches Kind Lehrer und Freunde zu finden, die diesem Neptuneinfluss entgegenwirken. Man muss das Kind so viel als möglich ermuntern, sich Disziplin im Denken zur Gewohnheit zu machen, und obwohl es unwahrscheinlich ist, dass man vollen Erfolg haben wird, lässt sich doch viel erreichen. Das Denken ist formbarer als die Persönlichkeit. Wenn man nach der vorgeschlagenen Methode vorgeht, muss man sich jedoch immer daran erinnern, dass bei einer so starken Naturveranlagung zum Abschweifen, bei dieser Vorliebe für das Ungewöhnliche und Nutzlose ein einziger schlechter Einfluss ohne weiteres Jahre sorgfältigster Erziehung zunichte machen kann. Die angeborene Tendenz wird immer da sein, und es ist bloss eine Frage, ob sie sich führen lässt oder nicht. Falls sie sich als unausrottbar erweist, wird es am klügsten sein, andere Teile des Individuums, die nicht so stark angeschlagen sind, mit einzubeziehen. Rücksichten auf das eigene Interesse sollten geltend gemacht werden, und wenn sich diese eigentümliche Geistesbeschaffenheit in einem Hobby manifestiert, sollte man versuchen, dieses Hobby in einer Weise zu entwikkeln, dass es eines Tages von praktischem Nutzen werden könnte.

Was die allgemeinen Geistesqualitäten angeht, so dürfte ein gefährliches Mass von Unberechenbarkeit vorliegen. Man weiss nie, was ein solcher Mensch als nächstes tun wird, weil man nie weiss, was er als nächstes denken wird. Wahrscheinlich wird er unpünktlich sein, einfach, weil er den Wert der Zeit gar nicht zu verstehen imstande ist. Es ist ihm wahrscheinlich unmöglich, ein bestimmtes Ziel zu verfolgen, weil jeder neue Eindruck mit so grosser Macht auf ihn wirkt. Er wird zum Abendessen ausgehen und feststellen, dass er stattdessen einen langen Spaziergang über Land macht. Die kleinsten Nebensächlichkeiten ziehen seine Aufmerksamkeit auf sich und lenken ihn vom Wesentlichen ab. Er wird unfähig sein, dem Verlauf einer Diskussion zu folgen. Im religiösen Bereich wird er vermutlich einer jener oberflächlichen, leichtverständlichen Sekten angehören, die den geistig Schwächeren zusagen. Gleichzeitig wird er wahrscheinlich überhaupt nicht allzu eifrig an irgendetwas glauben. Sein Interesse ist zufällig und bruchstückhaft. Es ist äusserst wahrscheinlich, dass er eine gute hypnotische Versuchsperson ist. Sein Denken, das niemals stark und gesund auf irgendeine Sache gerichtet bleibt, geht sehr leicht in einen halbbewussten Zustand über. Wahrscheinlich verbringt er seine Freizeit mit Tagträumereien. Sie werden ihn mitten in seiner täglichen Arbeit mit offenem Munde ins Leere gaffen sehen. Oft macht er den Eindruck, im Halbschlaf zu sein. In unermüdlicher Folge ziehen lange Reihen unzusammenhängender Gedanken durch sein Gehirn. Sogar mitten in einer Unterhaltung dürfte er Ausfälle haben. «Er hängt seinen Gedanken nach», wie man so sagt.

Natürlich werden diese Eigenschaften, vielleicht in einer sehr betonten Art und Weise, in sozialen Beziehungen zur Auswirkung kommen. Menschen mit neptunischem Denken wandern ohne Ziel und Zweck in die Leben anderer Menschen hinein und wieder hinaus. Sie besuchen ihre Freunde, ohne dafür einen besonderen Grund zu haben und entschwinden wieder, ohne etwas gesagt oder getan zu haben. Gewöhnlich hat man sie eher gern, ihre freundliche Ziellosigkeit erweckt im normalen Durchschnittsmenschen ein gewisses Mitgefühl. Solche Freundschaften, um das Wort dafür zu missbrauchen, dauern oft unbestimmte Zeit, gerade deshalb, weil sie selbst so unbestimmt sind. Es ist einfach unmöglich, zu streiten, wenn bloss so wenig zum Streiten da ist. Gelegentlich beginnt man sich fürchterlich zu langweilen, aber ehe man dazu kommt, zu protestieren, sind sie schon wieder fort, und wenn sie sechs Monate später wieder auftauchen, ist man wahrscheinlich ganz froh, sie wiederzusehen.

Das 3. Feld bedeutet auch die Brüder und Schwestern des Geborenen, und die allgemeine Regel scheint zu sein, dass jedes der Geschwister entweder in der Jugend stirbt oder im Verlaufe von wenigen Jahren von zu Hause wegzieht. Ihr Charakter wird sich natürlich dadurch erkennen lassen, dass man das Horoskop so stellt, dass die Spitze des 3. Feldes den Aszendenten bildet. Sie werden deshalb von neptunischem Temperament sein, aber ihr Einfluss auf den Geborenen dürfte in keinem Falle gross sein.

Ein anderer Punkt, den wir noch betrachten wollen, ist der der kurzen Reisen, womit Reisen gemeint sind, die im normalen Verlauf des täglichen

Lebens unternommen werden im Gegensatz zu jenen, die das Ergebnis langer Vorbereitungen und Zielsetzungen sind. Solche Reisen dürften viel Ärger mit sich bringen, gewöhnlich auf ganz nebensächliche Weise. Der Geborene wird sorgfältig seine Abendgarderobe einpacken und nun gerade die Hosen zum Anzug vergessen, oder er wird das Gepäck zum falschen Bahnhof aufgeben. Dann dürfte er wieder damit Pech haben, dass er in den falschen Zug einsteigt, oder, wenn er sogar den richtigen erwischt hat, dass dieser Verspätung hat. Manchmal nehmen diese kleinen Ärgernisse auch einen ernsteren Charakter an, und er mag sich in ein Eisenbahnunglück verwickelt finden.

Allerlei Schwierigkeiten dürften auch in den kleinen Details des Geschäfts auftreten – es kann Probleme mit den Abrechnungen geben, Briefe gehen dauernd verloren, Papiere werden falsch ausgefüllt, und ziemlich sicher werden verschiedene kleine Betrügereien praktiziert. Skrupellose Leute machen sich daran, die Leichtfertigkeit des Geborenen auszunützen.

Für den Geborenen wird es sehr unvorteilhaft sein, sich auf ernstere Geschäfte, wie etwa einen Prozess, einzulassen, weil die flatterhafte Eigenschaft seines Denkens zu jeder Beschäftigung ungeeignet ist, die eine andauernde Aufmerksamkeit erfordert. Es wird klüger sein, wenn er sich mit Dingen beschäftigt, bei denen sich das Ergebnis rascher erkennen lässt, so dass er schon innerhalb weniger Stunden weiss, wieviel er verloren oder gewonnen hat. Wenn sich nämlich die kritische Zeit länger ausdehnt, so denkt er wahrscheinlich längst an etwas anderes. In der Regel ist sein Gedächtnis nicht gut genug, um ihm zu erlauben, eine Angelegenheit gerade dort wieder aufzunehmen, wo er sie fallengelassen hat.

Wenn wir diese Bemerkungen machen, wollen wir nicht vergessen, dass es recht selten ist, eine solche Mentalität in der beschriebenen einfachen Reinheit zu finden. Der Einfluss des Herrn des 3. Feldes wird wahrscheinlich grosse Änderungen ergeben, und weitere Modifikationen sind von Merkur – wo er auch im Horoskop stehen mag – und seinen Aspekten zu erwarten.

Neptun im 4. Feld

Es ist nicht besonders angenehm, so tief am Himmel zu stehen, aber im ganzen ist Neptun dem Krebs, der das natürliche Zeichen des 4. Feldes ist, nicht unsympathisch, und natürlich sind alle Planeten in den Eckfeldern stark gestellt.

Im Hinblick auf den Vater des Geborenen wird eine exzentrische und vielleicht wertlose Persönlichkeit angezeigt; sehr wahrscheinlich ergab er sich dem Trunk oder wurde geisteskrank. Es ist sehr wahrscheinlich, dass seine Kindheit durch abnorme Umstände, die zu Hause vorherrschten, unglücklich verlief. Als Kind fühlt sich der Geborene wahrscheinlich recht fremd in seiner Umgebung. Er wird sich vom Alleinsein sehr angezogen gefühlt haben. Seine Phantasie wird mit phantastischen Wesen einer anderen Welt bevölkert gewesen sein, mit unsichtbaren Spielgefährten, und seine Träume waren wahrscheinlich fremdartig, faszinierend und doch furchterregend. Er hatte aber keine Angst, im Dunkeln allein gelassen zu werden; im Gegenteil wird das Kind sich nur dann frei gefühlt haben, sein persönliches Leben zu führen, wenn es seine Eltern sich selbst überliessen. Die Märchenwelt dürfte ihm völlig objektiv erschienen sein, und jeder Versuch, dem Kind seine Täuschung klarzumachen oder es für seine eigenartige Einstellung zu bestrafen, könnte einen ernsthaften geistigen Schaden verursachen. In einigen Fällen können sich diese Tendenzen bis ins Erwachsenenalter erhalten, wenn auch in abgewandelter Form. Wahrscheinlich bevorzugt der Geborene einsame, beschauliche Sportarten, wie z. B. Fischen.

Sein Hauptvergnügen mag darin bestehen, nachts lange, einsame Spaziergänge an verlassenen Orten zu unternehmen. Diese Charakteristiken mögen zwar ungewöhnlich sein, sollten aber in keiner Weise als anstössig angesehen werden. Vorausgesetzt, dass die Persönlichkeit stark und das Denken wohl ausgewogen ist, können solche Eigenheiten sogar sehr hilfreich sein. Viele der besten Gedanken auf der Welt sind unter derartigen Bedingungen gedacht worden.

Das 4. Feld bezieht sich auch auf das Grab, und man mag feststellen, dass Menschen mit Neptun in dieser Stellung fern von zu Hause an eigenartigen Orten sterben und vielleicht unter ausserordentlichen Umständen. Diejenigen, die mit der geheimen Geschichte der Grossen vertraut sind, kennen die erstaunliche Geschichte vom Tode des Präsidenten Félix Faure, der diese Stellung hatte. Es muss durchaus nicht unbedingt ein Hinweis auf einen gewaltsamen Tod sein, aber es ist nicht unwahrscheinlich, dass geheimnisvolle Umstände mit dem Tod verbunden sind – im einen Fall mag es ein öffentliches Begräbnis bedeuten, in einem andern eine Obduktion und Analyse, und nochmals in einem andern ein Begräbnis zur See.

Etwas Weiteres, das mit dem 4. Feld verbunden ist, ist Erbschaft, und in dieser Hinsicht muss Neptun entschieden als ungünstig angesehen werden. Neptun hat nämlich immer etwas Hinterlistiges an sich, und die Haupttugend jeder Erbschaft ist es doch, dass sie möglichst glatt und direkt, ohne Komplikationen und Mühen zu Ihnen kommt. Aber wenn der Geborene den Neptun hier hat, besonders, wenn er von Mars oder Jupiter verletzt ist, könnte die Erbschaft unter allerlei dürftigen und phantastischen Vorwänden angefochten werden und mit Verzögerungen oder sogar einem teilweisen Verlust (in schlimmen Fällen einem totalen Verlust) ist zu rechnen.

Alle Dinge, die zur Erde gehören oder in der Erde verborgen sind, werden ebenfalls durch das 4. Feld angezeigt, und auch hier ist Neptun nicht glückverheissend. Der Geborene dürfte bei allen Kauf- und Verkaufsverhandlungen, die er im Zusammenhang mit Grundbesitz, Bauspekulation oder Bergwerksverträgen führt, hereingelegt werden. Alle Angelegenheiten dieser Art, so offen und klar sie oberflächlich gesehen erscheinen mögen, werden verborgene Nachteile haben, die erst später, wenn das Unheil schon geschehen ist, in Erscheinung treten.

Menschen mit Neptun in dieser Stellung sollten äusserst vorsichtig sein und mit ihrem Bewusstsein keine Spielchen treiben. Sie mögen an schwerer Schlaflosigkeit leiden, dürfen aber um keinen Preis versuchen, sich mit Betäubungsmitteln Erleichterung zu verschaffen, auch dann nicht, wenn diese als harmlos gelten, denn eine Eigentümlichkeit in ihrer Konstitution führt dazu, dass eine Dosis, die von den meisten Menschen ohne weiteres vertragen wird, für sie tödlich sein kann. Vor chirurgischen Eingriffen, auch einfachster Art, ist ebenfalls zu warnen, besonders, wenn Neptun von Mars verletzt ist, oder wenn Mars selbst im Horoskop schwach gestellt ist. Ein blosser Kratzer kann bereits zu einer Blutvergiftung führen, und bei grösseren Operationen sollte bei der Anwendung von Betäubungsmitteln äusserste Sorgfalt aufgewendet werden.

Auch das Lebensende wird vom 4. Feld beschrieben. Menschen mit Neptun in dieser Stellung haben möglicherweise ein ziemlich einsames Alter vor sich. Wahrscheinlich werden sie länger leben als viele, die ihnen nahe und lieb sind; daraus kann eine starke Neigung zu Melancholie resultieren. Auch geistige Kräfte können in Mitleidenschaft gezogen sein. Vor allen Dingen das Gedächtnis kann sehr schlecht und unzuverlässig werden. Es ist nicht anzunehmen, dass sich der Geborene an einem bestimmten Ort niederlässt. Er wird ziellos umherwandern, von jenen seltsam kindischen Impulsen getrieben, die mit bestimmten Formen der Senilität in Zusammenhang gebracht werden, wobei ein solcher allmählicher Verfall durchaus nichts mit Unglücklichsein zu tun haben muss. Die zweite Kindheit wird voll von angenehmen Phantasien sein, die möglicherweise jenen ähneln, welche für die frühe Kindheit typisch waren, wobei sie natürlich bis zu einem gewissen Grade durch die Lebenserfahrung modifiziert sind.

Das 4. Feld bedeutet auch die Schwiegermutter. Der Studierende möge nachschlagen, was über die Mutter im 10. Feld gesagt wird, da Ähnliches auch hier gilt.

Neptun im 5. Feld

Das 5. Feld bezieht sich in erster Linie auf die Vergnügungen, deren sich der Geborene erfreut. Der Einfluss des Neptun ist in diesem Fall zwar recht eigenartig, kann aber nicht als unglücklich bezeichnet werden, ausser wenn Neptun stark verletzt oder das übrige Horoskop allgemein sehr schwach ist. Der Geborene dürfte an heimlichen oder phantastischen Vergnügungen Freude haben. Konventionelle Gemüter verbinden eine solche Veranlagung immer mit einer lockeren Moral, und das ist völlig ungerechtfertigt. Als Beispiele könnte man die Fälle von Baudelaire und Maeterlinck, die beide Neptun an der Spitze des 5. Feldes haben, erwähnen, und man könnte auf den sehr bemerkenswerten Charakter ihrer Dichtkunst hinweisen. Ohne Zweifel war in diesen Fällen ihre Dichtung ein echter Spiegel ihrer Charakterfestigkeit. Auch Lord Byron hat diese Stellung, und obwohl seine Dichtung einzigartig gesund war, waren seine Vergnügungen, vom orthodoxen Standpunkt aus betrachtet, zweifellos bis zu einem gewissen Grad abnorm. Aber da ist andererseits der Fall von Rosa Bonheur, die sich wie ein Mann kleidete und sich als Kamerad in Männergesellschaft begab, ohne dass dadurch auch nur der geringste Verdacht auf ihr aufrechtes Wesen fiel; die Kraft ihres Charakters war sehr bemerkenswert. Aus privater Quelle wissen wir von einem andern Fall, wo sich die Geborene gerne als Arbeitermädchen verkleidet und in den ärmeren Bezirken der Stadt, in der sie wohnt, Tanzlokale besucht. Sie hat den Sommer in den Wäldern verbracht, indem sie für eine Gruppe von Pfadfinderinnen kochte. Allerdings ist ihr Neptun stark von der Sonne unterstützt; und ihre Erfahrungen haben ihr ebensowenig geschadet, wie Jeanne d'Arc die ihren in der Vergangenheit, wie Una und Britomart im Liebesroman der vielen Heiligen und Jungfrauen in den Heiligengeschichten.

Andererseits haben wir solche Fälle wie diejenigen von Marie Baschkirtscheff, die sich damit vergnügte, das ausserordentlichste Tagebuch zu schreiben, das je der Welt übergeben wurde; von Bulwer-Lytton, der den okkulten Roman in Mode brachte und einen grossen Teil seines Lebens bei phantastischen Erlebnissen unter seinen Rosenkreuzerfreunden zubrachte; und Bismarck, der, obwohl von makellosem moralischem Charakter, in Vergnügungen Zerstreuung suchte, die seiner Stellung nicht entsprachen. Man wird sich erinnern, dass sein bevorzugter Autor Gaboriau war und dass man ihn gewöhnlich, wenn er nicht gerade arbeitete, mit Studenten plaudernd in Bierhallen antreffen konnte. Ein weniger günstiger Einfluss des Neptun lässt sich im Falle Winston Churchills, des englischen Politikers sehen, dessen sehr ausgefallene Geschmacksrichtungen allen bekannt sind, die in den inneren Kreisen der englischen Gesellschaft verkehren; auch Lili Langtry hat die gleiche Stellung. Wir können auch Martin Luther anführen, der eine Nonne aus einem Kloster holte und damit zeitweise die Macht der katholischen Kirche herabsetzte; und da ist George Edalji, der zu vielen Jahren Gefängnis verurteilt wurde, weil er eine Reihe unerhörter Tierquälereien an Pferden und Kleinvieh begangen hatte, eine Kampagne, die er in Verbindung mit einer Anzahl anonymer Briefe durchführte, die er der Polizei schickte. Er bezeichnete sich selbst als Captain Darby, Chef der Great Wyrley Bande, die wahrscheinlich nur in seiner Einbildung existierte. Auch der Anarchist Vaillant hat diese Neptunstellung.

In vielen Fällen bedeutet die Stellung nichts weiter als eine Leidenschaft für Kunst und Musik, oder gar noch häufiger fürs Theater. Von dieser Stellung allein lässt sich nicht beurteilen, ob schöpferische oder interpretatorische Fähigkeiten vorliegen; solche Fragen müssen durch die Aspekte des Neptun und des 10. und 11. Feldes abgeklärt werden, aber die Vorliebe für alle diese Dinge ist offensichtlich. Unwahrscheinlich ist es jedoch, dass eine grosse Neigung zu Sport im Freien oder zum Studium vorliegt. Die Vergnügungen werden eher einfach und kurzfristig sein. Sie werden gewöhnlich irgendeine Form des «Dergleichentuns» beinhalten, dürften nicht besonders lebhaft sein und noch viel weniger heftig, so dass sie nur vorübergehend jemanden faszinieren sollten und kein ernsthaftes Interesse wecken können.

Das 5. Feld bezieht sich auch auf Kinder, und in dieser Hinsicht ist Neptun entschieden als unglücklich zu betrachten. Selbst mit einem fruchtbaren Zeichen an der Spitze des 5. Feldes und einem gut aspektierten Herrn dürfte der Geborene kaum Kinder haben, ausser Neptun ist selbst sehr gut aspektiert; wenn Kinder da sind, werden sie in früher Kindheit sterben. Dies gilt noch in verstärktem Mass, wenn der Geborene ein Mann ist. Günstige Aspekte werden natürlich diese Unfähigkeit beseitigen, wobei die Kinder in diesen Fällen von neptunischem Typ sein dürften. Das wird aus ihnen bezaubernde Kinder machen, aber aus dem, was für Neptun im 1. Feld gesagt wurde, dürfte ersichtlich sein, dass sie der grössten Sorgfalt bedürfen, was ihre Gesundheit und Erziehung anbelangt.

Da Löwe das Zeichen ist, das im natürlichen Horoskop dem 5. Feld entspricht, sind damit auch Herzensangelegenheiten angezeigt. Dabei denken wir keineswegs an den Ehestand, sondern neigen wohl eher dazu, ihn auszuschliessen. Ein Geborener mit Neptun im 5. Feld wird in Sachen Liebe wahrscheinlich sehr neugierig sein. Er wird sich in eigenartige und seltsame Menschen verlieben und er wird seine Zuneigung auf höchst ungewöhnliche Art bekunden. In den günstigsten Fällen ist besonders mit einer Vergeistigung der Liebe zu rechnen. Da aber dieser Planet, auf dem wir kreuchen und fleuchen, durchaus praktisch geschaffen ist, entwickeln sich diese Beziehungen manchmal in einer höchst unbefriedigenden Art und Weise und beschwören mehr Schwierigkeiten herauf als die übliche und grobe Verletzung der Konventionen. Bei vielen Menschen wird sich eine Abneigung gegen jede Art von Liebe im üblichen Sinn des Wortes zeigen. Wahrscheinlich wird sie sich als Symbolismus, Fetischismus oder als eine andere mehr oder weniger harmlose Schwäche und Unfähigkeit zeigen. Überdies besteht eine Neigung zu Gewohnheiten, denen in aller Heimlichkeit und Einsamkeit gefrönt wird; präzise ausgedrückt, ist der Geborene versucht, sich dem Alkohol, Äther oder Drogen hinzugeben. Die Geselligkeit fehlt dabei wahrscheinlich völlig, der Geborene zieht es vor, seinen perversen Freuden im geheimen nachzugehen.

Das 5. Feld bezeichnet auch Spekulation, doch nicht so sehr jene grossangelegten und auf ein bestimmtes Ziel ausgerichteten Spekulationen. Fragen wie zum Beispiel die Auswertung von Erfindungen, die Schaffung grosser Unternehmen oder auch jede Art von Glücksspiel, das kaltblütig und nur um des Gewinnes willen gespielt wird, haben nichts mit diesem Feld zu tun. Hier geht es eher um Spekulationen, die lediglich zum Vergnügen betrieben werden, und das 5. Feld zeigt die Glücksmöglichkeiten des Geborenen auf diesem Gebiet an. Neptun in dieser Stellung ist ausgesprochen ungünstig. Fortuna wird ihre Gunst auf sehr heftige und unberechenbare Weise verteilen. Gelegentlich können grosse Gewinne anfallen, doch werden diese durch noch grössere Verluste zunichte gemacht. Der Geborene wird in dieser Beziehung nur über sehr wenig Selbstkontrolle verfügen; er wird das Kasino betreten, fest entschlossen, nicht mehr zu riskieren als den Betrag, den er bei sich hat, aber wenn er bis zum Morgengrauen alles verspielt hat, wird er am Nachmittag hysterisch neue Geldmittel anfordern. Für Mathematiker wird er wahrscheinlich eine tiefe Verachtung hegen, hingegen wird er allen möglichen phantastischen Systemen Glauben schenken. Seine Taschen werden vollgestopft mit Maskottchen sein und er wird die ganze Nachbarschaft mit seiner Beharrlichkeit auf die Palme bringen. Im übrigen läuft er Gefahr, von denen, die mit ihm spielen, bemogelt zu werden.

Neptun im 6. Feld

In erster Linie bezieht sich das 6. Feld auf die Angestellten des Geborenen. Darunter hat man alle Menschen zu verstehen, deren Aufgabe es ist, ihm zu dienen, sogar, wenn ihr sozialer Status höher und ihre Macht viel grösser ist als beim Geborenen selbst. Nehmen wir z. B. den Fall an, dass sich ein armer Mann einen reichen Anwalt und einen bekannten Arzt nimmt, dann würde der Charakter des Anwalts vom 6. Feld bestimmt werden, soweit dies seine Beziehungen zu seinem Klienten betrifft.

Da die Haupttugenden von Untergebenen Beständigkeit, Verlässlichkeit und der Verzicht auf jede Art von Unabhängigkeit, eigenem Willen oder eigener Initiative sind, folgt daraus, dass Neptun in dieser Verbindung sehr unglücklich ist. Die dem Geborenen Dienenden dürften sich sehr exzentrisch verhalten. Sie könnten ihren Herrn berauben und betrügen, obwohl dies sehr wahrscheinlich nur in kleinem Ausmass und sporadisch vorkommen wird, aber bestimmt sind sie unpünktlich, ungehorsam, vergesslich, unsorgfältig und durch und durch unbefriedigend. Es wird schwierig sein, einen Angestellten über längere Zeit hin im Hause zu behalten.

Was Untergebene im erweiterten Sinne des Wortes – wie oben angegeben – angeht, dürfte der Geborene ähnliche Schwierigkeiten haben. Er mag einen Arzt aufsuchen und später entdecken, dass es sich um einen Quacksalber handelt oder dass er unter irgendeiner leichten Form von Geisteskrankheit leidet. Wenn er zu einem Rechtsanwalt geht, wird er wahrscheinlich schlecht beraten werden; möglicherweise wird er dazu gebracht, sich in einen Rechtsstreit einzulassen, bei dem er keine Aussicht auf Erfolg hat, und dann zu allem Überfluss eine riesige Rechnung von aufgelaufenen Kosten vorfinden. Ähnliche Schwierigkeiten wird er immer dann im Leben haben, wenn er irgend jemanden für irgendwelche Dienste bezahlt. Das gilt allerdings nicht für geschäftliche Transaktionen. Ist der Geborene ein Arbeitgeber – sei es in grossem oder kleinem Masstab – wird er auf alle nur möglichen Widerstände stossen. Seine Arbeiter werden streiken und er wird in die verschiedensten Auseinandersetzungen verwickelt werden. Er könnte zu Ausgleichszahlungen für Unfälle gezwungen sein und dies oft ungerechtfertigterweise.

Aus dem Gesagten könnte man ableiten, dass diese Missgeschicke vom Charakter der Untergebenen abhängen. Aber dieser Schluss wäre nicht angebracht. Jedes Ding hat zwei Seiten, und in diesem Fall ist ganz ohne Zweifel auch der Meister zu tadeln. Seine Art, mit Untergebenen umzugehen, wird unklug sein. Bestimmt fehlt ihm die Festigkeit – er wird nachlässig und launisch sein. Die wichtigste Eigenschaft eines Vorgesetzten ist aber, dass der Untergebene immer genau weiss, was er zu erwarten hat. Er sollte seinem Untergebenen gegenüber geduldig, höflich, aber bestimmt sein. Er sollte seinen Angestellten gegenüber das sein, was die Naturgesetze der Menschheit gegenüber sind, und genau in diesen Punkten wird jemand mit Neptun im 6. Feld versagen.

Die Gesundheit des Geborenen, die allerdings bis zu einem gewissen Grad vom Aszendenten und der Stellung und den Aspekten der Sonne – oder des Mondes im Falle einer Frau – angezeigt wird, hängt hauptsächlich vom 6. Feld ab. Menschen mit Neptun in dieser Stellung werden wahrscheinlich unter vielen unerklärlichen Nervenerkrankungen leiden. Tatsächlich sind mit dieser Stellung oft heimtückische und verheerende Krankheiten aller Art verbunden. Es dürfte in der Konstitution eine allgemeine Schwäche und Störbarkeit vorliegen, die sich in Hysterie und ähnlichen Beschwerden manifestieren mögen. Schmerzhafte und schwierig zu behandelnde, wenn auch nicht gefährliche Erkrankungen wie Ekzeme und Psoriasis könnten zur dauernden Qual werden. Es ist äusserst wichtig, dass der Geborene nicht in die Gewohnheit verfällt, sich selbst Heilmittel zu verschreiben. Natürlich sollten Quacksalbermittelchen prinzipiell vermieden werden, aber es besteht darüberhinaus auch einige Gefahr, dass sich der Geborene ein paar oberflächliche und ungenaue medizinische Kenntnisse aneignen könnte. Es könnten ihm medizinische Bücher in die Hände fallen, die er wahrscheinlich verschlingt, die er jedoch nur unvollständig versteht, weil es ihm an einer gründlichen Ausbildung fehlt. Er könnte sich dann zu seinem eigenen Arzt machen; eine ganze Anzahl seiner Wehwehchen dürfte auf Einbildung beruhen, aber ob dies nun tatsächlich so ist oder nicht, er wird sicher allerlei verschiedene Medikamente ausprobieren. In seinem Fall wird dies ganz aussergewöhnlich gefährlich sein, denn jedermann mit Neptun im 6. Feld ist ganz besonders anfällig für Vergiftungen. Brom-, Jod- und Bleivergiftungen können die Folge eines solchen Missbrauchs sein. Er könnte auch die Gewohnheit annehmen, Arsen zu essen. Abhängigkeit von Narkotika muss man allerdings nicht einschliessen, denn wenn er eine der üblichen Drogengewohnheiten annehmen sollte, wie etwa den Missbrauch von Morphium, Kokain, Heroin, Veronal, Haschisch oder ähnliches, so wird er dies nicht aus einer besonderen Neigung heraus tun, nicht mit dem Gedanken, neue Erfahrungen und ausserordentliche Vergnügungen zu gewinnen, sondern weil er hofft, dadurch von seiner Krankheit befreit zu werden, an der er – ob wirklich oder eingebildet – leidet.

Das 6. Feld bezieht sich auch auf kleine Tiere, besonders Haustiere. Der Geborene dürfte in dieser Beziehung eher eigenartige Vorlieben haben. Statt sich mit einem Hund zufrieden zu geben, will er einen Affen haben. Ein gewöhnlicher Papagei wird ihm nicht genügen – er wird eine ganz besondere Art anfordern, die schwierig zu bekommen und, wenn er sie erst einmal hat, völlig nutzlos ist. Falls er den Versuch unternehmen sollte, kleine Tiere als Verdienstquelle zu züchten, braucht er keinen grossen Erfolg zu erwarten. Im unerwartetsten Augenblick wird eine Krankheit seinen Tierbestand dezimieren. Manchmal, wenn das 9. Feld anzeigt, dass der Geborene lange Reisen unternehmen wird, kann er ein Sammler von seltenen Tier- und Pflanzengattungen werden, und wenn Neptun günstig aspektiert ist, wird ihm dieser Lebensstil sehr zusagen und sich für ihn im Ganzen als erfolgreich erweisen, aber selbst in diesem Fall muss er mit vielen merkwürdigen Abenteuern rechnen.

Etwas anderes, das traditionell dem 6. Feld zugerechnet wird, sind Gesandte. Darunter sollten wir auch Verhandlungen verstehen, die persönliche Gespräche erfordern. Auch hier ist Neptun alles andere als glücklich. In keinem dieser Fälle wird es ohne Betrügereien und Unsicherheiten abgehen. Der Geborene wird eine Vereinbarung treffen und nachträglich feststellen, dass er missverstanden wurde oder irgendein verborgener Makel dieser Vereinbarung anhaftet. Im besten Fall wird eine allgemeine Stimmung des Missverstehens herrschen und im schlimmsten wird von einem oder beiden Beteiligten absichtlich der Versuch unternommen, den andern zu täuschen. Daraus folgt, dass es besser wäre, alle wichtigen Verhandlungen schriftlich zu führen, sofern Merkur im Horoskop nicht verletzt ist.

Ein weiteres Gebiet des 6. Feldes sind die persönlichen trivialen Dinge des täglichen Lebens; hier werden Fragen der Ernährung und der Kleidung entschieden. Der Geborene wird eigenartige und ungewöhnliche Nahrung bevorzugen. Ein gewöhnliches Beefsteak wird für ihn schrecklich sein, lieber nimmt er Speisen zu sich, die weder nahrhaft noch verdaulich sind. Gelegentlich mag es ihm Mühe bereiten zu entscheiden, was er eigentlich essen will. Er wird nur der Laune des Augenblicks folgen. Seine Essensgelüste sind durch und durch krankhaft; er dürfte auch zu ungewöhnlichen Zeiten essen. Er bringt es fertig, mitten in der Nacht aufzustehen und sich an Büchsensalm, Marmelade und Bier gütlich zu tun. Den Verdauensstörungen, die wir schon angetönt haben, wird durch solche sinnlose Gewohnheiten in keiner Weise abgeholfen. Besonders anfällig ist der Geborene auf Ptomain-Vergiftungen. Noch grösseres Unglück kann über ihn kommen, wenn seine geistigen Fähigkeiten nicht erstklassig sind. Er könnte sich zu einem Ernährungsprinzipienreiter entwickeln, und ernsthaft mit allerlei Arten von lächerlichen Diätvorschriften experimentieren. Solange er von etwas überzeugt ist, kann er ganz fanatisch damit sein, aber das hält nicht lange vor. Er wird von einer Idee zur nächsten wechseln in einer Art und Weise, die alle seine Freunde, die ihn gerne unterstützen würden zur Verzweiflung bringt.

Auch im Bezug auf Kleider wird er ein Ärgernis sein. In milden Fällen mag dies lediglich als Exzentrizität zum Ausdruck kommen; er kleidet sich gerade exzentrisch genug, um es dem Durchschnittsbürger fraglich erscheinen zu lassen, ob es wünschbar sei, mit ihm auf der Strasse gesehen zu werden. Aber auch hier wieder: Wenn das Denken schwach ist, kann er fixe Ideen entwickeln, zum Beispiel, dass es gefährlich sei, Wolle oder Hüte oder Stiefel zu tragen. Auf diese Weise kann er zu einem öffentlichen Ärgernis werden. Man weiss von Fällen, in denen sich diese Neptunstellung in Kombination mit Konstellationen, die eine moralische Verkommenheit anzeigen, als Exhibitionismus manifestierte.

Das letzte wichtige Gebiet, das dem 6. Feld zugeordnet ist, ist in einem beschränkten Sinn des Wortes die Spekulation. Wir haben schon im 5. Feld von Spekulation gesprochen, aber die natürliche Stellung des 6. Feldes ist in der Jungfrau, und die Jungfrau ist das Zeichen, das sich im Einzelnen mit der Erde, ganz besonders der fruchtbaren Erde, befasst. Die Jungfrau wird von Merkur beherrscht, und Merkur ist in der Jungfrau überdies erhöht. Deshalb ist die Spekulation, die im 6. Feld eine Rolle spielt, ganz und gar merkurisch geprägt. Es handelt sich um ein hartes, kaltes Spiel, das keinerlei sportliches Element enthält, und diese Spekulation dürfte sich als Betätigungsfeld die Nahrungsmittel der Menschen und ähnliche Gebrauchsgüter wie im speziellen Wolle, Baumwolle und andere Kleiderstoffe aussuchen. Der Spieler sollte umfangreiche Verbindungen ins Auge fassen; doch aufgrund seiner eigenen Zügellosigkeit oder auch wegen unvorhergesehener Umstände, die ausserhalb seiner Macht liegen, werden sie sich alle als ungünstig erweisen.

Neptun im 7. Feld

Das 7. Feld bezieht sich auf die Ehe des Geborenen. Die Anwesenheit von Neptun ist in diesem Feld im Ganzen gesehen nicht erstrebenswert. Zunächst dürfte der gewählte Partner die meisten Eigenschaften haben, die eine mit Neptun am Aszendenten geborene Person besitzt, und obwohl man dies nicht als durchweg schlecht bezeichnen kann, wird sich doch der Durchschnittsmensch nicht jemand so Zweifelhaften als Lebenspartner aussuchen. Was man in der Ehe wirklich sucht, ist gerade das Gegenteil von Abenteuer. Die Ehe ist das Gespenst beim Gastmahl der Romanze, der Ehestand ist das Grab der Liebe und das, was fürs Vergnügen am günstigsten ist, erweist sich dort, wo Sicherheit angestrebt wird, als höchst gefährlich.

Die Einstellung des Geborenen selbst zur Ehe wird ebenfalls von Neptun gefärbt sein. Es ist anzunehmen, dass er aus schrulligen Gründen oder aufgrund eines aussergewöhnlichen Zufalls eine voreilige Verbindung eingeht. Dauernde Verbindungen sollten auf wohldurchdachte Überlegungen gründen, und nicht nur die beiden Partner, sondern auch jene, denen ihr Glück am Herzen liegt, sollten dieser Verbindung voll und ganz zustimmen können. Jede Beziehung, die jemand mit Neptun im 7. Feld aufnehmen mag, dürfte sich als ereignisreich erweisen. Es werden sich viele kleine verwirrende Dinge ereignen, und im Haus wird ganz allgemein eine unruhige Atmosphäre herrschen. Es ist anzunehmen, dass das Eheabenteuer in einem offenen Streit endet, aber es dürfte sich bei diesem Streit keineswegs um eine einfache, klare Sache handeln. Es ist eher die Unvereinbarkeit der Temperamente, die hierbei zum Ausdruck kommt, als irgend etwas eindeutiger Bestimmbares. Untreue gegenüber dem Ehegelöbnis von seiten beider Partner scheint ziemlich sicher, aber Vorfälle dieser Art sind in der allgemeinen Unstimmigkeit nur von geringer Bedeutung. Die ganze Einstellung der Partner zum Ehestand wird äusserst ungewöhnlich sein – sie dürften allerlei phantastische Theorien über diese Beziehung haben, die aber nicht auf der nüchternen Erfahrung der Menschheit beruhen, sondern auf Idealismus, und die im Grunde nichts für sich haben als den Enthusiasmus und den guten Glauben ihrer Verfechter. Es ist zweifellos ein unglücklicher Tatbestand, dass der Mensch nicht wirklich göttlich ist, dass das, was sein sollte, so oft nicht ist, dass wir unvollkommene Wesen sind, die in einer unvollkommenen Welt leben, dass praktische Erwägungen dauernd mit unseren Vorstellungen von dem, was richtig wäre, in Konflikt geraten. Doch so liegen die Dinge nun einmal, und es ist ein Leitsatz aller Biologie, dass dasjenige Individuum, das sich am geschicktesten seiner Umgebung anzupassen vermag, am glücklichsten ist und am besten gedeiht. Der Neptunier ist daher in einer Welt, in der die gröberen Planeten das Szepter führen, benachteiligt. Solange er in seiner eigenen seltsamen, vergnügten Traumwelt lebt, kann er sich als König fühlen, aber er muss damit rechnen, dauernd auf Widerstände zu stossen, die ihn oft mit einem unliebsamen Schock in die irdische Wirklichkeit zurückbefördern werden.

Sofern die finanzielle Lage des Geborenen nicht auf andere Weise gesichert ist, muss er von allem Anfang an mit Widerwärtigkeiten dieser Art rechnen. Auch wenn er vor der Eheschliessung finanziell gut gestellt war, wird er sehr wahrscheinlich aufgrund und infolge der Heirat Härten zu erdulden haben, denn nichts ist gewisser als dies – dass er die Ehe nicht ernstnehmen kann. Er fasst die Ehe keineswegs als eine Angelegenheit des sicheren Hafens, der Erbschaft, der Häuslichkeit auf. Für ihn ist sie lediglich ein romantisches Abenteuer. Er umgibt sie mit Glanz und Zauber – wie eine Gestalt in einem Kotillon, doch sobald Probleme praktischer Natur auftauchen, wie eine höhere Miete, Rechnungen für Nahrung und ärztliche Betreuung und Ähnliches, wird er dadurch verstimmt. Der Tag bricht an, die Tänzer entfernen ihre Masken und Kostüme; und wie sie aus dem grellen Licht des Ballsaals hinaus auf das betaute Gras treten, fühlen sie die kühle Frische der Morgenluft – und sie entdecken, dass sie sehr müde sind. (Der Pfefferkuchen schmeckt fade, das Bier ist schal.) Es ist wahrscheinlich, dass ein Mensch in dieser Lage mit seiner Heirat ganz und gar unzufrieden sein wird und sich nach Möglichkeiten umsieht, um die Handschellen aufzubrechen, die ihm, in seinen Augen, die Glieder wundreiben. Er wird sich in eine Reihe eher sinn- und zweckloser Intrigen stürzen, bei denen er es jedoch sowohl an Energie wie an Können fehlen lässt, und die gewöhnlich misslingen. Sehr wahrscheinlich wird er aus einer Ehe in die andere schlittern, stets mit dem gleichen Resultat. Er ist absolut nicht imstande, eine so ernste Verpflichtung auf sich zu nehmen. Er hat weder den nötigen Heroismus noch die feste Zielstrebigkeit noch die Geduld und Langmut, die nötig sind, um aus einer Ehe einen Erfolg zu machen.

Diese Bemerkungen gelten jedoch durchaus nicht für die Liebesangelegenheiten des Geborenen, die unter das 5. Feld fallen. Nur wenn es um eine dauernde Festlegung und eine Partnerschaft unter gesetzlicher und konventioneller Garantie geht, ist das 7. Feld zuständig.

Das 7. Feld bezieht sich auf den Geschäftspartner und alle öffentlichen Verträge und Vereinbarungen, einschliesslich Prozesse. Alle diese Angelegenheiten dürften einen ebenso unglücklichen Verlauf nehmen wie die Ehe; der Grund ist tatsächlich der gleiche. Hinter all dem steht der Gedanke, dass

Neptun, der die Strahlen einer spirituellen Ebene aussendet, ganz besonders ungeeignet ist für alle bestimmten bindenden und materiellen Dinge. Sein Einfluss versetzt die physische Welt in Aufruhr, indem er die Ideen einer höheren und feineren Ordnung in sie hineinbringt, und wenn man dies von einem niedereren Standpunkt aus betrachtet, kann man das Ergebnis nicht anders als mit Unordnung beschreiben.

Im Geschäft dürfte der Partner von neptunischem Temperament sein. Ganz allgemein wird vielleicht ein gutes Auskommen mit ihm möglich sein, aber was die Angelegenheiten der Firma anbetrifft, wird er unpraktisch, willkürlich, unzuverlässig, launenhaft, exzentrisch und alles andere als geschäftstüchtig sein. Eine solche Partnerschaft dürfte, mutatis mutandis, auf genau die gleiche Weise zu Ende gehen, wie wir sie bereits im Falle der Ehe geschildert haben. Ein Gefühl, dass alles schiefgeht, wird unterschwellig vorhanden sein, und dennoch dürfte es schwierig sein, den Finger auf den wunden Punkt zu legen. Überdies deutet einiges darauf hin, dass der Partner das Geschäft durch Verschwendung und Launen ruinieren könnte. Im Zusammenhang mit Abrechnungen dürften eine Menge Schwierigkeiten auftauchen, und Profite werden auf ganz aussergewöhnliche, geradezu verdächtige Art und Weise verschwinden.

Auch in Bezug auf Prozesse gelten ähnliche Überlegungen. Wahrscheinlich wird der Geborene in zahlreiche solche Verfahren verwickelt werden, die sich langwierig und mühsam dahinschleppen. Er wird dabei weder eindeutig gewinnen noch verlieren. Die Sache wird sich unendlich hinziehen wie der Gerichtsfall Jarndyce gegen Jarndyce, und niemand wird auch nur einen Pfennig mehr davon haben. Dementsprechend wird es auch schwierig sein, irgendein Geschäft abzuwickeln. Leute werden vereinbarte Treffen versäumen, Verträge werden zur Bereinigung hin- und hergeschoben, und sehr wahrscheinlich wird das Ganze nach monatelangen Diskussionen ins Wasser fallen. Vorsicht ist geboten, wenn man mit jemandem, der den Neptun im 7. Feld hat, Geschäfte abwickeln will.

Das 7. Feld bedeutet auch die offenen Feinde des Geborenen; und in dieser Hinsicht sind die Anzeichen nicht so ungünstig. Diese Feinde werden nämlich selbst wankelmütig sein und zu wenig Energie aufbringen, um ihre Angriffe durchzuhalten. Es könnten viele Schwierigkeiten auftreten, doch sie werden irgendwie unwesentlich sein. Die Angriffe auf den Geborenen werden nutzlos und dumm sein und den Keim zu ihrer Verwerfung bereits in sich tragen. Dennoch können sie von Zeit zu Zeit ausserordentlich unangenehm sein; aber auf längere Zeit gesehen, wird nicht viel Schlimmes geschehen. Auf eine längerdauernde und heftigere Feindschaft wäre der Geborene nur bei einem Transit[12] von Uranus oder Saturn über die Stellung des Neptun anfällig.

Abschliessend liesse sich bemerken, dass dieses und das 4. Feld im ganzen gesehen die ungünstigsten Stellungen für Neptun sind. Ganz allgemein gesagt sollte er nicht tief am Himmel stehen; seine Natur ist so erhaben, dass sein Einfluss umso freundlicher ist, je höher er am Himmel steht, wie Sie noch sehen werden, wenn wir zur Besprechung des 10. Feldes oder Medium Coeli kommen.

Neptun im 8. Feld

Das 8. Feld bezieht sich auf den Tod. Die Bedeutung des Neptun in diesem Feld ist sehr eigenartig. Zunächst dürfte sich das Bewusstsein des Geborenen auf der Grenzlinie zwischen Leben und Tod befinden. Es könnte leicht geschehen, dass er in Trance, Lethargie, Katalepsie und ähnliche Zustände fällt. Es wäre von Vorteil für ihn, wenn er deutliche Anweisungen gäbe, was mit ihm zu tun sei, falls er scheinbar sterben sollte, weil er sonst Gefahr laufen könnte, lebendig begraben zu werden. Er sollte nicht nur Freunde und Bekannte mit diesen Gegebenheiten vertraut machen, sondern auch stets einen Zettel bei sich haben, der von jedem Fremden, der ihn mit allen scheinbaren Anzeichen des Todes auffindet, gelesen werden könnte.

Die Art seines Sterbens dürfte in jedem Fall sehr einzigartig sein. Wenn die Spitze des 8. Feldes von einem Wasserzeichen besetzt und sein Herrscher verletzt ist, wird er ertrinken. Handelt es sich um ein Feuerzeichen, könnte er im Feuer selbst umkommen oder an den Folgen einer Feuersbrunst sterben. Mit einem Luftzeichen könnte er an einem seelischen Schock sterben, und mit einem Erdzeichen ist es möglich, dass er bei einem Bergwerksunglück oder durch den Einsturz eines Gebäudes ums Leben kommt.

Allerdings muss man nicht immer, sondern nur in extremen Fällen zu diesem Schluss kommen. Das Abtreten von der Lebensbühne kann auch in normalerem Rahmen vor sich gehen. Sehr wahrscheinlich könnte eine langwierige Schwindsucht, irgendeine unerklärliche Nervenerkrankung oder eine Krankheit der Rückenmarksflüssigkeit zum Tod führen. Die zum Zeitpunkt des Todes herrschenden Umstände können ebenfalls sehr merkwürdig sein. In einigen Fällen mag er sehr plötzlich eintreten, eine schon über Jahre andauernde chronische Erkrankung kann akut werden. Am allerwahrscheinlichsten weiss der Geborene gar nicht, dass er krank ist, oder wenn er es weiss, mag er feststellen, dass die Ärzte völlig ausserstande sind, seine Krankheit zu diagnostizieren. Es kann sich herausstellen, dass der Tod selbst unerklärlich ist, vielleicht trotz einer Obduktion, und einem «Herzversagen» zugeschrieben wird. Es besteht auch die Möglichkeit, dass Gift den Tod verursacht hat.

Die Ansichten des Geborenen in Bezug auf den Tod dürften sehr originell sein. Vielleicht hat er zu diesem Thema eine phantastische Theorie. Sein Denken wird dazu neigen, gewohnheitsmässig um dieses Thema zu kreisen. Er mag es mit ausserordentlichem Abscheu betrachten; es kann aber andererseits auch eine morbide Faszination auf ihn ausüben. Er könnte sich einer Form der Totenbeschwörung wie z. B. dem Spiritismus hingeben, und das Thema dürfte «auf dem Grunde seines Denkens» immer gegenwärtig sein.

Menschen mit dieser Neptunstellung sollten ganz besonders vorsichtig sein und sich nicht selbst mit irgendeinem Mittel behandeln, das eine direkte Wirkung auf das Bewusstsein hat. Der Faden, an dem ihr Leben hängt, ist gar zu dünn.

Ein Freund des Autors spazierte mit einem Schüler durch den Park von Fontainebleau und erklärte ihm, wie sich völlige Freiheit mit absolutem Gehorsam vereinbaren lasse. «Ich drohe nicht, dich zu erschiessen, wenn du nicht gehorchst», sagte er, «ich packe dich auch nicht an der Gurgel, um dich zu erwürgen.» Um seine Bemerkung zu unterstreichen, legte er seine Hand auf den dicken Wollschal, den der andere trug, ohne allerdings irgendeinen stärkeren Druck auszuüben. Trotzdem verlor der Schüler das Bewusstsein, und sein Leben konnte nur durch sofortige Wiederbelebungsversuche gerettet werden. Er hatte Neptun im 8. Feld.

Das Krankheitsbild, das man «status lymphaticus»[13] nennt, wird manchmal mit dieser Stellung in Verbindung gebracht.

Das 8. Feld bezieht sich auf die Besitztümer der Toten. Wahrscheinlich wird der Geborene auch in Genuss von Erbschaften kommen, aber er wird gut daran tun, sich vor Betrügereien von Seiten der Testamentvollstrecker zu hüten, und er muss sich auf allerlei kleinere Enttäuschungen und Verzögerungen im Zusammenhang mit dieser Angelegenheit gefasst machen. Diese Feststellungen gelten jedoch nicht im Falle von direkten Erbschaften, wie sie normalerweise z. B. vom Vater auf den Sohn erwartet werden können.

Auch Hab und Gut des Geschäfts- oder Lebenspartners werden vom 8. Feld angezeigt. Auch hier muss der Geborene mit einer gewissen Verschwommenheit und möglichen Betrügereien und Enttäuschungen rechnen. Es wäre sehr unklug von ihm, wenn er eine Geldheirat eingehen wollte, denn, wenn er das täte, würde er fast mit Sicherheit das Nachsehen haben, entweder aufgrund irgendwelcher Schikanen oder weil das Vermögen kurz nach der Hochzeit ganz oder teilweise verloren geht. Ähnlich sollte auch im Falle einer Geschäftspartnerschaft das Vermögen des Partners als ein sehr zweifelhaftes Element angesehen werden.

Der Geborene muss bei der Abfassung seines Testaments sehr sorgfältig vorgehen. Er sollte dafür sorgen, dass keine Möglichkeit besteht, nach seinem Tod irgendwelche Gegenargumente geltend zu machen, und er sollte auch ganz genau darauf achten, dass sein Testament in den Händen zuverlässiger Leute liegt, die es nach seinem Tod dann auch finden. Ebenso sollte er in der Wahl der richtigen Vollstrecker nicht nachlässig sein.

Neptun im 9. Feld

Das 9. Feld bezieht sich auf Wissenschaft und Religion. Da dieses Feld schon höher am Himmel steht, ist der Einfluss des Neptun schon reiner als in weniger hochstehenden Feldern. Ausser, wenn er sehr schlecht aspektiert ist, kann diese Stellung deshalb im grossen und ganzen wirklich als wohltätig angesehen werden. Der Geborene wird eine ausserordentlich reine und erhabene Vorstellung von Gott und der Natur haben. Er wird sehr hohe Ziele verfolgen und sein Streben mag ihn vollkommen dieser Erde entrücken und ihn dazu veranlassen, hingebungsvoll und höchst eifrig und feinfühlig die Herrlichkeiten, die um ihn sind, zu erforschen. Man könnte es bis zu einem gewissen Grad als Fehler erachten, dass ihm der Sinn für die Aktualität fehlt; der Enthusiasmus, der ihn erfüllt, kann ihn dazu führen, seiner Zeit im Denken weit voraus zu sein; er wird überhaupt nicht realisieren, dass die Menschheit, im ganzen gesehen, gar nicht mit ihm einig geht. Ein typisches Beispiel hierfür ist der Dichter Shelley, der diese Stellung hat. Nicht nur wurde sein Ideal der menschlichen Rasse nicht verwirklicht, sondern wird im allgemeinen als nicht realisierbar angesehen. Deshalb ist er vor allem der Dichter der Jugend, in deren wunderbar jungfräulicher Vorstellung die ganze Welt vom Licht der göttlichen Schöpferkraft getönt erscheint, die ihr die jüngste Entwicklung des Sexus geschenkt hat.

«Ein schöner und erfolgloser Engel, dessen leuchtende Schwingen vergeblich in der Leere schlagen», diese Worte beschreiben nicht nur Shelley vollendet, sondern fast alle Menschen, in deren Horoskop Neptun im 9. Feld einen dominierenden Einfluss ausübt.

Natürlich kann diese Bedeutung im Falle einer Verletzung eine unerwünschte Veränderung erfahren. Die Abkehr von den Tatsachen des Lebens kann zu Aberglauben, Spiritismus, Schwärmerei, Verschrobenheit, und anderen abstossenden Dingen führen.

Die Intuition wird wahrscheinlich sehr stark entwickelt – ja fast unheimlich sein. Gleichzeitig dürfte sie insofern unzuverlässig sein, als die intellektuelle Stabilität des Geborenen nicht ausreichen dürfte, um ihm die Möglichkeit zu geben, zwischen der wahren Intuition, die ganz natürlich und spontan auftritt, und der falschen Intuition, die unecht und gewollt ist und fast immer in die Irre führt, zu unterscheiden.

Der Einfluss des Neptun kann auch in Träumen zum Ausdruck kommen, die einen halbsakralen oder mystischen Charakter tragen. Der Geborene kann merkwürdige Vorahnungen und seltsame Gedanken haben. Es steht zu hoffen, dass er sich von diesen nicht aus dem Bereich des gesunden Menschenverstands hinausführen lässt; er kann versucht sein, allzu bereitwillig aufgrund seines Glaubens und seiner Visionen zu handeln, und läuft Gefahr, das Opfer böswilliger und störender Wesenheiten zu werden, die ihn ins Verderben stürzen.

In einem günstigen Horoskop ist diese Stellung wunderbar für die mystische und geistige Weiterentwicklung. Es gibt keine Höhe, die zu erklimmen der Geborene nicht erwarten dürfte. Auch wird es nicht notwendig sein, seinen Neigungen Gewalt anzutun. Er ist der geborene Seher. Und indem er ein gesundes Urteil walten lässt, kann er geistig ganz ausserordentliche Fortschritte machen.

Auf dem Gebiet der Naturwissenschaft hat der Geborene beinahe ebensoviel Glück. Er wird ein unverdorbenes Verständnis für die Wahrheiten besitzen, die in der Natur verborgen liegen; und wenn er die Fähigkeit hat, diese Wahrheiten richtig herauszuarbeiten, wird er nicht nur auf die Menschheit einen bleibenden Eindruck machen, sondern auch einen wesentlichen Beitrag zum Wissen der Welt leisten und ihren Fortschritt in bemerkenswertem Masse fördern. Weil er dieser Wahrheiten so sicher ist, besteht für ihn die Gefahr, dass er gar nicht imstande ist, zu verstehen, warum es notwendig ist, sie auf das Intelligenzniveau des gewöhnlichen Sterblichen zu bringen und der ganzen Welt durch intensive Untersuchungen zu beweisen, was er intuitiv als Wahrheit erkennt.

Das 9. Feld bezieht sich auch auf lange Reisen, insbesondere solche, die eine Seereise einschliessen. Hier ist der Einfluss des Neptun bei weitem nicht so günstig. Mit Sicherheit werden dem Geborenen eigentümliche Abenteuer widerfahren, denen zwar keine grosse Bedeutung beizumessen ist, die aber doch ärgerlich sind. Die Gefahr von Unfällen besteht ganz entschieden – man wird sich erinnern, dass Shelley ertrank, während er sich eben auf einer derartigen Reise befand. Es kann auch sein, dass lange Reisen aus einem anderen Grund enttäuschend ausfallen – der Geborene könnte sich dazu überreden lassen, eine Reise unter der Vorspiegelung falscher Tatsachen zu unternehmen, und am Ende der Reise könnte er entdecken, dass er sie vergeblich unternommen hat.

Das 9. Feld gibt auch Hinweise auf die Familie des Lebenspartners und auf die geistigen Qualitäten des Geschäftspartners. Die Aussichten sind in dieser Hinsicht nicht besonders günstig. Wir wollen uns bei diesen Dingen nicht lange aufhalten – es wird genügen, wenn Sie nachsehen, was bei Neptun im 3. Feld über Brüder und Schwestern und das Denken gesagt wurde.

Neptun im 10. Feld

Das 10. Feld oder Medium Coeli bezieht sich in erster Hinsicht auf die berufliche Laufbahn oder Tätigkeit des Geborenen, und ob Neptun in dieser Stellung günstig ist oder nicht, hängt sehr stark von deren Natur ab. Und dies wiederum hängt natürlich vom Zeichen ab, das an der Spitze des 10. Feldes steht, und von seinem Herrscher. Bei den alltäglichen Dingen des Lebens dürfte Neptun, aus ähnlichen Gründen, wie wir sie schon früher bei entsprechenden Angelegenheiten genannt haben, ziemlich grosse Verwirrung stiften.

Die Karriere dürfte sehr eigenartig und ereignisreich sein, jedoch kaum ohne Schwierigkeiten oder frei von Unterbrechungen. Neptun sorgt dafür – und diese Bemerkung gilt sozusagen für alles bisher Erwähnte – dass der Geborene immer wieder strauchelt. Die von Neptun ausgestrahlte Energie soll sich, wie man sagt, deutlich von einem gleichmässigen Kraftstrom unterscheiden. Sie kommt und geht ohne erkennbare Ursache. Der Geborene kann in Bezug auf seinen Beruf brillante Ideen haben. Er wird sie mit grossem Schwung in die Tat umsetzen, aber nur für eine gewisse Zeit. Dann wird er die ganze Sache vergessen, um sie zu einem späteren Zeitpunkt erneut in Angriff zu nehmen. Da Geschäfte so weitgehend von ihrer Ausführung abhängen, ist die Wirkung des Neptun im ganzen ungünstig. Die Art des Geschäftes selbst birgt ebenfalls ein ziemliches Risiko in sich. Die geschäftlichen Angelegenheiten dürften recht wunderlicher und ungewöhnlicher Natur sein, und es wird zahlreiche Schlupflöcher für Betrug geben; überdies ist anzunehmen, dass es zeitweilig etwas schwierig sein dürfte, sich über das Geschäft auf dem Laufenden zu halten. Die Gewinne werden unregelmässig und ungewiss sein.

Der Geborene wird zahlreiche schlimme Schulden haben; scheinbar triviale Umstände, die überhaupt nicht damit zusammenhängen, können das Geschäft ebenfalls schädigen. Die Gefahr eines völligen Zusammenbruchs scheint nicht zu bestehen. Diese Stellung deutet eher auf Wechselfälle hin. Der Geborene wird sich immer wieder geneigt fühlen, stattdessen etwas Beständigeres zu unternehmen, aber es wird ihm schwerfallen, darauf zu verzichten.

Das 10. Feld bezieht sich ferner im Horoskop eines Mannes auf die Mutter, in dem einer Frau auf den Vater, die als Personen von neptunischem Typ gekennzeichnet werden. Die Exzentrizität kann alle jene Formen annehmen, die wir als typisch für Neptun beschrieben haben, wahrscheinlich besteht aber eine besondere Neigung zu religiösem Fanatismus asketischer Art. Nur selten hat der Geborene eine gute Beziehung zu seiner Mutter; wohl mag eine grosse natürliche Zuneigung bestehen, aber sie wird durch die vorhandene Unvereinbarkeit der Charaktere gehemmt sein.

Im Weiteren beschreibt das 10. Feld den Ruf oder das Ansehen des Geborenen, und dies ist im Horoskop von bedeutenden Menschen natürlich der wesentlichste Punkt der Betrachtung. Berühmtheit ist, da sie nicht völlig von dieser Erde stammt, eine ganz besonders neptunische Angelegenheit. Wenn dieser Planet durch andere, hoch am Himmel stehende Planeten nicht gestört wird, sollte der Ruhm leuchtend und weltweit sein. Gleichzeitig dürfte er etwas aussergewöhnlicher Art sein. Jupiter im 10. Feld macht berühmt, aber eher in Angelegenheiten, die allgemeinere Anerkennung geniessen und die stärker mit dem alltäglichen Leben des Menschen in Verbindung stehen. Bei Neptun mögen gewisse finstere Elemente damit verbunden sein. Der Name des Geborenen mag mit merkwürdigen Legenden verwoben werden. Er wird den Menschen in tausenderlei Masken erscheinen, und sogar die Zeit wird nicht imstande sein, sein wahres Selbst ganz zu enthüllen.

Wir brauchen nur die Fälle von Shakespeare und Michelangelo als Beispiele aufzuführen. Diese beiden Männer waren gross im besten Sinn des Wortes. Die Menschheit dürfte – so sehr sie die beiden bewundern mag – nicht fähig sein, die Grösse und Universalität ihres Genies wirklich ganz zu erkennen, es sei denn, der betreffende Mensch stehe selbst unter Neptuns Einfluss. Es ist schwierig, diesen beiden Namen einen dritten hinzuzufügen, selbst, wenn wir bis zu den Griechen zurückgehen. Goethe hat Neptun im 9. Feld, nahe der Spitze des 10. Feldes. Diese Männer besassen ein so umfassendes Verständnis der menschlichen Natur, dass sie konkurrenzlos dastehen. Viele andere Künstler haben sie in Ausführung und Absicht übertroffen, aber niemand sonst hat auch nur annähernd Arbeiten von dieser Wichtigkeit geschaffen und dieses durchgängig hervorragende Niveau erreicht. (Man muss dabei noch beachten, dass ein bisschen etwas Ungerechtes in der Art und Weise liegt, in der sich ihr Ruhm entwickelt hat. Sie haben ihn gewiss verdient und erhalten, aber es scheint, als hätten sie ihn unter der Vorspiegelung falscher Tatsachen bekommen. Ursprünglich hatte man sie aus ganz falschen Gründen gerühmt.) Ein weiteres Beispiel ist Nostradamus; im Mittelalter gab es tausende von damals recht berühmten Astrologen; aber die Geschichte hat den Namen von Nostradamus ohne angemessenen Grund ausgewählt. Er war nicht berühmter als irgendwer sonst, aber aus irgendwelchen Gründen rankten sich Legenden um seine Person und er ging in die Geschichte ein, während seine Konkurrenten der Vergessenheit anheimfielen. Ein weiterer Fall ganz unverdienter Berühmtheit ist der von Schottlands Königin, Maria Stuart. Diese Dame war im Grunde eine ganz gewöhnliche Königin – ihre Moral war weder besser noch schlechter als die jeder anderen Königin – Dutzende von Monarchen teilten ihr Schicksal, und obwohl sie ohne Zweifel schön war, besteht kein Grund zur Annahme, sie sei viel schöner gewesen als zwanzig andere Herrscherinnen ihrer Zeit. Aber sie hat eine Berühmtheit erlangt, die beinahe an die der schönen Helena herankommt. Sie hat die Dichter nicht nur ihres eigenen Landes, sondern der ganzen Welt inspiriert. In Goethes Phantasie nahm sie einen bevorzugten Platz ein; Algernon Charles Swinburne verwandte zwanzig Jahre seines Lebens auf das Studium ihres Lebens, und er machte sie zur zentralen Figur einer ganzen Schaffensperiode. Um noch ein Beispiel zu nennen, erwähnen wir den gegenwärtigen Kaiser[14]. (Es besteht kein Zweifel, dass er, wie immer der Krieg auch enden wird, als die heroische Gestalt im modernen Europa hervorragen wird. Und wiederum wäre, auch in seinem Fall, zu bemerken, dass sein Charakter von seinen Zeitgenossen völlig missverstanden worden ist.) Ein letztes Beispiel ist Sir Humphrey Davy, der ein sehr berühmter Chemiker war, aber nicht berühmter als fünfzig andere auch – und dennoch ist sein Name populärer geworden als der irgend eines anderen Chemikers. Selbst sein berühmterer Schüler, Faraday, ist in der Vorstellung stets mit Davy verbunden.

In weniger bedeutenden Fällen wird der angezeigte Ruhm in kleinerem Massstab die gleichen Charakteristiken aufweisen. Ein Mensch mit Neptun im 10. Feld wird in seinem Kreis dauernd zu Gesprächen Anlass geben. Er wird eine Art Rätsel sein. Er wird missverstanden werden – vielleicht sogar in einem sehr düsteren Sinne; und dennoch, oder gerade deshalb, wird sein Name immer allgemeiner bekannt werden. Die Leute werden Geschichten über ihn erfinden, – gute, schlechte, gleichgültige, aber alle eigenartig und entweder ohne jeden realen Hintergrund oder völlig unzutreffend.

Was den allgemeinen Ruf angeht, so ist Neptun noch ungünstiger. Wenn der Charakter des Geborenen so angelegt ist, dass es ihm nicht gelingt, allgemeine Aufmerksamkeit zu erregen, wird Neptun unwichtige Skandälchen bedeuten – alles, was der Geborene tut, wird einen eigenartigen Eindruck machen. Die grössten Banalitäten werden als köstlichste Leckerbissen im Klatsch weitergereicht – ohne dass damit eine böse Absicht verbunden wäre.

Vielleicht befällt den Geborenen in einem Raum, in einem öffentlichen Gebäude, überall, wo viele Menschen sind, eine plötzliche Befangenheit, und er mag zu seiner grossen Verlegenheit entdecken, dass völlig ohne Grund aller Augen auf ihn gerichtet sind. Obwohl dafür keinerlei Ursache vorliegt, steht er im Mittelpunkt der Aufmerksamkeit. Er hat gar nichts Besonderes an sich, aber die Leute drehen sich auf der Strasse nach ihm um. Es mag für ihn sehr peinlich sein, auf diese Art die Aufmerksamkeit zu erregen – er kann sein Äusseres sorgfältig pflegen, um so konventionell wie möglich in Erscheinung zu treten, und trotzdem kann ihm der Erfolg versagt bleiben.

Es kann auch vorkommen, dass der Geborene seinen Namen ändert oder seinen Beruf unter einem angenommenen Namen ausübt. Dies dürfte den Umständen wahrscheinlich gut entsprechen, und Erfolg ist zu erwarten.

Das 10. Feld zeigt auch den Vorgesetzten, den Arbeitgeber oder Meister des Geborenen an. In geistigen Belangen ist dies die bestmögliche Stellung überhaupt. Der Geborene sollte einen Lehrer höchsten Ranges finden, und wenn er die vorgeschriebenen Anweisungen befolgt, sollte sein geistiger Fortschritt rasch und sicher vor sich gehen. Er sollte die höchsten für Menschen möglichen Höhen erreichen. Wo aber die Karriere in konventionelleren Bahnen verläuft, ist Neptun nicht sehr günstig. Der Arbeitgeber könnte, weil er so ausweichend ist, schwierig im Umgang und überdies verschlagen und unzuverlässig sein. Er wird weder solide noch von nüchterner Art sein. Die Beziehungen zu ihm werden in dauernder Gärung begriffen sein.

Menschen mit Neptun im 10. Feld sollten sehr vorsichtig sein und sich in keiner Weise mit dem Gesetz oder der Regierung des Landes einlassen. Es wird sie wahrscheinlich in recht ungesunder Weise locken, eben dies zu tun und zweifellos werden sie es sehr geschickt verstehen, Schwierigkeiten zu vermeiden, aber wenn sie irgend etwas zu einem Zeitpunkt riskieren sollten, zu dem das Feld durch Direktionen und Transite verletzt ist, könnten sie in ernsthafte Schwierigkeiten geraten.[15]

Neptun im 11. Feld

Das 11. Feld bezieht sich auf Freunde des Geborenen und auf die Gesellschaft, in der er sich bewegt. Allgemein gesprochen wird diese Neptunstellung dafür sorgen, dass er mehr oder weniger neptunische Personen anziehen wird. Er wird sich mit Schauspielern und Künstlern befreunden, mit Frauen, die neurotisch sind, und mit solchen, die auf den Strich gehen. Er wird in Bezug auf Freundschaften keine grosse Treue an den Tag legen – er wird in seinem Umgang sehr launisch sein. Wahrscheinlich findet er an irgend jemandem ganz ausserordentlichen Gefallen - diese Freundschaft wird er für kurze Zeit sehr intensiv pflegen, sie dann aber ebenso plötzlich ohne Streit oder sonst aus einem bestimmten Grund abbrechen. Es scheint, als könnten Gefühle dieser Art keine tiefen Wurzeln schlagen. Eine etwas unglückliche Hand wird er auch mit seinen Bekanntschaften haben; es wäre nämlich ziemlich absurd, von ihnen als von Freunden zu sprechen. Sie werden ihn ebenso höflich behandeln wie er sie. Es ist nicht ausgeschlossen, dass diese Beziehungen recht unglücklich enden werden, da die Gefühle zumeist nicht genügend tief verankert sind. Es gibt jedoch auch Fälle, die eindeutig ins Elend führen. Zum Beispiel wurde Nell Gwynn, die diese Stellung hatte, von allen die sie in ihren guten Tagen umworben hatten, der Hungersnot überlassen.

Das Element des Verrats ist stark betont. Es sei nur an Napoleon I. erinnert, der von seinem eigenen Marschall verraten wurde. Sein Sturz war gewiss, da er Saturn im 10. Feld hat, aber es ist Neptun im 11., der die Art und Weise, in der dieser Sturz zustande kam, anzeigt. Es ist allerdings nur selten, dass diese Stellung so ernst genommen werden muss. Im allgemeinen bedeutet sie kaum mehr als die oben beschriebenen alltäglichen Schwierigkeiten, aber immer, wenn ein Horoskop Grösse anzeigt, wird auch jeder Aspekt und jede Stellung darin betont und wird für viel wichtigere Geschehnisse bedeutsam, als es bei einem allgemein schwachen Geburtsbild der Fall wäre. Im Falle eines Menschen wie Napoleon findet sich praktisch jedes Detail seines Lebens genauestens im System der Planetenstellungen dargestellt. Im Falle weniger bedeutender Menschen besteht eine derartige Oberflächlichkeit, dass sich die Naturkräfte kaum die Mühe zu machen scheinen, sich um die Anordnung ihrer Angelegenheiten zu kümmern, oder vielleicht wäre es besser zu sagen, dass die Materie, mit der sie arbeiten, zu schmutzig ist, um saubere und klare Ergebnisse zu zeitigen.

Das 11. Feld bezieht sich auch auf die Wünsche und Hoffnungen des Geborenen. Diese können phantastisch sein und jeden Wirklichkeitssinn vermissen lassen. Er mag sich immerfort «den Mond wünschen» wie man so sagt, und er wird nicht sehr beständig und ausdauernd sein. Er wird eine Sache voller Begeisterung in Angriff nehmen und ohne Bedauern wieder fallen lassen. Dies mag allerdings nur eine Art Nebenerscheinung dessen sein, was man mit «Träumereien» bezeichnen könnte. Es kann sein, dass das Hauptziel seines Lebens völlig klar und bestimmt vor ihm liegt, aber es ist gewiss sehr wahrscheinlich, dass ein Mensch mit Neptun im 11. Feld mehr anstrebt als er je erlangen dürfte. Wie Browning sagt:

«Des Menschen Griff jedoch muss weiter reichen als sein Arm, wozu wär' sonst der Himmel da?»

Neptun im 12. Feld

Das 12. Feld bezieht sich in erster Linie auf Gefängnisse, worunter wir jede Art von Beschränkung, die dem freien Willen des Geborenen aufgezwungen wird, verstehen wollen. Was die Wahrscheinlichkeit eines tatsächlichen Gefängnisaufenthaltes angeht, so ist Neptun weder besonders günstig noch besonders ungünstig. In einigen Fällen könnte diese Stellung vielleicht bedeuten, dass der Geborene dauernd kleineren Kümmernissen dieser Art ausgesetzt ist, und wenn extrem schlechte Aspekte vorliegen, könnte man mit einem langen, zermürbenden Gefängnisaufenthalt rechnen. In Bezug auf das, was man mit innerer Einschränkung bezeichnen könnte, ist die Wirkung des Neptun jedoch äusserst schmerzlich, besonders, wenn Neptun schon weiter im 12. Feld, nahe dem Aszendenten steht. In einem solchen Fall könnte es wohl geschehen, dass der Geborene dauernd zum Sklaven seiner eigenen Launen wird. Seine Handlungsweise könnte ernstlich mit dem Grundziel seines Lebens in Konflikt geraten. Das 12. Feld hat an sich schon einen einschränkenden Einfluss, und es ist möglich, dass ein schlechter Aspekt vom Herrscher des Denkens oder des Willens völlige moralische Verdummung zur Folge hat.

Das 12. Feld bezieht sich auch auf geheime Feinde des Geborenen, und auf die Intrigen, die gegen ihn gerichtet sind. Hier ist der Einfluss des Neptun eher günstig, denn seinen Feinden mangelt es an Hartnäckigkeit; sie können ihm jedoch eine Menge Ärger bereiten, ehe sie sich verflüchtigen.

Im weiteren befasst sich das 12. Feld mit geheimen Vereinigungen, und hier könnte der Einfluss des Neptun nicht günstiger sein. Ein Mensch mit Neptun in dieser Stellung sollte ausserordentlich erfolgreich sein, nicht nur bei der Durchführung von...

(Hier endet das Manuskript dieses Buchteils – SS)

Bild 8: Albrecht Dürer, den Crowley als einen aussergewöhnlichen Künstler ansieht, hat mehrere Darstellungen magischer und astrologischer Art geschaffen. Hier die nördliche Himmelshalbkugel mit den Sternbildern des Tierkreises, die nicht mehr mit den entsprechenden Sonnenbahnabschnitten übereinstimmen.

Aratus Cilix
Ptolemeus Aegyptius
M. Manili-
us Romanus
Azophi
Arabus
Virgo
Libra
Scorpio
Leo

Teil III
Eine Studie über Uranus

Uranus
Uranus in den Tierkreiszeichen
Die Bedeutung des Uranus
in den zwölf Feldern

Uranus

Ouranos, Uranus oder Himmel gilt als der Vater des Saturn; dieser, eifersüchtig darauf bedacht, dass kein anderer Sohn geboren werde, tötete den Vater mit seiner Sense. Diese Legende ist lediglich eine märchenhafte Schilderung vom Wesen dieses Planeten, der nach seinem Wiederentdecker vielfach auch Herschel genannt wird.[1]

In der gähnenden Leere, die den Saturn vom Neptun trennt, treibt dieser Planet einsam dahin. Haben wir Neptun mit einem Aussenposten verglichen, können wir diesen Gedanken weiterspinnen, indem wir Uranus als den Wallgraben einer Trutzburg und als deren geheime Gänge sehen. Und wenn wir Neptun die Seele der See genannt haben, dann können wir Uranus als das Wesen des vulkanischen Feuers bezeichnen.

Kein anderer Planet ist so eigenartig, so unheilvoll, so okkult und mysteriös, oder auch so widersprüchlich wie er.

Das liegt in der Geschichte von Uranus beschlossen, jenem Prinzip des Himmels, das die Eifersucht der Zeit (Chronos) der Vaterschaft beraubt hat. Es ist der Gott, der nicht mehr Liebe ist, der Gott, dessen einziges Vergnügen die Grausamkeit ist, der nur noch dunkle Intrigen spinnt. Der Intellekt, losgelöst von allem Wohlwollen, ist hier verkörpert, der Wahnsinn eines edlen Geistes nimmt hier Gestalt an. Die wahre Absicht wird verzerrt, vernichtet, und der Wille wandelt sich zur Perversion.

Gleich allen Göttern aber war auch Uranus in seinen glücklicheren Tagen fleischgeworden in irdischen Gefilden unter dem Namen Pan. Und dieser Pan, der durch Mitgefühl leidet, ist nicht allein der erste Gott der Musik und der Wissenschaft, er ist auch der Satyrgott. Er ist der Schirmherr des Landmannes, doch auch Verabscheuungswürdiges bereitet ihm eine diebische Freude. Er ist zynisch im alten Sinn des Wortes, und seine Komik ist eine entsetzliche Tragik. Seine Stirn, obwohl edel geformt, ist doch gehörnt, und von den Hüften abwärts ist er ein Bock.

Die zweifelhafte Ausstrahlung des Uranus kommt uns eher in der Gestalt des Pan zu Bewusstsein als in seiner archetypischen Form. Denken wir daran, wie er Syrinx verfolgte, wie sie in wilder Hast vor ihm floh und schliesslich zum Schilfrohr wurde, dem Gott ein Musikinstrument. Erinnern wir uns der Panischen Angst, die den Menschen, ja sogar ganze Menschenmassen, manchmal befällt. So gesehen wird alles klar.

Dieser Planet ist der Planet der Genialität, der Planet, der jene verborgene magische Kraft im Menschen verkörpert, die (nach alter indischer Überlieferung) am tiefsten Punkt der Wirbelsäule sitzt, zusammengerollt gleich einer Schlange, bereit sich aufzurichten und alles zu erleuchten oder in die Verdammnis hinabzustossen.

Der Mensch, der gewöhnliche Sterbliche, wird stets von panischer Angst ergriffen, wenn der Genius ihn erleuchtet. Er denkt zunächst immer an Wahnsinn, bis der Erfolg den Genius bestätigt; und wie oft ereignet sich nichts dergleichen. Nur wenn der Genius von tausend Tugenden getragen wird, zeigt er sich nicht als Wahnsinn. Wie kann das geschehen? Weil der Genius leicht auf die falsche Bahn gelenkt werden kann; ja, er neigt sogar dazu, sich selbst hinderlich zu sein. Der Genius zeigt sich (dank der Durchsichtigkeit seiner Wahrheit und Logik) als ein absoluter Wert, der in einer relativen Welt, einer Welt der Kompromisse, keinen Platz zu haben scheint. Der Genius kann zerbrechen; er wird sich niemals beugen. Er stürmt voran, trifft sein Ziel mit sicherer Hand, wird von seinem hochgesteckten Ziel abgelenkt und gerät auf fürchterliche Bahnen. Er beschreitet die düsteren Pfade und verlässt sie nicht mehr, bis er sein schreckliches Ziel erreicht hat.

Giles de Rais, de Sade, Borgia, sie alle waren geniale Männer, ebenso wie Michelangelo und Isaac Newton. Jede Genialität strebt nach der Unendlichkeit, doch es gibt nur eine Unendlichkeit und nicht deren viele. Lediglich die Wege, die zu ihr führen, sind verschieden. Darwin empfand die ihm gesetzten Grenzen ebenso schmerzlich wie Alexander; und die Liebe Christi würde die Welt in gleicher Weise zugrunde richten wie die bösartige Hinterlist des Teufels, würden nicht beide an der Unvollkommenheit dieser Welt scheitern.

Die verborgene, aber unbezähmbare Begierde, etwas Greifbares, Praktisches zu schaffen, das ist der Kernpunkt der Genialität. Wenn Neptun den Heiligen oder den Einsiedler hervorbringt, dann Uranus den Magier, den Mann, der nicht nur den Frieden, sondern auch die ganze Macht des Unsichtbaren heraufbeschwört. Was sich der Uranier erträumt, ist die Weltherrschaft durch und für seine Idee. Diese Idee kann völlig von ihm Besitz ergreifen, ihn blind für alles andere machen und durch ihre Engstirnigkeit seinen

Sturz herbeiführen. Nur selten begreift er, dass Da-Sein Gestalt annehmen muss, bevor es wahrgenommen werden kann, und er übersieht die Möglichkeiten, die sich ihm bieten. Er weiss nicht, wieviele Schleier er über den Glanz seines jungfräulichen Wesens legen muss, ehe die Menschen seinen Anblick ertragen können, ohne dem Wahnsinn zu verfallen.

Jede Genialität ist gleichermassen «gut», doch kann sie zähflüssig werden; zu gären beginnen und sich in ein tödliches Gift verwandeln, wenn nicht höchste geistige Gesundheit, geradezu gottähnliche moralische Kraft und vor allen Dingen Humor ihre Begleiter sind.

Der Mensch, anfangs von dem Wunsch getragen, die Menschheit zu retten, wird schliesslich zum stillen Mörder. Er ist vielleicht der Meinung, dass in der Enthaltsamkeit das Heil der Menschheit läge, doch statt seine Ideale vorzuleben, verfällt er dem Wahnsinn und mordet irgendeinen Menschen, dessen Macht ihm nicht behagt. Die Befangenheit in einer bestimmten Vorstellung zeigt sich ganz typisch darin, dass der betreffende Mensch jeden Sinn für Proportionen verliert. So kann es geschehen, dass ein Diplomat sein Land in einen Krieg treibt, der Millionen an Menschenleben und an Geld verschlingt, nur damit er dabei einen unbedeutenden Vorteil herausholen kann; die Bemerkungen Hamlets über den Feldzug des Fortinbras kommen einem hier in den Sinn. Uranus ist somit auch **der** Planet der geheimen Laster, die den ganzen Menschen in ihren Bann zu zwingen vermögen. Von religiösem Fanatismus bis zum Genuss gefährlicher Drogen spannt sich hier der Bogen; eben weil ein Mensch von einer ganz bestimmten Vorstellung besessen ist und den Begleitumständen trotzt oder sie ignoriert, finden wir hier, je nach unserem Standort das, was wir Ruhm oder Schmach und Schande nennen. Weder Gut noch Böse sind absolute Begriffe; dem einen erscheint Cäsar als ein Held, der andere sieht in ihm einen Unhold; die Puritaner zerstörten Kathedralen; andere wieder hassen auch heute noch Bilder und Skulpturen. Ein Kritiker sah Shelley als die Verkörperung des Teufels, dazu bestimmt, die Menschheit heimzusuchen, für einen anderen ist er ein wunderschöner, aber erfolgloser Engel. Wir wollen uns infolgedessen eines klarmachen; wir wollen uns vor Augen halten, dass de Bruilliers ebensogut Madame Curie hätte sein können und Dean Swift John Clealand! Es ist bedauerlich, sich klar machen zu müssen, dass fast immer nur ein finanziell unabhängiger Mensch ein guter Mensch mit einer genialen Begabung ist. Jeder Genius, der, wie Uranus, daran gehindert wird, den wohltätigen Zweck seines Lebens zu verfolgen, ergeht sich entweder in schrecklicher, zügelloser Genussucht oder er tobt seine Rache aus. «Maudite race!» ruft das verhungernde Genie aus, dessen grossmütiges Herz auf dem Altar der Kunst zu verglühen gewillt war, nur um den Menschen Schönheit und Wahrheit von den Göttern zu bringen. «Ich wollte, die Menschheit hätte nur ein Haupt, dass ich es mit einem Streich abschlagen könnte.» Der Anarchist schleudert seine Bombe in philanthropischer Gesinnung. Solange man dies alles nicht voll und ganz begreifen kann, ist der Versuch, die Menschheit einzuschätzen und zu beurteilen, wenig sinnvoll, denn jeder Mensch, sei er nun stark oder schwach, feiner oder gröber angelegt, glücklich oder unglücklich, trägt diesen Uranus in sich, die königliche Schlange Ägyptens, Spenderin von Leben und Tod. Wenn man sie nicht schöpferisch sein lässt, geht sie zugrunde. Und die Schlange jedes Einzelnen strebt nach etwas ganz Bestimmtem; sich damit zu beschäftigen und nicht seine Zeit zu vergeuden, indem man andere kritisiert, das ist die Aufgabe eines jeden von uns.

Den verborgenen Sinn und Zweck seiner Fleischwerdung aufzudecken und kritisch, aber auch mit Hingabe danach zu leben, das ist wohl das Wichtigste im Leben eines jeden Menschen. Es gibt keine wesentlichere Aufgabe der Astrologie als die, das innerste Wesen des Menschen zu erfassen und es ihm zu Bewusstsein zu bringen, auf dass er es nach dem Gesetz des Lichts zu erfüllen vermag.

Uranus in uns ist die heilige Lanze, von der uns die Legende berichtet; von den Händen des heiligen Königs gehalten, liess sie den Gralstempel erstehen; von Klingsors Händen umklammert, schuf sie den Zaubergarten des Bösen. Der Genius kann fruchtbar oder unfruchtbar sein, strahlend oder verzehrend; im einen Fall gehört er in den Bereich der Weissen Magie, im andern in den der Schwarzen Magie. Doch die zentrale Kraft ist dieselbe und eben weil sie beide Möglichkeiten in sich trägt, ist es von grösster Wichtigkeit, dass sie in die richtigen Bahnen gelenkt wird. Die Reinheit eines stark gestellten, edlen Neptun kann diese Kraft am besten beschützen; und das Zeichen des Kreuzes in seiner allerheiligsten, heidnischsten und christlichsten Bedeutung, ist ihr Bürge. Denn sie ist nicht nur Erlöser, sondern muss selbst erlöst werden.

«Nur eine Waffe taugt die Wunde schliesst der Speer nur, der sie schlug ... Höchstes Heiles Wunder! Erlösung dem Erlöser!»

Uranus in den Tierkreiszeichen

Wir haben bereits, als wir den Neptun besprachen, gesagt, dass dieser Planet die Seele verkörpert. Er ist jedoch in seinem Wesen statisch; je nach seiner Stellung im Tierkreis sehen wir ihn in seiner Beziehung zum Zeitgeist; und die Beschaffenheit jeder Seele muss aufgrund seiner mundanen Stellung und mit Hilfe seiner Aspekte bestimmt werden. Doch diese Seele ist empfindsam und passiv; wie schon gesagt – statisch. Wenn wir erkennen wollen, wie sich diese Seele tatsächlich aufbäumen und entflammt als Wille sich zeigen kann, dann müssen wir uns Uranus zuwenden.

Die Lehre besagt, dass die Fleischwerdung einer jeden Menschenseele sinnvoll ist; und dieser Sinn ist stets besonders, einmalig. Vielleicht ist sich nicht einmal ein Mensch unter einer Million Menschen dieses Sinnes und Zweckes bewusst. Wir scheinen grösstenteils eine schwankende, unentschlossene Masse zu sein. Auch die bedeutende Karriere eines einzelnen kann nicht notwendigerweise als Ausdruck eines inneren Willens angesehen werden.

Nun versinnbildlicht Uranus aber diesen Willen; und eben weil er diese wahre innere Absicht verkörpert, die in tieferen Schichten beheimatet ist als die bewusste Zielsetzung des Menschen und häufig im Widerspruch zu ihr steht, empfindet der Mensch diesen Planeten als so explosiv, gewalttätig und verwirrend. Die äussere und die innere Welt stehen miteinander im Widerstreit und wann immer die beiden gegeneinander antreten, geht die innere Welt als Sieger aus dem Kampf hervor. Das muss auf die äussere Welt einen geradezu katastrophalen Eindruck machen; denn sie erkennt die Kraft nicht als einen Teil ihrer selbst, und wenn doch, dann sieht sie diese Kraft als einen Störfaktor an und verabscheut ihre Oberherrschaft.

Uranus ist die königliche Uraeusschlange in der ägyptischen Symbolik, der langsame und doch rasche Herr über Leben und Tod. Er lässt sich nur schwer in Bewegung setzen; doch einmal in Fahrt ist er durch nichts mehr aufzuhalten. Darum empfindet ihn der Durchschnittsmensch als so erschrekkend. In manchen Fällen ist dies aber nicht einfach Einbildung; Uranus verkörpert gewisse Kräfte, an die man am besten nicht einmal denkt. Glücklicherweise ist dies auch nur in seltenen Fällen nötig. Doch ist dieses Thema auf jeden Fall zu heikel, schwierig und gefährlich, als dass sich so ganz allgemein darüber reden liesse; im übrigen dürfte es wohl genügen, den Lernenden auf das hinzuweisen, was wir die «Literatur des Abgrundes» nennen, wobei dieser Ausdruck in dem, den Eingeweihten bekannten, ganz bestimmten fachlichen Sinn gemeint ist.

Aus dem, was wir vorgängig über das Wesen des Uranus gesagt haben, wird deutlich, dass diese Kraft den cherubischen Zeichen Stier, Löwe, Skorpion und Wassermann auf eigenartige Weise sympathetisch ist. Er stellt (um einen lebhaften und erhellenden, ja sogar pedantisch genauen Gedanken sichtbar werden zu lassen) den Geist der Cherubim dar. Im Verlauf dieser Schrift werden wir erkennen, wie sich sein Verhaltensmodus je nach dem Zeichen, in dem er sich befindet, ändert. Im Wassermann treten am deutlichsten die Eigenschaften von Kameradschaft und wissenschaftlichem Interesse zutage, da Wassermann der Engel mit Menschengestalt ist; in Taurus zeigt er sich als die furchterregende Personifikation von Erdbeben und Umwälzungen, da Taurus der Stier ist; der Löwe betont seine revolutionären und kämpferischen Eigenschaften; und schliesslich zeigt ihn der Skorpion als Todesstern oder als die verräterische und heimtückische Kraft des Gifts oder als den Adler, der, obwohl er «Haus des Todes» ruft, den Geist zur Vollendung bringt. Denn der Skorpion, der stets das beste oder das schlimmste unter den Zeichen ist, lässt die Eigenschaften des Uranus noch ausgeprägter zum Ausdruck kommen als es je im Löwen oder Wassermann der Fall sein könnte, wie er ja in gewisser Hinsicht ein Produkt dieser beiden Zeichen ist.

Der innerste Sinn eines jeden Wesens bleibt, wie wir gesehen haben, fast immer verborgen und nicht enträtselbar, doch erhalten wir Zeichen und Andeutungen davon, die meist recht aufschlussreich sind. Man kann es wohl am besten als künstlerischen Ausdruck dieses Sinns umschreiben; und dies scheint eine sehr gute Art der Beschreibung zu sein. Es ist das, was wir mit **Temperament** bezeichnen wollen. Es bestimmt nicht den Willen, aber es steckt die Grenzen für den Raum, innerhalb dessen der Wille wirksam ist.

Bild 9: Die vier «cherubischen» Zeichen Löwe, Stier, Mensch (Wassermann) und Adler (Skorpion) werden in Off. 4,7 erwähnt. Später wurden sie zu Sinnbildern der vier Evangelisten – ein Beispiel für die Assimilation magischer Symbole durch die Kirche. A.C. ordnet diesen Zeichen Uranus zu.

Wir haben das aufsteigende Zeichen bereits als entscheidend für die **Persönlichkeit** des einzelnen bezeichnet; in Ergänzung dazu wollen wir nun das Zeichen betrachten, in dem sich Uranus befindet. Stehen diese beiden Faktoren in einem harmonischen Verhältnis zueinander, so zeigt sich uns ein integrer, ethisch hochstehender Mensch, während wir es im andern Fall mit einem selbstquälerischen, unentschlossenen Menschen zu tun haben. Dagegen liesse sich einwenden, dass Menschen mit Uranus am Aszendenten meist sehr exzentrisch sind; doch ist ein Einwand dieser Art unzutreffend. Eine derartige Exzentrizität ist Temperament in höchster Potenz; sie zeigt, dass der tiefwurzelnde, stürmische magische Wille sich über alle an der Oberfläche befindlichen Eigenschaften gänzlich hinwegsetzt. Ein Mensch mit Uranus am Aszendenten erscheint lediglich den andern so exzentrisch; er selbst empfindet sich als äusserst vernünftig, und wenn man ihn richtig versteht, dann ist er es auch.[2] Uranus steht mit dem höheren Gesetz vollendet im Einklang. Er ist lediglich in ähnlichem Sinne ein Gesetzesbrecher wie der Offizier, der in Krisenzeiten, da nicht mehr das Zivilrecht, sondern das Kriegsrecht gilt, den Befehl zur tödlichen Salve gibt, während er ansonsten nicht einmal vom Knüppel Gebrauch zu machen wagt.

Wir sind nun in der Lage, den Wahrheitsgehalt dieser **a priori** gemachten Aussagen anhand der Horoskope berühmter Menschen nachzuprüfen.

Wir werden diese Einteilung aufgrund der Zeichen, in denen Uranus steht, vornehmen, da es die Absicht dieser Schrift ist, den Einfluss des Uranus im Tierkreis losgelöst von andern Betrachtungsweisen zu untersuchen; hierzu müssen wir stets das aufgehende Zeichen im Auge behalten, um feststellen zu können, ob und in welcher Hinsicht dieses Zeichen Uranus beeinflusst.

Uranus im Widder

Ein furchtloses, unerschrockenes, feuriges, standhaftes Wesen kennzeichnet den Menschen mit Uranus im Widder, sei dies nun im guten oder im schlechten Sinne.

Dieser Mensch ist leidenschaftlich, eigensinnig, jähzornig, hitzig, eigenwillig und starrköpfig; gelegentlich aber vollzieht der Geborene eine unerwartete hundertprozentige Kehrtwendung und verfolgt nun den neuen völlig entgegengesetzten Kurs mit derselben Energie wie vorher. Darüberhinaus ist er meist nicht imstande einzusehen, dass er sich in irgendeiner Weise verändert hat. Diese Art des Einsatzes ist nicht sonderlich konstruktiv. Ein typisches Beispiel für diese Art des Temperamentes ist Mrs. Annie Besant, die den Aszendenten im Widder hat. Papst Alexander VI. trägt die gleichen Eigenschaften in sich; doch ist bei ihm der Steinbock das aufsteigende Zeichen, und obwohl Mars im Steinbock erhöht und daher dem Widdertemperament nicht allzu sehr entgegengesetzt ist, wird es doch von einem saturnischen Element überlagert, das die unglücklichsten Folgen zeitigt.

Menschen mit Uranus im Widder sind stets so felsenfest davon überzeugt, recht zu haben, dass sie alles, was sich ihren Wünschen entgegenstellt, als schlichtweg teuflisch empfinden und daher ohne die geringsten Skrupel jeden Widerstand zerschlagen. Vielfach bleibt diese despotische Ader im Rahmen des Legitimierten; ein Beispiel dafür ist Thomas Edison. Sein Aszendent ist Skorpion, dessen Herrscher Mars durch eine Konjunktion mit dem Mond im 3. Feld gemässigt wird; folglich wandte sich der mächtige Wille in erster Linie geistigen Arbeiten zu, bei denen der Gegenspieler lediglich die widerspenstige Natur war. Und indem er sie kraft seines Genies seinem Willen unterwarf, hat er sich den Dank der ganzen Menschheit verdient.

Ganz anders liegt der Fall «Bloody Balfour», dessen Name zusammen mit dem von Cromwell als Unterdrücker des irischen Volkes auf die Nachwelt kommen wird. Er hat die Jungfrau am Aszendenten, und ihr Herrscher Merkur steht im Quadrat zu Uranus. Dementsprechend zeigt sich uns Balfour nicht als starker, sondern nur als gewalttätiger Mensch, bei dem Feigheit und Grausamkeit einander ablösen; das hervorstechendste Merkmal dieser Konstellation ist die Herzlosigkeit und eine Sexualität, wie sie beim merkurischen Typ so häufig anzutreffen ist.

Bei Lord Roseberry hinwiederum finden wir am Aszendenten den Widder, oder, um genau zu sein 28° Fische. Uranus jedenfalls steht am Aszendenten, was auf eine recht einheitliche Charakteranlage schliessen lässt. Seine Karriere erfuhr jedoch dadurch Unterbrechungen, dass er plötzlich alle Angelegenheiten ruhen liess und sie später ebenso plötzlich wieder aufnahm.

Bei Anna Kingsford finden wir Uranus im Widder im 8. Feld. Auch sie hat, wie Balfour, die Jungfrau am Aszendenten, doch der Herrscher dieses

Zeichens, Merkur, steht erhöht im eigenen Haus in Konjunktion mit der Venus; überdies wird das aufsteigende Zeichen durch die Anwesenheit von Sonne und Mars, die in Konjunktion stehen, noch bedeutsamer. Hier haben wir ein grossartiges Beispiel für die treibende Kraft dieser Planetenstellungen, denn Anna Kingsford besass, trotz aller geistigen und moralischen Unzulänglichkeiten, eine zündende Kraft, die ausreichte, das Denken der halben Welt umzuformen. Ihr ist es zu verdanken, dass die Theosophie und ihre artverwandten Kulte überhaupt möglich wurden. Sie bildete die Spitze jenes Rammbocks, der die Mauern des viktorianischen Zeitalters durchbrach und der materialistischen Weltanschauung jener Epoche ein Ende setzte.

Graf Stafford und Oliver Cromwell haben beide den Uranus im Widder, und ein Vergleich ihrer Horoskope ist höchst aufschlussreich. Beide besassen einen eisernen Willen und waren skrupellos entschlossen, ihre Absichten um jeden Preis zu verwirklichen, doch Stafford hatte, wie Balfour, die Jungfrau am Aszendenten. Er arbeitete einen gründlichen Plan für das Vorgehen in Irland aus, der Massaker noch wirksamer zu einem legalen Mittel werden lassen sollte als es der Coercion (Crimes) Act des viktorianischen Staatsmannes war. Doch es fehlte ihm die Kraft zur Durchführung seines Plans, er blieb unentschlossen. Cromwell hingegen, mit Widder am Aszendenten, stürmte durch Irland wie ein neuer Attila. Die Jungfrau ist unfähig, Gleiches zu tun, ihr fehlt es an Leidenschaftlichkeit.

Robert Louis Stevenson hat den Wassermann am Aszendenten, wobei die Fische im 1. Feld eingeschlossen sind und Uranus sich gerade noch innerhalb des 1. Feldes befindet. Zwischen Widder und Wassermann herrscht keine grosse Harmonie, aber ihre gemeinsame Anwesenheit schenkt innere Ausgeglichenheit. In der Tat bringt Stevenson, dem es gesundheitlich wirklich schlecht geht, eine Reihe von Meisterwerken hervor. Literaturkritiker werden die eigenartig sanfte, tiefgründige Psychologie dem Wassermann zuschreiben und die grosse Vorliebe für blutrünstige Geschehnisse, die seine wahre Natur in seinen Werken zeigt, dem Uranus im Widder. Saturn befindet sich ebenfalls im 1. Feld, nahe bei Uranus, und gibt damit seinen Werken jenen Hauch von Melancholie, der so unendlich zu ihrem unvergleichlichen Charme beiträgt.

Ludwig von Bayern ist ein weiteres Beispiel. Er hat den Uranus im 10. Feld, während der Aszendent Krebs ist, also schwach, weiblich und passiv; das verträgt sich schlecht mit der Heftigkeit von Uranus im Widder. Uns bietet sich somit das Bild eines verträumten, sorglosen, den Freuden hingegebenen Menschen, der von Zeit zu Zeit geradezu wahnwitzige Anfälle von Enthusiasmus, Verschwendungssucht und Extravaganz hatte. Die fehlende Harmonie zwischen diesen beiden Konstellationen führt zur entscheidenden Persönlichkeitsspaltung, die sich zuletzt als Wahnsinn manifestiert.

Als letztes Beispiel sei Abbas Effendi angeführt. Wie Stevenson hat auch er den Wassermann am Aszendenten und Uranus gerade noch im 2. Feld. Wir finden bei ihm die gleiche sanfte Tiefgründigkeit wie bei Stevenson. Doch er hat den Neptun am Aszendenten, und statt des ungeheuer starken Willens, der es dem Schriftsteller ermöglichte, sich den grössten Künstlern aller Zeiten zuzugesellen, finden wir nur eine weiche, etwas unbestimmte Persönlichkeit mit einem verinnerlichten Willen, der nicht Gestalt annimmt, weil die Kräfte, die ihn unterdrücken, zu mächtig sind, als dass sie überwunden werden könnten; und weil sich Neptun hemmend auf jede kontinuierliche Tätigkeit auswirkt.

Uranus im Stier

Diese Stellung ist für Uranus ausserordentlich günstig, da hier seine grosse Energie für ehrliche, konstruktive Arbeit verwendet wird. Ohne Mühe finden wir hier hervorragende Erbauer ganzer Weltreiche, z. B. Napoleon, Cecil Rhodes und Wilhelm II.; auf höherer Ebene sind es zwei Menschen, die tatsächlich neue Gottesideen geschaffen haben – nach Ansicht der Philosophie die grösste schöpferische Leistung, deren der menschliche Geist fähig ist. Wir meinen Dante und Swedenborg, deren Auffassungen von der Hölle noch immer das Denken ungezählter Menschen beherrscht. Reiche dieser Art überdauern den Sturz weltlicher Herrschaft um vieles.

Swedenborg hat den Schützen am Aszendenten und seinen Uranus an der Spitze des 4. Feldes. Dante hat die Zwillinge am Aszendenten und Uranus befindet sich über dem Horizont im 12. Feld. Beide Zeichen sind in keiner Weise auf das Materielle gerichtet, Schütze zeigt eher mystische Tendenzen, während die Zwillinge stärker intellektuell orientiert sind. Wir können dementsprechend die Form der Arbeit unterscheiden, deren beide fähig sind.

Bei Wilhelm II. steht der Krebs am Aszendenten, und als Folge davon machen ihm die eigenen Untertanen den Vorwurf, er habe sich starrköpfig an den Frieden geklammert und damit den Ausbruch des Weltkrieges hinausgezögert (wodurch der Krieg letzten Endes noch stärker jeder Kontrolle entglitt).

Rhodes hat den Schützen am Aszendenten und dessen Herrscher, Jupiter, gerade über dem Horizont. Swedenborgs Jupiter bildet ein genaues Trigon zu Uranus, was zu einer Betonung der religiösen Tendenzen führt. Bei Rhodes steht Jupiter im Quadrat zu Neptun, was ihm die religiösen Eigenschaften nimmt und seine Kraft auf weltlicheren Gebieten zum Ausdruck kommen lässt.

Napoleon hat die Waage am Aszendenten und sein Uranus steht im 7. Feld. Aber Waage und Stier sind durch die Herrschaft der Venus über die beiden Zeichen sympathetisch. Überdies bildet die Venus ein Sextil zu Uranus und befindet sich auf dem Kulminationspunkt. Das erklärt seinen aussergewöhnlichen Gerechtigkeitssinn; der Code Napoleon ist neben den Gesetzen des Manu und dem Li Ki eine der hervorragendsten gesetzgeberischen Unternehmungen.

Ein weiteres Beispiel für Uranus im Stier finden wir im Horoskop des kaiserlichen Prinzen; aber aus Gründen, auf die wir an anderer Stelle noch zurückkommen werden, fand sein Leben und damit auch sein Wille ein frühes Ende.

Bei Tom Mann steht dieser Planet im 1. Feld, doch ist Widder das aufsteigende Zeichen. Widder und Stier sind von so gegensätzlichem Wesen, dass es hier an jeder Harmonie fehlt. Die Willenskraft dieses Menschen konzentriert sich auf die primitivste Ausdrucksform des Stieres, auf die Arbeit; das Sextil von Neptun und Uranus verleiht den vorherrschenden Gedanken eine gewisse Exzentrizität und Widder am Aszendenten sorgt für ein gewalttätiges und schroffes Wesen. Damit nimmt Uranus seine explosivste Gestalt an, und ein unwissender, unausgeglichener Agitator ist das Ergebnis.

Oberflächlich betrachtet liegt der Fall bei Karl I. ganz anders. Bei ihm ist der Löwe am Aszendenten und Uranus steht an der Spitze des 10. Feldes, eine für einen Übeltäter stets kritische Stellung. Dem Löwen verdankte der unglückliche Monarch seine Gutherzigkeit, aber Neptun am Aszendenten sorgte für ein unstetes Wesen. Diese Eigenschaften, verbunden mit der

Starrköpfigkeit, wie sie durch Uranus im Stier angezeigt ist, verliehen ihm eine Wesensart, die nur Unheil bringen konnte.

Ein ähnliches Beispiel ist Mr. Asquith, dessen hartnäckige Geduld (und nichts anderes) ihn an der Spitze einer höchst widerspenstigen Mehrheit im Unterhaus hielt. Er hat den Krebs am Aszendenten, was ihn nach aussen hin taktvoll und geschmeidig sein liess. Uranus im Haus der Freundschaften gab ihm die Möglichkeit, hinter dieser offensichtlichen Liebenswürdigkeit eine eiserne Entschlossenheit zu verbergen.

Bei Lilly Langtry finden wir eine ähnliche Durchhaltekraft. Selbstverständlich erwarten wir bei einem weiblichen Horoskop, dass die sexuelle Seite des Stiers voll zur Geltung kommt, besonders da die Waage am Aszendenten steht. Ihrer Karriere ist ein einzigartiger Erfolg beschieden. Ohne allzu grosse Hemmnisse kann sich eine konstruktive Form entwickeln, vor allem auch dadurch, dass die Sonne am Aszendenten steht und ein Trigon zu Jupiter bildet. Ohne Zweifel ist dieser Aspekt bestimmend für das von ihr angestrebte Ziel. Hätten z.B. Saturn und Mond am Aszendenten gestanden, hätte sie sich zu einem «Engel» der Armen entwickelt.

Zum Abschluss haben wir noch eine ganze Reihe von Schriftstellern. Bernhard Shaw und Havelock Ellis scheinen uns ein sehr günstiges Paar zu sein. Dass sich Uranus bei letzterem im 3. Feld befindet, liess ihn sich geistig mit höchst ungewöhnlichen Dingen auseinandersetzen. Wassermann am Aszendenten sorgte für die wissenschaftliche Ader dieser Persönlichkeit – das Ergebnis kennen wir.

Bei Shaw, der die Zwillinge am Aszendenten hat, steht Uranus gerade über dem östlichen Horizont: der ungewöhnliche Charakter dieses Mannes wird dadurch noch betont. Doch der Mond genau an der Spitze des 1. Feldes macht ihn zu einer unsicheren, in sich selbst widersprüchlichen Persönlichkeit. Die Zwillinge am Aszendenten verstärken noch die luftige Leichtigkeit dieses Mannes und verbergen die ungeheure Antriebskraft von Uranus. Denn hinter der Maske geistreicher Witze und Widersprüche verborgen, hat Shaw mehr dazu beigetragen, überkommene Vorstellungen umzustossen als jeder andere Mann in England seit Shelley – mit Ausnahme von Swinburne.

Unter den Romanschriftstellern finden wir Guy de Maupassant und Mabel Collins. Es ist wohl nicht zuviel gesagt, wenn wir den ersteren als Schöpfer der «Novelle» in Frankreich bezeichnen. Er hat die Jungfrau am Aszendenten, mit Venus am Horizont in Konjunktion mit Mars. Diese heftige Leidenschaftlichkeit zusammen mit Uranus im 8. Feld kündete von seinem traurigen und schrecklichen Ende. Doch bevor diese Konstellation auf der körperlichen Ebene wirksam werden konnte, musste sie zuerst jene wundersame Arbeit hervorbringen, deren Früchte uns immer noch so köstlich munden.

Als Vergleich möge das Horoskop von Oscar Wilde dienen. Auch hier befindet sich Uranus zu sehr in der Nähe des 10. Feldes, als dass er Beständigkeit verheissen könnte. Die Jungfrau steht am Aszendenten und ihr Herrscher Merkur beinahe in Opposition zu Uranus. Wenn wir die unterschiedliche Lage dieser beiden Horoskope eingehend betrachten, werden wir deutlich erkennen, warum Wildes Laufbahn von der des grossen französischen Dichters abweicht. Doch müssen wir erneut darauf hinweisen, dass Uranus im Stier kein Fehlgehen zulässt. Wildes Werk, obwohl oberflächlich, unehrlich und von anderen gestohlen, übte eine ungeheure, und wie wir zugeben müssen, durchaus nicht immer wünschenswerte Wirkung auf die jüngere Generation und hier vor allem auf die Halbgebildeten aus.

Bei Mabel Collins, die mit einigen interessanten Schriften viel zum Erfolg der theosophischen Bewegung beitrug, steht, wie bei Lilly Langtry, die Waage am Aszendenten; doch da Saturn in genauer Konjunktion mit Uranus steht, Venus sich im Trigon zu beiden befindet, und Neptun ein Sextil zu Jupiter am Aszendenten bildet, ist ihre Laufbahn weniger auf materielle Dinge ausgerichtet; ihr Streben gilt einer subtileren und dauerhafteren Macht.

Zum Abschluss wenden wir uns noch zwei einzigartigen Dichtern zu, Coleridge und Phillip Bourke Martson. Coleridge hat den Schützen am Aszendenten, was ihn zurückhaltend und doch impulsiv sein lässt und ihm eine Persönlichkeit schenkt, die kultiviert und edel wie ein Reh ist. Uranus im 5. Feld sorgt für die mystische Färbung, die das Wesentliche an der Schönheit seiner Dichtung ist, doch auf der materiellen Ebene trägt dieser Planet die Schuld, dass Coleridge zum Sklaven seiner Gelüste und Begierden wurde. Der prä-raphaelitische Dichter hingegen hat den Löwen am Aszendenten und war grosszügig, offen und ungehemmt. Uranus im 9. Feld gab seiner Mystik eine ganz andere Färbung. Doch bei beiden Männern übte Uranus im Stier einen entscheidenden Einfluss aus. Beider Arbeit ist gekennzeichnet durch Geduld, Gleichmass und Konstruktivität. Ein genaues Quadrat von Jupiter wirkte sich bei Coleridge hemmend aus, und ohne Zweifel konnte sich

Martsons Wollen aufgrund seiner Erblindung nicht zur vollen Blüte entfalten, doch beiden ist ganz eindeutig eine energische Entschlossenheit gemein.

Uranus in den Zwillingen

Das Zeichen Zwillinge verträgt sich seinem ganzen Wesen nach schlecht mit Uranus; denn dieses Wesen wirkt zerstreuend und freundlich, ist schnell bewegt, doch ohne Ausdauer in der Bewegung und der Einfluss von Uranus ist dementsprechend gering. Es gibt Menschen mit dieser Konstellation, die sich durch eine ungewöhnlich starke Willenskraft auszeichnen. Ihre Stärke liegt vor allem im Bereich der Ideen und Vorstellungen. Doch wenn das aufsteigende Zeichen keine sehr harmonische Ergänzung dazu ist und sowohl sein Herrscher als auch Uranus nicht besonders bedeutsam sind, dann ist ein Versagen wahrscheinlicher als der Erfolg.

Es gibt jedoch drei grosse Religionsstifter, deren Lehren und Methoden sich durch Sanftmut und Milde auszeichnen. Es sind dies Swami Vivekananda, Dr. Rudolf Steiner und der Gründer der christlichen Religion.

Christus hat die Waage am Aszendenten, ein Zeichen, das auf ganz eigentümliche Art und Weise mit den Zwillingen harmoniert – wobei Jupiter am Aszendenten steht, im Quadrat zur Sonne, die sich in genauer Konjunktion mit Merkur befindet und in direkter Opposition zu Mars und Neptun steht. Uranus selbst ist an der Spitze des 10. Feldes, womit er zum einflussreichsten Planeten im ganzen Horoskop wird. Unseres Erachtens ist dieser Einfluss so stark, dass er permanent und unkontrolliert wird. Die Laufbahn Christi lässt sich damit praktisch in dem einen Wort Emanzipation zusammenfassen, da sein ganzes Wollen nur darauf ausgerichtet ist.

Beim Hinduadepten ist das aufsteigende Zeichen Steinbock, wobei Sonne und Venus am Aszendenten stehen, im Quadrat zu Mars. Uranus steht im elften Feld,[3] was die Lehren des Hindu für viele leicht zugänglich machte. Zwischen Zwillingen und Steinbock herrscht jedoch keine grosse Harmonie, so dass die Wirkung der ganzen Persönlichkeit wesentlich geringer ist als im obengenannten Fall.

Der deutsche Mystiker hat den Skorpion am Aszendenten, was die uranische Komponente noch um grosse wissenschaftliche Erkenntnisse bereichert. Überdies befindet sich sein Herrscher Mars in einem genauen Halbsextil zu Uranus. Allerdings wird Uranus von der Sonne ungünstig bestrahlt – sie bildet ein genaues Quadrat zu ihm – und ausserdem steht er im 7. Feld, in diesem Fall keine sehr starke Stellung, so dass die Wirkung dieses Planeten schwer beeinträchtigt ist.

Wir kommen nun zu einer Gruppe von Persönlichkeiten, die allgemein als schwach bekannt sind. Georg V., der Herzog von Clarence und Avondale, Alfred Dreyfus, Don Carlos von Portugal, Florence Maybrick, Marie Baschkirzeff und Vaillant. Alle genannten Persönlichkeiten können als Versager in ihrem Fach bezeichnet werden, und man muss ihre Horoskope gar nicht eingehender betrachten, um den Grund dafür zu erkennen.

Erfolgreicher ist Maurice Maeterlinck, doch er hat den Skorpion am Aszendenten, und Mars, der Herrscher dieses Zeichens, steht im Sextil zu Uranus. Somit macht die Stärke des einen die Schwäche des anderen wieder wett.

Noch besser sehen wir dies am Beispiel von Lord Brougham, der die Waage am Aszendenten hat. Die Venus steht in ihrem eigenen Zeichen knapp über dem Horizont. Immer noch wird der Einfluss auf geistiger Ebene wirksam, die Zwillinge können einfach nicht unmittelbar auf der materiellen Ebene wirksam werden. Doch Uranus steht im 8. Feld, und so wurde Brougham zu dem berühmten Anwalt, der er war, indem er sich beim Studium der Präzedenzfälle mit den Gedankengängen der Verstorbenen auseinandersetzte. Die Waage wiederum hat in den materiellen Angelegenheiten einen Bezug zu den rechtlichen Fähigkeiten, und Merkur, der geistige Herrscher, befindet sich knapp unterhalb der Venus.

Ein noch tatkräftigerer Politiker war John Burns. Auch bei ihm steht der kraftvolle Skorpion am Aszendenten, was auf eiserne Entschlossenheit hindeutet. Mit Uranus in den Zwillingen sind ihm seine Grenzen gesetzt, aber auch seine Möglichkeiten gegeben. Er kann sich auf seine Redegewandtheit verlassen, und da Uranus im Trigon zu Mars steht, wird er ein grossartiger kämpferischer Redner. Er und Brougham sind beide von dem gleichen ausdauernden Willen beherrscht, doch zeigt sich der Unterschied zwischen Waage und Skorpion ganz deutlich: der eine ist geschickt, wendig und wägt jedes Wort ab, während der andere sich kraftvoll durchsezt, ohne ein Blatt vor den Mund zu nehmen.

Eine recht ausgewogene Mischung zwischen diesen beiden ist Ex-Präsident Roosevelt. Er hat den Schützen am Aszendenten und Uranus im 5. Feld. Etwas wie lausbubenhafte Freude prägt seinen Willen, und seine Beredsamkeit ist von einer Spontaneität, die das herzensgute Gemüt der Kinder der Republik ungeheuer ansprach. Der frische Wind, der Geist der ungeheuren Weiten, die sie den Bisons und Indianern abgerungen, lag in seinen Worten. Dass Jupiter durch die Opposition von Venus verletzt ist, lässt ihn in seinem Verhalten etwas vorschnell und taktlos sein; und wenn die Leute nicht von seinem ersten Redeschwall mitgerissen sind, fehlt ihm die Munition, um ihre weiteren Überlegungen zu beeinflussen. Die simple Konstellation der drei Planeten sagt uns alles über das Geheimnis seines Erfolges und Misserfolges.

Billy Sunday, der Prediger, gehört dieser Kategorie ebenfalls noch an. Auch er hat den Skorpion am Aszendenten und Mars und Jupiter stehen in enger Konjunktion gerade über der Spitze des 1. Feldes, und wieder zeigt sich uns die brutale Wucht der Persönlichkeit, die laut und lärmend ist und alle Hindernisse niederwalzt, die sich ihr auf dem Weg zum Ziel entgegenstellen. Auch er ist bestrebt, auf das Denken der anderen einzuwirken, doch geht er nicht mit sanfter Überzeugungskraft vor, sondern setzt den anderen sozusagen die Pistole auf die Brust. Er zwingt die Menschen zum Glauben oder zu dem, was zu dem Zeitpunkt als Glaube gilt.

Mrs. Pankhurst ist eine weitere kraftvolle Persönlichkeit. Sie hat den Wassermann am Aszendenten, aber sein Herrscher Saturn befindet sich in einer schwierigen Position an der Spitze des 7. Feldes im Löwen in seinem eigenen Dekanat, das für Hader und Streit steht. Die Harmonie zwischen Wassermann und Zwillingen ist jedoch recht gross, und wir können feststellen, dass ihr Wille innerhalb der ihm gesetzten engen Grenzen – Merkur wird durch die Konjunktion mit Saturn im 6. Feld verletzt (ein höchst unglückliches Feld für den geistigen Herrscher) – Bemerkenswertes hervorgebracht hat.

Wenden wir uns nun der Musik und den schönen Künsten zu. Richard Strauss hat den Krebs am Aszendenten und Uranus befindet sich knapp über dem Horizont. Der Mond, der Herrscher des Krebses, steht im 3. Feld in der Jungfrau; Denken und Fühlen stehen miteinander im Einklang. Beim Krebs handelt es sich um ein feinfühliges, gefälliges Zeichen, das für harmonische Impulse von aussen sehr empfänglich ist. Auch die Sonne, Herrscherin in der Musik, befindet sich bei Uranus und Venus, und der Morgenstern steht über ihnen. Wie schön ist damit das Wesen des Schöpfers von Elektra und Salome gekennzeichnet.

Ein weiteres ausgezeichnetes Beispiel ist J. M. W. Turner. Man mag sich fragen, worin die eigentümliche Kraft der Zwillinge begründet liegt, doch eine eingehende Untersuchung des Horoskops wird die Weisheit ihrer Kinder ans Licht bringen. Turner hat den Steinbock am Aszendenten und Saturn bildet ein ziemlich genaues Trigon zu Uranus. Eine harmonische Persönlichkeit ist die Folge, wobei Uranus überdies durch die Konjunktur mit Venus, dem Planeten der anmutigen Formen und leuchtenden Farben, gemässigt wird. Ein gewisses Mass an Rauheit und Kraft ist durch das Quadrat von Mars auf diese beiden Himmelskörper gegeben.

Wesentlich weniger liebenswürdigere Wesenszüge finden sich in der Nativität von Thomas Moore. Er hat den Skorpion am Aszendenten, das erklärt ohne Zweifel den Erfolg dieses Mannes, vor allem da Mars in seinem eigenen Haus steht, gerade über dem östlichen Horizont. Doch wird er durch die Konjunktion von Mond und Saturn empfindlich geschwächt. Überdies steht Uranus im Quadrat zu Jupiter. Darum sind seiner Kunst extrem enge Grenzen gesetzt, und Monotonie beherrscht seine Dichtung. Ausserdem steht Uranus auch noch im 7. Feld, und es ist nie gut, wenn Wille und Persönlichkeit miteinander im Widerstreit liegen. Moore war daher auch nur ein recht mittelmässiger Dichter; sein Ehrgeiz überstieg bei weitem sein Können. Und sein bekanntes Werk ist nicht so bedeutend und wesentlich wie es unter einem glücklicheren Stern hätte sein können. Er ist, weit mehr noch als William Morris, der unbedeutendste, glanzloseste in der aussergewöhnlich glanzvollen Schar genialer Männer, die vor einem Jahrhundert die Augen der Menschheit blendeten.

Einer der berühmtesten Chemiker aller Zeiten war Sir Humphry Davy. Auch er hat den Skorpion am Aszendenten, doch Mars, sein Herrscher, befindet sich in der Waage in einem genauen Trigon zu Uranus; daher seine grosse Verehrung für die Gerechtigkeit in der Natur, die ihn zu einem so vollendeten Beobachter werden liess. Sein Wesen war von idealer Ausgeglichenheit, so dass sein Wille ungehemmt auf sein gigantisches, höchst achtbares Ziel hinarbeiten konnte. Es liesse sich einwenden, dass Mars in seiner Vernichtung steht, aber das Trigon zu Uranus kompensiert diesen schwachen Punkt völlig. Der forschende Geist ist durch den Skorpion gegeben, und die

Stellung des Uranus im Tierkreis liess mit dieser Unterstützung nichts anderes zu als seine volle Entfaltung. Mit Neptun und Jupiter in genauer Konjunktion im Feld des Ruhms, konnte der Wille nicht nur des Erfolges, sondern auch der Anerkennung sicher sein.

Uranus im Krebs

Vom Krebs, der so passiv, gelassen, empfänglich, so unbeständig und konservativ ist, kann man nicht erwarten, dass er im Einklang mit den aktiven, heftigen, schöpferischen, entschlossenen und revolutionären Strahlungen des Uranus steht. Der Krebs wird versuchen, die Heftigkeit des Uranus zu mildern, in der Art, wie Wasser sich mit Schwefelsäure mischt: es kann für kurze Zeit zu grosser Hitzeentwicklung kommen, dann aber bleibt eine Lösung übrig, bei der die Eigenschaften der beiden Substanzen im guten oder schlechten Sinne gedämpft und verdünnt sind. Dennoch kann sich die Kraft unter günstigen Bedingungen modifizieren und verbreiten, gleich einem besonders kräftigen Parfum, das erst in verdünntem Zustand für den Geruchsnerv erträglich und erfreulich wird. Es ist daher mit Fug und Recht zu erwarten, dass der Krebs die Kraft des Uranus neutralisiert; ob dabei ein kraftvoller und doch angenehmer Rückstand erhalten bleibt, wird mehr als bei allen andern Zeichen vom Aszendenten abhängen, von den Würden und Aspekten seines Herrschers wie auch von denen des Uranus selbst.

Wir werden in diesem Zeichen wohl nur wenige Menschen finden, die ihr Zeitalter umwälzend beeinflusst oder ihre Zeitgenossen auf radikale Art beherrscht haben. Wir werden auch kaum wahre Willensstärke und meisterliche Beherrschung des Temperaments finden.

Die Wirklichkeit bestätigt diese Ansicht. Wir wollen unser stärkstes Beispiel gleich zu Anfang bringen: es handelt sich um Savonarola, doch sein Uranus steht auf 29° Krebs und beeinflusst damit die Spitze des Löwen. Überdies hat er den Widder am Aszendenten, und Mars ist im Steinbock erhöht. Uranus steht im Trigon zu Jupiter. Mars wird durch die Konjunktion mit dem Mond geschwächt, doch ein Saturnquadrat fördert die Entschlossenheit, es gibt der Konstellation allerdings auch einen bitteren Beigeschmack, während Mars im 10. Feld das ganze Horoskop dominiert. Wir haben also eine sehr kraftvolle Persönlichkeit vor uns, deren Interesse der Religion gilt. Im übrigen hält sich dieses Interesse innerhalb jener Grenzen, die ihm durch das bereits erwähnte Trigon des Jupiter, der in seinem eigenen Haus, in den Fischen, knapp oberhalb des Horizonts steht, gesteckt sind.

Lord Byron hat den Uranus auf 28° und auch hier hat der Löwe wahrscheinlich einiges mitzureden. Doch ist der Krebs am Aszendenten, und sein Herrscher Mond steht in enger Konjunktion mit Uranus. Byron verfügt also über innere Harmonie, ist aber leichtlebig, künstlerisch empfindsam, exzentrisch und wankelmütig. Die charakterliche Stärke kommt wohl eher von Mars, der an der Spitze des 1. Feldes in seinem Fall steht. Diese Konstellation zeichnet ein wunderbares Bild der guten und schlechten Eigenschaften des Dichters. Er war willensstark und eigenwillig, aber unfähig, seinen Willen auch durchzusetzen; er war schwach und heftig, stark und mürrisch, alles miteinander; er starb verbittert und enttäuscht, trotz aller Vorteile und Begabungen, die er hatte, trotz seiner gesellschaftlichen Stellung und seines Rufs. Vergebens hatte er nach jenem Sieg getrachtet, der allein aus der Tugend erwächst.

Ein hitzköpfiges Geschöpf war auch Königin Elisabeth I., deren Uranus zusammen mit Saturn, dem Herrscher des aufsteigenden Zeichens Steinbock, im Haus der Ehe und der öffentlichen Feinde steht. Hier befinden sich Persönlichkeit und Temperament in schicksalsschwerem Gegensatz zueinander. Das ganze Wesen ihres Willens war mit dem 7. Feld verknüpft, und mit ihrer arroganten und herrischen Persönlichkeit gelang es ihr nie, die Erbfolge zu sichern. Das wirklich Entscheidende und Tragische in ihrem Leben war, trotz aller Ruhmestaten während ihrer Herrschaft, ihr Versagen, ihr Haus zu retten; tragisch war dies auch für England, denn damit nahmen Abstieg und Niedergang ihren Anfang. Der Zerfall, der sich im Wechsel vom Hause Tudor zum Hause Stuart, von den Stuarts zu den Welfen, von den Welfen zum Hause Coburg wiederspiegelt, zieht sich über einen längeren Zeitraum hin, doch er ist genauso unabwendbar wie der Abstieg des römischen Reiches von Augustus über Tiberius zu Caligula und Nero.

Zwei weitere wichtige Persönlichkeiten jener Zeit haben den Uranus ebenfalls an dieser Stelle; Alfred Harmsworth und Rudyard Kipling, die beide journalistisch tätig waren, der eine im Gross- und der andere im Kleinhandel. Kipling hat den Uranus genau am Aszendenten und ohne Frage gab es nie eine aufrechtere Persönlichkeit als ihn. Er schlug einen äusserst entschiedenen Ton an und stieg manchmal zu aussergewöhnlichen Höhen auf. Er ist der einzige Autor, dem es wirklich gelang, die herrschende Klasse Englands zu verstehen und zu schildern. Die Konjunktion von Sonne und Jupiter, ebenso wie die von Merkur, Mars und Venus spielt dabei eine nicht unwesentliche Rolle. Doch wir kommen vom Thema ab – worauf wir hier besonders hinweisen wollen, ist der einzigartige persönliche Ton, den Uranus am Aszendenten zum Klingen bringt, und der sich dank dem Krebs am Aszendenten in eine künstlerische Form auflöst.

Bei Harmsworth liegen die Dinge anders. Er hat den Jupiter im Schützen am Aszendenten, und der Uranus im Krebs sinkt dadurch zu zweitrangiger Bedeutung herab. Er bestimmt lediglich die Art und Weise des Vorgehens, nämlich, dass Harmsworth mittels seiner journalistischen Tätigkeit die Leute beeinflusst. Dass seine Projekte unerwartet und plötzlich vorgelegt werden und recht radikal sind, das ist dem Aszendenten zuzuschreiben.

Sir David Wilkie bietet ein gutes Beispiel für diese Stellung. Er hat die Zwillinge am Aszendenten; ihr Herrscher Merkur ist durch die Opposition von Mars geschwächt, so dass der Einfluss von Uranus im Krebs stark zur Geltung kommt. Uranus bildet ein Trigon zur Sonne, was die künstlerischen Fähigkeiten des Krebses noch verstärkt. Er war dementsprechend ein einfühlsamer, erfolgreicher Maler, der einen gutentwickelten Sinn für das Schöne besass, doch dass er das Pulver erfunden hätte, davon kann keine Rede sein. Ähnliches gilt für Sir Henry Wood, einen guten, fähigen, in der Tradition verhafteten Dirigenten, der ebenso zuverlässig gewesen wäre, hätte ihn das Schicksal auf einen Strassenbahnwagen gestellt und nicht ans Dirigentenpult. Er hat die Zwillinge am Aszendenten. Uranus befindet sich an der Spitze des 3. Feldes, und Merkur steht im Quadrat zu Jupiter. Beiden ist eine schwache Persönlichkeit zu eigen, die sich dahingehend auswirkt, dass die Mentalität des Krebses ungestört zur Entfaltung kommt. Vier Planeten in den Fischen verstärken die Neigung, sich künstlerisch auszudrücken.

Ein weiteres Beispiel für einen Menschen ohne Mumm und Schlagkraft ist Zar Nikolaus II. Die Jungfrau am Aszendenten ist so passiv und stumm wie der Krebs, und Merkur steht fast genau in Opposition zu Saturn. Venus und Uranus befinden sich in enger Konjunktion im 10. Feld. Was kann man von einer solchen Konstellation schon erwarten? Rein zufällig wurde der Horoskopeigner zum Herrscher über alle russischen Lande geboren. Er war schlechtweg unfähig – nicht einmal einen Erdnüsschenstand hätte er mit Energie und Geschick betreiben können. Weder von der Persönlichkeit noch vom Temperament her besitzt er auch nur die allergeringste Kraft und Stärke – oh unglückliche Nation, die mit einem so schwachen Monarchen gestraft ist zu einer Zeit, da es auch einem Cäsar oder Alexander kaum gelungen wäre, die drohende Katastrophe abzuwenden.[4]

Zum Abschluss wollen wir Madame Steinheil anführen. Der Wassermann steht in diesem Horoskop am Aszendenten, doch befinden sich nicht weniger als fünf Planeten im Zeichen Widder, alle gerade noch im 1. Feld. Der Herrscher des Wassermann, Saturn, befindet sich im 10. Feld im Trigon zu allen fünf Planeten, besonders aber zu Neptun. Darin liegt der unersättliche, grenzenlose und unzähmbare Ehrgeiz begründet, Uranus im 5. Feld aber schenkte ihr ein fröhliches, sinnliches Wesen und bestimmte die Art und Weise, in der sie ihre aufgeblähte Persönlichkeit zu verherrlichen suchte. Doch Saturn im 10. Feld legte die Axt an die Wurzeln ihres Baumes, als er noch in vollster Blüte stand.

Uranus im Löwen

Zwischen dem Planeten Uranus und dem Zeichen Löwe herrscht besondere Harmonie, nicht nur wegen der cherubischen Eigenschaften dieses Zeichens, sondern weil es ein Sonnenzeichen ist, und Uranus die verborgene zeugende Kraft ist, dank derer die Sonne Vater genannt wird. Auch das Zeichen Löwe ist, nach der Zuordnung des Sefer Jezirah[5] der Kabbalisten, sowohl eine Schlange als auch ein Löwe, und das erste Dekanat wird in seiner magischen Darstellung als gekrönter Löwe mit dem Körper einer Schlange gezeigt. Die Kraft dieser beiden Tiere ist auch in Uranus vereint. Sein Verhalten wird abwechselnd von Heftigkeit und Gewandtheit geprägt; er ist langsam zu Beginn und kann doch von einer gefährlichen Plötzlichkeit sein; er ist die Quelle des Lebens, der Herr des Todes. Tatsächlich erkennen wir auf dem Wege über Uranus, wie sehr Löwe und Skorpion einander ähneln. Der eine ist der Löwe, der andere der Adler der alchemistischen Philosophie; beiden ist das geheime Wesen der Schlange eingeboren, und in ihrer bösen, ungünstigen

Bedeutung ist der eine Zerberus und der andere der Schwarze Drache der Fäulnis. Jene, die in der Alchemie bewandert sind, werden voll Staunen und Bewunderung für die Schönheit und Aussagekraft dieser Symbole sein.

Diese Stellung von Uranus hat jedoch einen grossen Nachteil, denn gerade diese Harmonie mit dem verborgenen Teil der solaren Kraft ist gefahrvoll. Apollo wird der «Schöpfer und Zerstörer» genannt; die Griechen nannten das Lingam das «alles Befruchtende, alles Verschlingende», und diese Kraft finden wir nun in Uranus konzentriert. Wenn nun die Sonne in einem männlichen Horoskop relativ günstig gestellt ist, besteht keine Gefahr für das Leben des Geborenen. Die Gegenwart des Uranus im Haus der Sonne ist jedoch an sich schon eine Verletzung der Sonne auf der materiellen Ebene, und darum muss die Sonne besonders günstig stehen, da es sonst geschehen kann, dass der Geborene stirbt, bevor sich die verborgene Kraft des Planeten entfalten kann.

Dementsprechend gibt es nur wenige Beispiele für die von uns aufgestellte These, wie diese Stellung ihrer Natur nach wirkt, wenn sie isoliert steht; denn es liegt in der Natur der Dinge, dass eine solche Isolierung selten ist. Shelley ist unser einziges wirklich gutes Beispiel; glücklicherweise ist sein Fall nachgerade ausgezeichnet. Wir sehen den revolutionären Einfluss in «Greatheart»; der Rebell, der gegen die Fesseln kämpft, die die Menschheit binden, steht in hellen Flammen, überströmend von der Kraft und Liebe der Sonne, und bringt die kalten Leidenschaften von Alter und Erfahrung mit dem flammenden Strahlen seines Feuerhauchs aus weissglühendem Gold zum Schmelzen. Werke wie «Der entfesselte Prometheus» und «The World's Tragedy» sind ganz typisch für Uranus im Löwen. Durch die Konjunktion von Sonne und Venus, nur sechs Grad von Uranus entfernt, wurde Shelley vor einem frühen Tod durch Krankheit bewahrt; Aszendent ist Schütze, und sein Herrscher Jupiter steht mit Mars und Neptun in Konjunktion. Leider war mit Uranus im 8. Feld ein gewaltsamer Tod angezeigt. Doch er hatte sein Werk vollbracht; er hatte auf dem Acker der Menschheit einen neuen Samen gesät, der zu einem der fruchtbarsten werden sollte, die je in eine Furche gelegt worden waren.

König Edward der VI. ist ein weiteres Beispiel für eine vielversprechende Begabung, die allzufrüh ihr Ende fand. Er war anerkanntermassen einer der grössten Gelehrten seiner Zeit; in einem Alter, da sich die meisten Jungen mit den Anfängen des Lateins herumschlagen, sprach er nicht nur diese relativ leichte Sprache fliessend, sondern auch Griechisch und Hebräisch. Doch die Sonne ist nur sieben Grad von dem Quadrat zu Uranus entfernt, und steht, bis auf einen Grad genau, im Quadrat zum Mond. Der Herrscher des aufsteigenden Zeichens Jungfrau, Merkur, bildet ebenfalls ein bis auf einen Grad genaues Quadrat mit Mars, so dass mit diesen Aspekten das, was die Jugend versprach, im Alter unmöglich seine Erfüllung finden konnte.

Welch verführerische, faszinierende Eigenart Uranus im Löwen verleiht, dafür ist Maria Stuart, die schottische Königin, ein weiteres Beispiel. Dass sie alle anderen Königinnen an Schönheit und Tragik übertraf, lag nicht daran, dass ihre Schönheit und Tragik so viel grösser waren als die der anderen, sondern daran, dass ihr Wesen derart war, dass es entweder eine ausserordentliche Anziehungskraft ausübte oder heftigste Abneigung heraufbeschwor. Menschen dieser Art lassen bei andern niemals halbherzige Gefühle aufkommen. Shelley war für die halbe Welt der fleischgewordene Apoll; der Rest dachte und schrieb sogar, dass er in Tat und Wahrheit kein Mensch sei, sondern ein Teufel, von der Hölle gesandt, um die Menschheit heimzusuchen. Das gleiche gilt für Maria Stuart. Sie hat den Stier am Aszendenten, und ein Halbsextil von der Venus zum Mond; die Sonne bildet ein Trigon zu Uranus, doch da sie im 8. Feld steht war voraussehbar, dass sie eines gewaltsamen Todes sterben würde, sobald dies aufgrund der Direktionen[6] möglich war. Und also geschah es.

Ganz ähnlich liegt der Fall von Cléo de Mérode, die wohl eine ähnliche Faszination ausgeübt haben mag wie die unglückliche Königin der Schotten, eine Faszination gleich der einer Schlange. Die Fische sind am Aszendenten, und ihr Herrscher Jupiter kulminiert. Durch das Trigon von Mars und Mond ist das Leben gesichert, und es gibt keinerlei Widersprüche, die die Geborene verletzten könnten.

Ein weiteres Beispiel für die Faszination, die von diesen Menschen ausgeht, ist Winston Churchill, die einzige wirklich interessante Persönlichkeit in der englischen Politik. In einem Alter, da andere Männer, auch wenn sie die gleichen Vorteile der Geburt und Wohlhabenheit geniessen, zum ersten Mal einen Sitz im Parlament einnehmen, war er Minister und hatte die verantwortungsvollsten Ämter inne. Aszendent ist Skorpion, ein Umstand, der von grosser Harmonie zeugt, und die Sonne befindet sich im 1. Feld im Sextil zu

Saturn, so dass das Leben geschützt ist. Uranus steht jedoch relativ nahe der Spitze des 10. Feldes, und ein plötzlicher Sturz, wie er sich im Jahre 1915 ereignete, war nur zu erwarten.

Manchmal verleiht Uranus im Löwen ganz einzigartige Kräfte, die auf merkwürdige Weise zum Ausdruck kommen. Man möge sich an Datas erinnern, der den Krebs am Aszendenten hatte – das Zeichen des Gedächtnisses – und den Mond in Opposition zu Uranus, was die geistigen Kräfte auf jene eigentümliche Fähigkeit beschränkte, sich Daten zu merken.

Auch Houdini, der auf einem einzigen kleinen und ungewöhnlichen Gebiet unerreichte Geschicklichkeit besass, gehört hierher. Das Quadrat von Mars zu Uranus deutet an, auf welche Weise sich das Temperament zeigte. Der dritte Fall ist Pelissier, der keine besonderen Erfolge errang, bis er etwas Einmaliges und Originelles vollbrachte und eine neue Form der Unterhaltung schuf. Bei ihm ist der Löwe am Aszendenten, und Uranus steht im 12. Feld im Quadrat zur Sonne. Daher kam der Erfolg über Nacht und währte nur allzu kurze Zeit.

Als letztes Beispiel nehmen wir George Edalji. Er hat Skorpion am Aszendenten; Uranus ist zu nahe an der Spitze des 10. Feldes, als dass er freundlich sein könnte, besonders da Merkur in Opposition zu ihm steht. Ein Halbsextil von der Venus zur Sonne erweist sich als Lebensretter und Mars, der Geburtsherrscher, steht im eigenen Zeichen. Doch gibt es nichts in diesem Horoskop, was einer Karriere dienlich wäre, und wir müssen über die Tragik dieses Lebens nicht weiter erstaunt sein. Wenn er schuldig war, können wir annehmen, dass Uranus im Löwen ihm für seine Verbrechen eine Geschicklichkeit verlieh, die in der Geschichte fast einzigartig war; auch die Art des Verbrechens ist sehr charakteristisch; die Faszination dieser Persönlichkeit tritt klar zutage. Sein Fall erregte das ungebrochene Interesse zahlreicher Publizisten in England und in einem Ausmass, dass der Mann nicht nur begnadigt, sondern vom König wieder als Anwalt eingesetzt wurde.

Uranus in der Jungfrau

Ein Zeichen, das so erdgebunden, merkurisch und passiv ist, kann nur wenig mit dem Feuer und der Aktivität des Uranus gemein haben. Manchmal wirkt die Jungfrau, so wie der Krebs, harmonisierend und stabilisierend auf Uranus; doch kommt dies nur in ganz besonderen Fällen vor. Im allgemeinen ist der Geborene von durchschnittlichem Wesen; er kann exzentrisch sein und von geistiger Unstetheit, und es ist unwahrscheinlich, dass er in irgendeiner Weise eine grössere Antriebskraft entwickelt.

Doch finden wir hier Balzac, der wohl der grösste Romanschriftsteller aller Zeiten ist. Er hat den Löwen am Aszendenten und Uranus schon im 2. Feld, doch ohne einen Planeten zwischen sich und dem Aszendenten. Die Sonne, Herrscherin des aufsteigenden Zeichens, steht im 10. Feld in Konjunktion mit Jupiter. Persönlichkeit und Temperament lassen es nicht an Harmonie fehlen, mit Ausnahme der merkurischen Note, die durch die Jungfrau gegeben ist; das exzentrische Gehabe des Meisters und seine manchmal unberechenbaren Verhaltensweisen – als solche empfand es jedenfalls die Mehrzahl seiner Zeitgenossen – haben darin ihren Ursprung.

Ein hochgelehrter Mann war Pico de Mirandola. Er hat die Waage am Aszendenten und Uranus in Opposition zur Sonne; von dorther rührt seine Vorliebe für die verborgenen Zweige des Wissens. Der merkurische Einfluss lenkte sein Interesse unabdingbar auf das Studium, doch die Opposition bewirkte eine weitere Einschränkung. Da Merkur viel mit der unbedeutenderen, nachschaffenden Musik zu tun hat, kann es geschehen, dass das Interesse in diese Richtung geht. Der Pianist Backhaus und die Geigerin Maud MacCarthy haben beide diese Konstellation. Beide sind technisch ganz ausgezeichnet, doch mangelt es ihnen vollkommen an jener schöpferischen Kraft, wie wir sie bei den grossen Komponisten finden.

Bei Brigham Young hingegen befindet sich Uranus zu Anfang des 2. Feldes in einem genauen Sextil zu Mars und auf vier Grade genau in Konjunktion mit Jupiter. Merkur, der Herrscher, steht in enger Konjunktion mit der Sonne. Dank dieser Konstellation besass er jene ungeheure Energie und Fähigkeit, die er von der Stellung des Uranus allein nie gehabt hätte.

Viel typischer zeigt sich die gesonderte Wirkung bei Miss Lindap-Hageby, die fünf Planeten in der Jungfrau und die Waage am Aszendenten hat. Venus, die Herrscherin des aufsteigenden Zeichens ist weniger als sieben Grad von der Konjunktion mit Uranus entfernt. Temperament und Persönlichkeit sind daher gleichgeschaltet, doch da die Jungfrau vollen Einfluss hat, ist die Geborene in ihrem Wesen eher kalt, asexuell und vernunftbetont. Ein

Trigon von Jupiter und Sonne schenkt Begeisterungsfähigkeit, doch bleibt diese auf die ausgedörrte Ebene des Wissens beschränkt. Trotz der humanitären Zielsetzung ist in ihrem Werk nicht viel Menschliches zu verspüren.

Von seiner schlimmsten Seite zeigt sich der Einfluss der Jungfrau bei Miss Violet Charlesworth, die berühmt-berüchtigt war für ihren fingierten Autounfall, den purpurfarbenen Mantel und ihr vorübergehendes Auftreten im Varieté. Hier tritt Merkur als spitzbübischer Gaukler in Erscheinung; und dank Uranus nimmt die Gaukelei phantastische und explosive Ausmasse an.

Vom Durchschnittsmenschen, der den Uranus in der Jungfrau hat, sind viel eher Dinge dieser Art zu erwarten als ein konstruktives, schöpferisches oder gar emanzipatorisches oder revolutionäres Wesen.

Uranus in der Waage

Aufgrund der Erhöhung des Saturn im Haus der Venus haftet dem Zeichen Waage etwas Finsteres und Tückisches an. Auch Saturn wirkt seinem Wesen nach ausgleichend; wenn dann ein so flammendes Schwert, wie Uranus es ist, in die Waagschale geworfen wird, und damit das Gleichgewicht ins Wanken gerät, kann mit recht überraschenden Folgen gerechnet werden. Wo Venus verletzt ist, und Saturn stark gestellt, werden wir feststellen, dass der Einfluss häufig in höchstem Masse gefährlich ist; eine günstige Stellung und Aspektierung der Venus, ein harmonisches aufsteigendes Zeichen und günstige Aspekte zu Uranus können hingegen die besten Kräfte zur Entfaltung bringen. Die Unabhängigkeit der Waage, eines Luftzeichens, lässt den uranischen Impulsen freien Spielraum; man könnte sogar sagen, dass Uranus in keinem Zeichen so sehr er selbst sein kann wie gerade hier.

Wir wollen uns zunächst den eher unglücklichen Horoskopen zuwenden. Als erstes sei hier Joseph Smith angeführt. Wir möchten aber festhalten, dass es uns nur insofern ungünstig erscheint, als wir möglicherweise keine Mormonen sind und wir müssen auch jene genialen Kräfte anerkennen, denen wir keine allzu grosse Sympathie entgegenbringen. Es ist uns als Astrologen aber wohl gestattet, Konstellationen aufzuzeigen, die uns zu der Ansicht gelangen lassen, dass dieser Prophet geirrt hat. Bei seiner Geburt stand der Krebs am Horizont, wahrlich das passende Zeichen, um für Erleuchtungen empfänglich zu sein; bedauerlicherweise steht der Mond, nahe bei Merkur und in genauer Opposition zur Spitze des 1. Feldes, im Exil und im Quadrat zu Uranus, der in Konjunktion mit Saturn steht. Die Waage selbst hat keine sehr harmonische Beziehung zum Krebs, und obwohl viel Kraft entwickelt wird, kommt diese Kraft zwangsläufig ganz ungeordnet zum Einsatz. Die hellen Planeten Sonne, Jupiter und Venus leisten keinerlei Hilfe, und alles, was dieser Mensch zustande bringt sind die unlesbarsten Bücher, die je geschrieben wurden, langweilig, dumm, zusammenhanglos und sinnlos, und als Niederschrift der Wahrheit apostrophiert.

Eine grosse Tragik offenbart das Horoskop von Jakob II. von England. Uranus steht im 3. Feld, mit einem Sextil zum Mond und einem Halbsextil zur Sonne, aber im Quadrat zu Jupiter. Die Sonne ist die Herrscherin des aufsteigenden Zeichens Löwe, steht aber im Skorpion, während Mars in seinem eigenen Dekanat, dem dritten im Löwen, aufsteigt, was erfolglose Kämpfe bedeutet. Uranus steht also im 3. Feld, was auf eine exzentrische Mentalität hindeutet. Die ganze Sache sah äusserst düster aus, und es lässt sich leicht eine steigende Spannung erkennen, die auf seine Taktlosigkeit und Übelgelauntheit zurückzuführen ist; Charaktereigenschaften, die ihn in der Tat den Thron kosteten.

Wie anders sieht dagegen das Horoskop von Ludwig XIV., «le grand monarque», aus. Er hat den Skorpion am Aszendenten, dessen Herrscher Mars sich im Sextil zu Uranus befindet. Augenblicklich spüren wir eine harmonische Veranlagung, die wohl ehrgeizig ist, vielleicht nicht sehr liebenswert, aber von einzigartiger Kraft und Stärke und ohne Hemmungen. Die Herrschaft eines solchen Monarchen konnte nach dem Urteil der Welt nur erfolgreich sein.

Grosses Unglück führt uns das Geschick des Kronprinzen von Portugal vor Augen, der vor einigen Jahren zusammen mit seinem Vater in Lissabon erschossen wurde. Er hat Uranus an der Spitze des 12. Feldes, in Opposition zu Mars im Widder und im Quadrat zu Saturn, der im Exil steht, während Sonne und Merkur eine Konjunktion mit Mars bilden; das konnte nur einen gewaltsamen Tod bedeuten. Die Veranlagung, die durch die Stellung des Uranus gegeben ist, wird durch seine direkte bösartige Wirkung auf der materiellen Ebene überdeckt.

Die Strenge und Genauigkeit, mit der Dürer die Welt sah, erklärt sich durch die Konjunktion des Saturn mit der Sonne, der Herrscherin im Löwen, dem aufsteigenden Zeichen. Dem Uranus im 3. Feld verdanken Bilder wie «Der Astrologe» und «Die vier Hexen» ihre Entstehung. Zwischen Löwe und Waage besteht eine innige Beziehung und eine klanglich vollendete Übereinstimmung dieser Zeichen und Planeten bildet den Charakter.

Sir Joshua Reynolds ist ein Künstler, der stärker venusisch betont ist. Der Aszendent ist in der Jungfrau, aber auf 29°, so dass die Waage das ganze 1. Feld einnimmt. Man kann daher annehmen, dass der Einfluss des Uranus in einzigartiger Weise rein und ohne andere Einflüsse zur Geltung kommt. Aussergewöhnliche Kraft erhält der Planet durch ein Sextil von Jupiter und Saturn; überdies stehen Sonne, Venus, Merkur und Mond alle im 10. Feld und beherrschen damit das ganze Horoskop. Wir möchten hier die Bemerkung einfügen, dass das 10. Feld, sollte es unter den anderen Planeten sozusagen zu Streitigkeiten kommen, von ausschlaggebender Bedeutung ist.

Das literarische Gegenstück zu dem Maler Reynolds findet sich im Horoskop von Sir E. Bulwer-Lytton. Er hat den Krebs am Aszendenten, was erklärt, warum er das Altertum der Neuzeit vorzog und weshalb er historische und nicht zeitgenössische Romane schrieb. Und wenn er einmal von der Gegenwart schrieb, wie in «A strange Story», dann blendete er Vorstellungen und Gedanken vergangener Zeiten ein und gestaltete sie so, dass sie wichtiger wurden als jene der Gegenwart. Der Mond befindet sich an der Spitze des 1. Feldes, ansonsten wäre Bulwer-Lytton vielleicht noch weiter gegangen als es der Fall war. Unzweifelhaft war seine Persönlichkeit verschwommen und er neigte dazu, sich zuerst mit Magie, später mit Politik und schliesslich mit Literatur zu vergnügen. Wenn Krebs und Waage besser miteinander harmonierten, wäre das Ergebnis erfreulicher gewesen; doch es ist schon so, dass es ohne ein bisschen Feuer nicht gut geht. Wie dem auch sei, die Verzettelung der Interessen ist recht typisch für die Waage.

Von seiner besten und scharfsinnigsten Seite zeigt sich der Einfluss des Uranus in diesem Zeichen bei Sir William Hamilton, den man wohl als einen der sechs besten Metaphysiker ansehen kann, die England je hervorgebracht hat. Er hat die Zwillinge am Aszendenten, und Merkur befindet sich in seinem eigenen Haus Jungfrau in Konjunktion mit der Venus. Damit hatte die geistige Entwicklung uneingeschränkten Spielraum, ansonsten hätte Uranus im 5. Feld eventuell Schwierigkeiten heraufbeschwören können. Die vollendete Harmonie zwischen den beiden Luftzeichen und die Stellung des Merkur erlauben es, dass die positive Seite des Uranus ungehindert zum Ausdruck kommt. Demgemäss beschäftigt er sich mit den verborgensten Geheimnissen des Seins, ist im Urteil äusserst ausgewogen und subtil im Analysieren.

Bei Petrarca stellen wir dagegen fest, dass das Hauptgewicht auf die Tatsache zu legen ist, dass Venus das Zeichen Waage regiert und der Löwe am Aszendenten steht; wir haben einen grosszügigen und warmherzigen Menschen vor uns, besonders, da die Sonne, Herrscherin des Löwen, fast an der Spitze des 1. Feldes steht, während Merkur, der sich am Aszendenten befindet, die Persönlichkeit mit einem scharfen Intellekt ausstattet. Die Venus bildet ein Trigon zu Uranus, was seine wilde und leidenschaftliche Ausstrahlung sanft und schön macht. Bedarf es hier noch einer weiteren Erklärung dafür, dass er sogar Dante die Stellung als Dichter der Liebe streitig macht? Ein leuchtendes Zwiegespann des Ruhmes in der Dunkelheit des Mittelalters.

Im Horoskop des Erasmus von Rotterdam befindet sich Uranus auf 9° Waage, knapp über der Spitze des 1. Feldes, während Venus gerade unterhalb des Aszendenten aufsteigt. Doch Saturn steht in Opposition zu Uranus und sorgt für ein unterkühltes Wesen. Merkur steht ebenfalls am Aszendenten, während sich die Sonne in Konjunktion mit Mond und Neptun im Skorpion befindet, was ihr Kraft und Glanz nimmt. Hier zeigt sich uns der grosse Gelehrte im Gegensatz zum grossen Liebenden.

Die verkörperte Leidenschaft tritt uns in George Sand entgegen. Sie hat den Aszendenten auf 27° Wassermann und ein Sextil von Neptun auf Saturn. Diese Frau ist in ihrem Wesen recht harmonisch, und die eben angeführten Einzelheiten zeigen deutlich ihre intellektuellen Fähigkeiten, doch Uranus im 7. Feld stand einer ehelichen Beziehung entgegen, vor allem, da er im Quadrat zur Sonne im 5. Feld steht. Diesen Konstellationen kam bald überragende Bedeutung zu, da in der Direktion bald die Fische das aufsteigende Zeichen wurden, und Uranus die Radixposition von Jupiter, des Herrschers in den Fischen, erreichte. Ihre kometenhafte Karriere ist der Ausdruck dafür.

Bei George Borrow befindet sich Uranus am Aszendenten, im Quadrat zu Sonne und Merkur, während Venus, die Herrscherin des aufsteigenden Zeichens im Quadrat zu Saturn steht. Das erklärt seinen eigenartigen, verbitterten Charakter, seine genialen Eingebungen und seine seltsamen Ausbrüche von Leidenschaft.

Im Horoskop von Victor Hugo steht Skorpion am Aszendenten. Mars im Wassermann nimmt keine bedeutsame Stellung ein und ist auch nicht stark oder gut aspektiert. Wassermann steht jedoch in harmonischer Beziehung zur Waage, und da Mars ein auf 5° genaues Trigon zu Uranus bildet, sind Persönlichkeit und Charakter sehr harmonisch und ausgeglichen. Man könnte sogar sagen, dass diese Konstellation dem Werk des grossen Dichters und Romanciers die ihm eigene ausserordentliche Kraft verlieh.

Der zynische Geniesser Sainte Beuve hat das Zeichen Fische am Aszendenten, und Jupiter befindet sich, in Konjunktion mit Venus und Neptun, im Skorpion, womit die Persönlichkeit sehr treffend charakterisiert ist. Uranus steht in Konjunktion mit Saturn und im Quadrat zu Merkur; das kennzeichnet sein Wesen und den Tenor seines Lebenswerkes – Kritik.

Dumas hat das Zeichen Löwe am Aszendenten. Die Sonne befindet sich knapp über dem Horizont im Sextil zu Uranus. Auch hier herrscht wunderbare Harmonie, deren hervorstechendstes Merkmal der für den Löwen typische strahlend jugendliche Charme ist, der nur fehlt, wenn die Sonne äusserst schlecht aspektiert ist, oder Saturn sich in dem Zeichen befindet.

Zwei auf der Londoner Bühne sehr erfolgreiche junge Damen, Phyllis und Zena Dare, haben beide Uranus in der Waage. Bei Phyllis ist das aufsteigende Zeichen Waage, mit der Venus an der Spitze des ersten Feldes im Trigon zu Neptun; bei Zena befinden sich die Fische am Aszendenten, und Jupiter steht in Konjunktion mit Uranus im 7. Feld, dem Haus der Ehe. Die erstere war dank ihrer Persönlichkeit berühmter als ihre Schwester, die letztere heiratete in den englischen Adel ein.

Uranus im Skorpion

Uranus ist in seinem Wesen dem Skorpion so sehr verwandt – zumindest was die weniger humanitären und hochstehenden Eigenschaften anbelangt – dass wir annehmen können, die Anwesenheit dieses Planeten wirke sich so stark aus, dass die ganze Persönlichkeit durch ihn geprägt wird, auch wenn sie an sich völlig gegensätzlich geartet ist. Mehr als bei anderen Zeichen wird diese Stellung dadurch bestimmt sein, wie Uranus aspektiert ist. Vielfach wurde die Behauptung aufgestellt, Uranus besitze eine besondere Affinität zum Zeichen Wassermann, und einige Neuerer sind sogar so weit gegangen, den Wassermann als sein Haus anzusehen. Einer solchen Behauptung, die das ganze septenarische System der Entsprechungen auseinandersprengen würde, kann man unmöglich zustimmen. Neptun und Uranus verkörpern Kräfte, die weit ausserhalb der Ebene wirken, auf der das Siebenersystem wirksam ist, und es hat keinen Zweck, das Alte zu zerstören, wenn das Neue nicht ungleich besser ist. Wir ordnen Uranus lieber allen cherubischen und Neptun allen passiven Zeichen zu, während man das Primum Mobile mit Fug und Recht als Herrscher über die Kardinalzeichen betrachten kann. Auf diese Art und Weise behalten wir das septenarische System nicht nur bei, sondern vervollständigen es sogar noch, indem wir es ohne die geringste Schwierigkeit in das denarische System des Lebensbaumes der Kabbala einordnen können. Wir halten am zwölfteiligen Tierkreis und den Bedeutungen des Tarot und an tausend anderen mit ihnen untrennbar verwobenen Systemen fest, und verbleiben so mit dem Gedankengut unserer Altvorderen in vollkommener Übereinstimmung. Dies scheint ein klügerer und vernünftigerer Weg zu sein, als unsere Unwissenheit über die Bedeutung der Siebenfältigkeit auszuposaunen, nur um mit unserer Kenntnis von Uranus zu prahlen.

Um aufs Thema zurückzukommen: Wassermann ist auf jeden Fall ein Zeichen, das gegen den Skorpion austauschbar ist. Der Adler des Skorpion ist der Wassercherub, und die Menschengestalt des Wassermann ist der Cherub der Luft. Die Wechselbeziehung zwischen Luft und Wasser tritt uns auch bei den Bedeutungen, die dem Pentagramm zugeordnet werden, und auf hundert andere Arten entgegen, bei allen Pfaden der Wahrheit, die wichtige Mysterien bergen.

Es soll deshalb kein Tadel sein, wenn wir die Verwandtschaft von Uranus und Skorpion stark hervorheben.

Durch einige Aspekte wird die wissenschaftliche, forschende Seite des Skorpion stark betont, bei andern wieder kommt die hinterlistige, schlaue

Bild 10: Der Lebensbaum der Kabbalisten stellt die zehn Sephirot in drei Dreiheiten und einer Wurzel dar (v. o. n. u., v. r. n. l.): 1 Kether (Krone), 2 Chochmah (Weisheit), 3 Binah (Einsicht), 4 Chesed (Güte), 5 Geburah (Stärke), 6 Tiphereth (Schönheit), 7 Netsah (Ausharren), 8 Hod (Grösse), 9 Jesod (Grund), 10 Malkuth (Königtum).

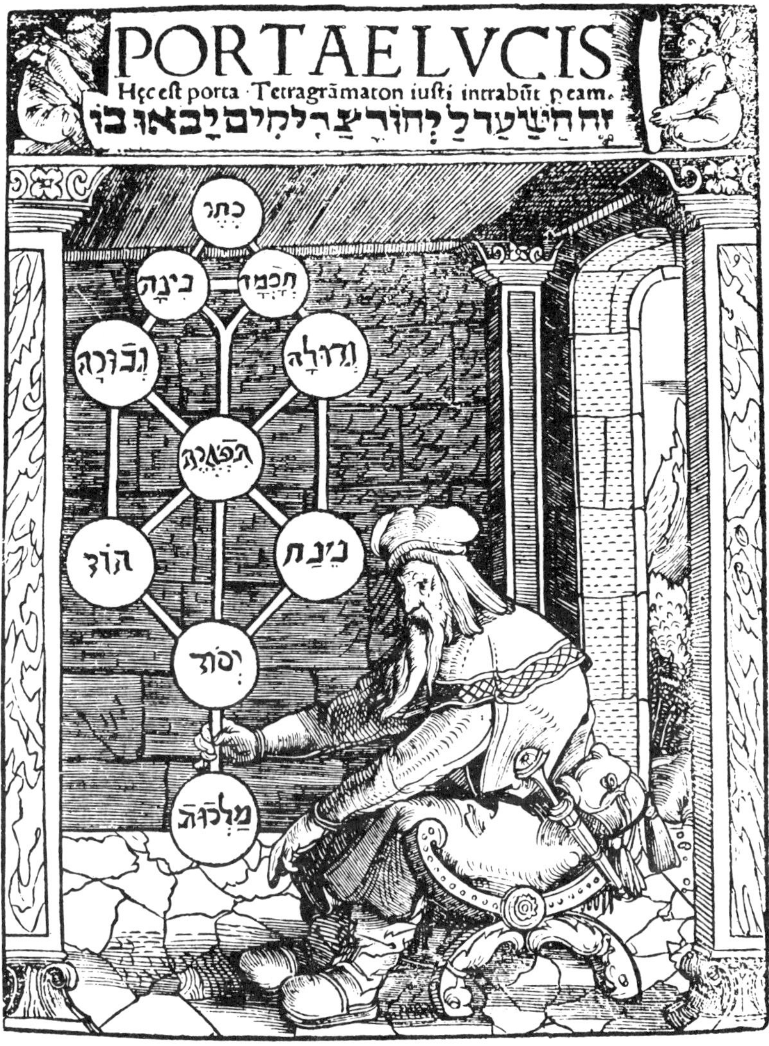
PORTAE LVCIS
Hęc est porta Tetragrãmaton iusti intrabũt p eam.
זה השער ליהוה צדיקים יבאו בו
כתר
בינה
חכמה
גבורה
גדולה
תפארת
הוד
נצח
יסוד
מלכות

Seite dieses geheimnisvollen Zeichens stärker zum Ausdruck, während bei einer dritten Gruppe Leidenschaft und Sinnlichkeit die hervorstechendsten Merkmale sind. Männer der Wissenschaft und Philosophie, drei aussergewöhnliche Denker kommen zu Anfang: Kopernikus, Newton und Kant.

Der erste dieser drei berühmten Männer hat die Jungfrau am Aszendenten, während Merkur im 9. Feld im Trigon zum Mond steht, und nur 8° vom Trigon zu Mars entfernt. Uranus befindet sich im 3. Feld, nicht ganz in Konjunktion mit Neptun und in einem Trigon zu Saturn. Für das hohe Ansehen auf geistigem und wissenschaftlichem Gebiet lässt sich wohl keine harmonischere Stellung der Planeten denken.

Sir Isaac Newton hat die Waage am Aszendenten, was ihm die ausgewogene Urteilsfähigkeit verlieh, die so unabdingbar für die wissenschaftliche Forschung ist. Uranus selbst befindet sich im 1. Feld im Trigon zu Jupiter, der in seinem eigenen Haus, den Fischen, nur 6° von einer Konjunktion mit Saturn entfernt ist. Verglichen mit dem vorhergehenden Beispiel zeigen sich hier die Interessen weiter gespannt, und der Unterschied illustriert deutlich die grösseren Dimensionen von Newtons Untersuchungen.

Im Horoskop von Immanuel Kant ist Stier das aufsteigende Zeichen, doch befindet sich der Aszendent auf 29°, so dass vor allem die Zwillinge das 1. Feld besetzen, wobei ihr Herrscher Merkur in genauer Konjunktion mit der Sonne steht und beide ein Trigon zu Mond in der Jungfrau haben. Dies ist eine hervorragende Darstellung der reinen Vernunft im introspektiven, philosophischen und metaphysischen Sinne.

Die revolutionäre Phase des Uranus tritt uns noch deutlicher in den Horoskopen von Gladstone und John Bright entgegen. Gladstone hat den Steinbock am Aszendenten, und eine Konjunktion des Saturn mit dem Neptun (Abstand 2°) und mit Venus (Abstand 9°). Dass sich das Interesse vor allem auf menschliche und politische Belange konzentriert, ist leicht zu erkennen, da Jupiter im Trigon zu dieser Konjunktion steht und sich im Widder, nahe der Spitze des 3. Feldes befindet. Temperament und Persönlichkeit sind beide stark ausgeprägt, doch sie haben kein harmonisches Verhältnis zueinander, und diese Gespaltenheit kann zu Schwierigkeiten führen. Seine Laufbahn war in der Tat von Turbulenz gekennzeichnet, und wir wissen, dass er seinen Kurs ganz plötzlich willkürlich, und wie einige dachten, auch unverantwortlich änderte.

Die Laufbahn von John Bright – wohl nicht so erstaunlich erfolgreich oder auch stürmisch – war doch geradliniger und klarer. Das aufsteigende Zeichen ist Krebs; der Mond, mit der Venus vereint und nahe bei Neptun und Uranus, befindet sich in Konjunktion mit der Sonne. Da Krebs und Skorpion miteinander harmonieren, war der Mann stets er selbst und genoss aufgrund seiner Freundlichkeit und Integrität höchstes Ansehen.

Charles Dickens und Alfred Tennyson können wir ebenfalls gemeinsam besprechen. Dickens hat den Uranus am Aszendenten im Skorpion, im Sextil zu Merkur. Mars bildet ein Quadrat zu Saturn, was erklärt, dass das Temperament dieses Mannes stärker war als seine Persönlichkeit. Deshalb ist auch sein Werk bedeutender als er selbst. Tennyson – er hat die Zwillinge am Aszendenten – war von kühlem Intellekt und recht eingebildet, wobei Merkur durch das Quadrat von Jupiter schwer in Mitleidenschaft gezogen war. Uranus befindet sich in Konjunktion mit Mars. Die Venus steht am Aszendenten im Sextil zu Jupiter, der sich im 11. Feld befindet. Es wird uns nicht schwer fallen, zu verstehen, dass diese Konstellation wichtiger ist als Persönlichkeit und Temperament. Tennysons Ruhm beruhte vor allem auf der Geschicklichkeit, mit der er seinem Herrn diente, und weniger auf einer besonderen Eigenschaft seiner selbst oder seiner Dichtkunst.

Ein weiterer Vertreter des viktorianischen Zeitalters war Sir Isaac Pitman. Er hat die Waage am Aszendenten. Die Venus ist in keiner Weise stark gestellt, doch sie befindet sich immerhin an der Spitze des 3. Feldes, in dem sich auch Merkur befindet. Der schöpferische Geist ist daher natürlicherweise bestrebt, alles, was mit dem Schreiben zu tun hat, bequemer und angenehmer zu gestalten. Mit anderen Worten, er hat jene Methode der Kurzschrift entwickelt, die mit seinem Namen verbunden ist.

Bevor wir uns ins Reich der Kunst begeben, wollen wir uns kurz dem Horoskop von Cesare Borgia zuwenden. Das aufsteigende Zeichen ist Jungfrau. Dies und Merkur an der Spitze des 1. Feldes verleiht dem Mann ein kaltes, hinterhältiges Wesen. Uranus an der Spitze des 3. Feldes beeinflusst den Geist zum Schrecklichen hin, denn er hat ein Quadrat vom Mond. Da Mars und Saturn im Löwen in Konjunktion stehen, können wir uns vorstellen, wie eiskalt, gewalttätig und skrupellos dieser Mann war.

Ausserdem steht die Sonne im Sextil dazu und versinnbildlicht den Ehrgeiz und seine erfolgreiche Verwirklichung.

Auf dem Gebiet der Kunst finden wir ein glänzendes Trio von Musikern: Wagner, Chopin und Schuhmann. Schuhmann hat den Steinbock am Aszendenten, Saturn und Neptun bilden ein Halbsextil zu Uranus, nicht weit von einem Quadrat zur Konjunktion von Mars und Sonne entfernt. Kein Teil dieser Konstellation zeichnet sich durch besondere Wärme aus, doch fehlt es nicht an Harmonie, ausgenommen zwischen den Zeichen selbst; hier liesse sich allerdings ins Feld führen, dass sie zumindest beide kalt sind. Damit ist seine Musik gut erfasst. Wagner hat die Zwillinge am Aszendenten, was die literarischen Qualitäten seines Werks erklärt; dies gilt sogar für seine Opern: das Leitmotiv ist die Literatur und nicht die Musik. Aber er hat sehr umfangreich über allerlei Themen geschrieben. Merkur steht im Quadrat zu einer Opposition von Mars und Jupiter; dies erklärt die überwältigenden und glänzenden Qualitäten dieses Mannes. Uranus bildet eine Opposition zur Venus, und das ganze Geburtsbild widerspiegelt Kampf und Aufruhr. Venus, die knapp über dem östlichen Horizont in ihrem eigenen Haus steht, eine Konjunktion mit der Sonne und ein Sextil mit Jupiter bildet, ist im ganzen gesehen der wichtigste Bezugspunkt im Horoskop. Daraus leiten sich die lebensvolle Menschlichkeit und das starke dramatische und künstlerische Gefühl ab, vor allem auch für die bildhafte Wirkung, denn Wagners Musik hat immer eine bildliche Qualität. Diese Stellung ist auch ein Hinweis auf sicheren Erfolg. Chopin hat viel mehr Ähnlichkeiten mit Schuhmann. Die Jungfrau steht am Aszendenten, der Mond noch knapp darunter. Ein Merkursextil zu Jupiter ist weiter nicht sehr stark. Saturn und Neptun bilden ein Sextil zum Mond: ein weiteres Beispiel für das kalte, träumerische melancholische Temperament, besonders, da Uranus im 3. Feld steht.

Eine gewisse Ähnlichkeit mit Wagner, wenn auch auf einer ganz anderen Linie, hat Michelangelo. Bei ihm ist Fische das aufsteigende Zeichen, Merkur und Venus stehen in Konjunktion am Aszendenten, die Sonne nicht weit darunter. Sie bilden zu Uranus und Mond ein Trigon. Fische und Skorpion haben eine freundliche Beziehung zueinander; es ist die ideale Harmonie der Natur, die es dem Menschen ermöglicht, eine augenscheinlich unbegrenzte Zahl der schönsten Werke hervorzubringen.

Zum Abschluss bietet sich als Gegensatz Alfred de Musset an. Bei ihm ist der Wassermann das aufsteigende Zeichen, Saturn steht im 10. Feld in Konjunktion mit der Sonne und mit Merkur, während Neptun nur 9° davon entfernt ist. Persönlichkeit und Temperament stimmen miteinander überein, doch dadurch, dass die Venus im Steinbock, dem ihr verhassten Zeichen, steht, und Jupiter nicht weit von einer Opposition zu Uranus entfernt ist, muss die ganze Veranlagung von Zynismus und Enttäuschung geprägt sein. Das Quadrat von Mars und Venus verleiht eine gewisse Leidenschaftlichkeit, die aber nicht gut gesteuert ist. Trotz einer glänzenden, ja sogar genialen Begabung, trotz grosser Leistung, kann man ihn betrübten Herzens nur den Reihen jener zugesellen, die nicht ganz zu den Unsterblichen gehören.

Uranus im Schützen

Das Zeichen Schütze vereint in sich viel vom Wesen des Pferdes und des Wilds – Schüchternheit, Feinheit, Stolz, Mut und Geschicklichkeit. Lediglich die Plötzlichkeit seiner Handlungsweise erinnert uns an die typische Kraft des Uranus. Wenn Jupiter jedoch günstig aspektiert ist, kann das Zeichen selbst über grosse Kraft verfügen, um vieles, was an diesem Planeten hart, grob und kalt erscheint, zu überwinden. Wir sagen kalt, denn die Grausamkeit des Uranus ist berechnend und wohlüberlegt und wird zur Grundlage einer Freude, die sowohl unheilvoll als auch göttlich ist, während Mars die brennende Grausamkeit einer viel «menschlicheren» Leidenschaft verkörpert. Doch der Schütze schenkt stets ein lebhaftes Temperament, in ihm finden wir einen verfeinerten, sublimierten, man könnte scherzhaft sagen, «reformierten» Uranus. Aber natürlich werden, wie schon früher bemerkt, ungünstige Aspekte oder ein unharmonischer Aszendent diese Eigenschaften schwächen oder verderben.

Das Horoskop von Königin Victoria zum Beispiel lässt ein arrogantes, verdriessliches und keinen Widerspruch duldendes Wesen erkennen. Die Zwillinge, ein völlig entgegengesetztes Zeichen, stehen am Aszendenten, und Neptun ist 5° von Uranus entfernt im 7. Feld. Ausserdem empfangen sie ein Quadrat von Saturn und zum Glück ein Trigon von Venus, sonst wäre die Situation hoffnungslos gewesen. Sie steuert gerade noch das fehlende Element der Realitätsbezogenheit bei. Merkur steht im 12. Feld und nicht besonders stark. Ohne Zweifel spielt hier das Temperament eine weitaus grössere Rolle als die Persönlichkeit.

George Eliot hat Skorpion am Aszendenten und Sonne, Venus, Merkur, Uranus und Neptun stehen alle östlich, nicht weit unter dem Horizont. Der Mars im Löwen hat ein Trigon zur Venus, steht aber in Opposition zu Jupiter. Das Ergebnis ist natürlich eine hochgradig verwirrte Masse, aus der sich keine einzige wahre Resultante hervorhebt; ein stürmisches Leben und eine Laufbahn, die aus Freude, Kummer, Versagen und Sieg zusammengewürfelt ist, sind die Folgen dieser komplizierten Ursachenkette. An einem solchen Himmel konnte natürlich keine ewige, sternenhelle Ruhe herrschen; die Geborene musste zuletzt gedemütigt werden.

Sir Richard Quain ist ein Beispiel für das Gegenteil: eine beschauliche, erfolgreiche Laufbahn, nicht besonders reich an dramatischen Zwischenfällen. Hier steht am Aszendenten der Löwe, und die Sonne befindet sich zwischen Mars und Jupiter, die 18° voneinander entfernt sind. Venus steht zur Sonne in einem genauen Halbsextil und nähert sich Uranus, der im 5. Feld steht. Hier ist nichts besonders Wichtiges zu finden, aber, was da ist, wirkt freundlich. Hier gibt es keine Widerstände zu überwinden.

Lassen Sie uns jetzt das Horoskop Shakespeares betrachten, in dem die Jungfrau das aufsteigende Zeichen ist. Merkur steht im Widder und empfängt keine nennenswerte Aspekte, obwohl er nur 6° von einem Trigon zu Uranus entfernt ist. Kein Planet steht im Aufgang; Uranus findet sich im 5. Feld, in Opposition zu Neptun – ein welterschütternder Aspekt; Venus steht innerhalb von 5° bei Neptun und bildet zu einer Konjunktion von Saturn und Jupiter ein Sextil. Hier haben wir also ein ungeheures Temperament vor uns, während die Persönlichkeit vernachlässigt werden kann.

Ein weiterer genialer Denker war Herbert Spencer. Uranus steht genau auf dem Aszendenten, 28° Schütze, und Neptun steigt nur 2° unter ihm auf – wieder ein gewaltiger Aspekt. Daher erklärt sich der epochemachende Charakter seiner Philosophie. Der Mensch selbst trat demgegenüber zurück. Jupiter in den Fischen, durch ein Quadrat von der Venus noch weicher – und nicht die geringste Andeutung eines Konflikts: sein Werk war alles.

Bei Bismarck wiederum steht der Herrscher seines aufsteigenden Zeichens Löwe im Quadrat zum Mond und nicht ganz im Trigon zu Uranus; auch in seinem Fall herrscht vortreffliche Harmonie, lediglich der Mond sorgt für einige Schroffheit. Im allgemeinen verspricht diese Konstellation, was die Karriere anbelangt, die günstigsten Ergebnisse.

Noch weltbewegender ist der Koloss Luther. Auch er hat den Löwen am Aszendenten, aber Sonne, Saturn und Merkur, wie auch Venus, Mars und Jupiter stehen mehr oder weniger in Konjunktion miteinander. Damit sind sowohl die Persönlichkeit wie auch das Temperament unglaublich stark entwickelt, und stehen in einem harmonischen Verhältnis zueinander. Das Resultat kennen wir.

Eine wesentlich sanftere Gestalt ist Cornelius Agrippa von Nettesheim. Die Jungfrau ist am Aszendenten, und Merkur, nicht besonders stark gestellt, befindet sich im 2. Feld. Uranus steht beinahe im Quadrat zur Sonne und nur 9° von einer Opposition zu Mars entfernt. Doch diese Gestalt hat nichts Explosives, Überwältigendes an sich, und so zeigt sich uns Gelehrsamkeit und tiefschürfendes Denken, die lediglich darin ihren Niederschlag finden, dass er sich einen grossen, aber nicht eben verdienten Ruf als Magier erwirbt und einige Bücher produziert, die sich eher durch ihre Eigenartigkeit als durch ihre umwälzende Wirkung auszeichnen.

John Ruskin ist ein sehr schwieriger Mensch. Er hat den kritischen Wassermann am Aszendenten mit der Sonne nahe der Spitze des 1. Feldes – vorübergehender Erfolg, nicht mehr. Uranus bildet ein Quadrat zu Saturn, so dass seine Ideen schwachsinnig und törricht sind. Mond und Mars nahe Merkur stehen in Opposition zu dieser Konstellation und machen den Mann streitsüchtig und schwach, heftig und starrköpfig, aber ohne klare Sicht und Vision. Ein beklagenswertes Wrack aus edlem Material: Die eindeutige Unvereinbarkeit von Schütze und Wassermann wird dem Leser gewiss bereits aufgefallen sein.

Ein interessantes Beispiel für das Temperament ist Nell Gwyn, die den Steinbock am Aszendenten hat und Uranus in genauer Konjunktion mit Neptun an der Spitze des 11. Feldes. Bei ihr entsteht ein ungeheurer Antrieb, durch Freundschaft zu wirken, wie sie es auch getan hat, und da der Herrscher des aufsteigenden Zeichens, Saturn, im Trigon zur Sonne steht, hatte sie charakterlich auch die Kraft, davon Gebrauch zu machen.

Wilhelm III. von England hat den Mond am Aszendenten im Löwen im Trigon zu Merkur, und die Sonne in Konjunktion zu Jupiter. Uranus und Neptun befinden sich in genauer Konjunktion – übrigens vielfach Sinnbild für das grosse Los – und das ganze Horoskop ist sehr günstig, so dass aus dem kleinen, unbedeutenden Prinzen der König von England wurde. Mars steht im Quadrat zur Neptun-Uranus Konjunktion: der Erfolg kam ohne eigenes Bemühen und Zutun.

Zar Alexander II. ist eine sehr bemerkenswerte Persönlichkeit. Wiederum ist Löwe das aufsteigende Zeichen, während die Sonne im Trigon zu Jupiter und im Sextil zu Mars steht. Die beiden letztgenannten Planeten befinden sich in Opposition. Auch Saturn bildet ein Sextil zur Sonne. Anderseits erhält Uranus von keiner Seite Hilfe und Unterstützung. Daher war dieser Mann stark und mutig, wurde aber durch sein Werk vernichtet. Doch er vollendete es wenigstens und wer könnte es ihm verargen, dass er den Sturm, den er heraufbeschwor, nicht mehr zu besänftigen vermochte, wo doch die sturmgepeitschten Wogen, die seinen Kahn zum Kentern brachten, der Atem der Freiheit waren.

Uranus im Steinbock

Es erfreut des Astrologen Herz, wenn sich eine der seltenen Gelegenheiten bietet, da er die Möglichkeiten irgendeiner Kraft in einem kurzen Satz zusammenfassen kann. Diese Gelegenheit ist da. Die explosive Kraft des Uranus wirkt radikal allem entgegen, was an saturnischer Schwerfälligkeit im Steinbock vorhanden sein mag; das Ergebnis ist «ein Bock, gegen den es kein Dawider gibt». Der Mann, der Uranus in dieser Stellung hat, ist nach Kiplings Worten ein «ausgezeichneter Kämpfer». Die Beispiele, die dies beweisen, sind so überzeugend, dass sie nur angeführt werden müssen. Die Kraft, die heraufbeschworen wird, ist so gross, dass scheinbar keinerlei Persönlichkeitsprobleme sie anzugreifen imstande sind, es sei denn, sie wären ausgesprochen schlimm und schädlich. Sein magischer Wille, seine Aufgabe auf dieser Welt, bedeuten diesem Mann alles.

Beginnen wir mit Charles Baudelaire, der trotz aller Verfolgung das französische und, indem er Swinburne zu seinem geistigen Erstgeborenen machte, auch das englische Denken revolutionierte. Louis Pasteur gehört hierher, der der Chirurgie völlig neue Impulse gab, trotz einer unversöhnlichen Opposition. Wir finden Huxley, der für die Naturwissenschaft ins Feld zog gegen eine orthodoxe Religion und den heldenhaftesten und spektakulärsten Kampf des ganzen viktorianischen Zeitalters ausfocht; Wallace, einer seiner wichtigsten Gefährten in diesem Kampf; Kruger, der die Macht des britischen Reiches vernichtete und die Menschheit durch den unbeugsamen Kampf in Erstaunen versetzte, den seine kleine Schar von Wegelagerern der übermächtigen Zahl der Unterdrücker lieferte; Grant, der Lee vernichtete; Cicero, der jeden in Sichtweite, von Catilina bis Varro, vernichtete; Burton, sowohl im Privatleben wie in der Öffentlichkeit der desparateste Kämpfer, den England je hervorgebracht hat; und Tolstoi, der in den tiefverschneiten russischen Winter hinausschritt, um auf einer kleinen Bahnstation zu sterben, so sehr hasste er auch im hohen Alter, als der Tod ihm schon die Hand auf die Schulter legte, alles, was mit «Heim», «Gemütlichkeit» und dem normalen Leben eines Menschen zu tun hatte.

Wir finden Rosa Bonheur, deren Leben ein einziger, langer Kampf gegen ihre eigene Weiblichkeit war, und zuletzt Georg III. (den wir lediglich als ein Symbol für das Volk, über das er herrschte, betrachten müssen), der mit verbissenem Mut und Durchhaltewillen die Macht des grossen Napoleon brach. Auch ihm selbst war diese kämpferische Art zu eigen; seiner halsstarrigen, bulldoggenhaften Dummheit haben wir es zu verdanken, dass die Vereinigten Staaten von Amerika der Krone verlorengingen.

Uranus im Wassermann

In diesem Zeichen tritt uns Uranus ganz klar als Befreier in Erscheinung. Der Wassermann ist das Zeichen des Menschencherubs, der nicht so vergeistigt ist wie der Adler, dem aber doch das klare Licht der Vernunft aus den Augen leuchtet. Es ist in diesem Zusammenhang nicht ganz zufällig, dass die Tarotkarte, die dem Wassermann entspricht, «die Hoffnung» (die Sterne) ist.

Die Harmonie zwischen dem Zeichen und dem Planeten ist jedoch so gross, dass der grosse Befreier nicht immer hervortritt. Eine gewisse Spannung ist notwendig, damit Uranus zur vollen Entfaltung kommen kann; bei einer leichtlebigen Persönlichkeit sinkt er zur Bedeutungslosigkeit (Alltäglichkeit) herab.

Darum finden wir weder bei Kaiser Maximilian noch bei den Lords Roberts und Wolsley ausgeprägte humanitäre oder revolutionäre Bestrebungen. Roberts hat die Fische am Aszendenten, wobei Jupiter knapp unter dem

Horizont in Opposition zu Saturn und Merkur steht. Uranus ist im 12. Feld eingeschlossen und erhält von nirgendwoher Unterstützung. Es fehlt daher die Kraft, um jene tieferliegenden, stärkeren geistigen Kräfte zu mobilisieren, nach denen wir gelernt haben Ausschau zu halten, wenn es um die revolutionierenden Gedankengänge geht, die die Menschheit lenken und beeinflussen.

Wolsley hat den Wassermann am Aszendenten. Saturn in der Jungfrau ist nicht sonderlich stark gestellt. Uranus befindet sich nahe bei der Spitze des 1. Feldes und schenkte damit seiner Persönlichkeit jene Eigenart, die ihm, da sie so gut mit seiner Emotionalität harmonierte, so viel Ansehen einbrachte, besonders, da Uranus nicht weit von einem Sextil zu Jupiter entfernt ist. Doch auch bei ihm fehlt die tiefergehende Kraft; seine Karriere spielte sich in konventionellen Bahnen ab.

Der unglückliche Kaiser Maximilian von Mexiko ist ein Muster an Kraftlosigkeit und mangelnder Harmonie. Sonne und Merkur sind im Krebs am Aszendenten; der Mond aber findet sich am IC in Opposition zu Mars; auch Uranus wird keine Hilfe zuteil; dies zeigt, wie Glück allein, ohne persönliche Kraft und Stärke, den Menschen nicht vor Schaden bewahren kann.

Zwei Humoristen haben ebenfalls diese Stellung: Du Maurier, der sehr oberflächlich, und Lewis Caroll, der sehr tiefgründig ist. Der erstere hat Uranus an der Spitze des 1. Feldes, lediglich durch ein Halbsextil vom Mond gestützt. Saturn steht in Opposition zu Merkur. Eine saft- und kraftlose Angelegenheit. Caroll dagegen hat den Schützen am Aszendenten, und Jupiter befindet sich in der Nähe von Uranus an der Spitze des 3. Feldes. Er empfängt ein günstiges Halbsextil von Neptun – daher der feine und doch weitgespannte Humor – während Venus und Mars, die in einer Konjunktion am Aszendenten stehen, der Persönlichkeit Leidenschaftlichkeit und Kraft verleihen. Die Sonne ist ebenfalls nur 8° von Uranus entfernt. Im ganzen gesehen ein höchst glückhaftes Horoskop, doch finden wir darin nichts Umwälzendes.

Präsident Garfield hat die Jungfrau am Aszendenten. Merkur ist nicht sehr stark gestellt, befindet sich aber im 3. Feld. Jupiter steht in Konjunktion mit Uranus; Saturn ist knapp über dem Horizont. Wir haben hier einen klugen, ausgeglichenen Menschen vor uns, der wahrscheinlich recht harmonisch durchs Leben geht, doch ermangelt es jener Eigenschaft, die Glaubensbekenntnisse und Weltreiche zu stürzen vermag.

General Gordon ist von unbändiger Art. Er hat den Widder am Aszendenten, und Mars bildet ein Sextil zu Jupiter. Uranus ist nur 10° von der Sonne entfernt, die hoch über dem östlichen Horizont steht; man kann die hitzige, romantische und abenteuerlustige Veranlagung verstehen. Grosse emanzipatorische Gedanken sind andeutungsweise vorhanden, doch fehlt die Kraft, sie zu verwirklichen. Dass Uranus im 12. Feld steht, erweist sich als grosses Hindernis.

Vergleichen wir dieses Horoskop mit jenem der Johanna von Orléans. Bei ihr ist das aufsteigende Zeichen Skorpion, Mars bildet ein Halbsextil zu Jupiter, ein Trigon zu Saturn und ein Trigon zur Venus. Vor uns ersteht eine alles erobernde Persönlichkeit. Uranus, von dem der Revolutionsgedanke ausgeht, ist zufrieden mit dem Erreichten und überlässt die Ausführung dem Ich. Das erklärt bis zu einem gewissen Grad die Unstetheit.

Denken wir an Franz Joseph von Österreich, den grossen Gründer eines Weltreichs, der aus einem Konglomerat von Völkern, die einander hassten, eine Nation schuf, deren Zusammenhalt stark genug war, um den Schock des grössten Krieges der Geschichte zu ertragen. Er hat die Waage am Aszendenten, die es ihm ermöglicht, gerecht zu urteilen und klug und ausgewogen zu handeln, wie dies für diese Aufgabe nötig ist, während die Venus ein Halbsextil zu einer Konjunktion von Sonne, Mond und Saturn bildet. Neptun steht zu ihr in Opposition, was gewisse Rückschläge zur Folge hatte, aber keinen dauernden Schaden anzurichten vermochte. Auch Uranus befindet sich im Sextil zu Mars. Es ist die grosse Kraft der Venus (in ihrem geliebten Zeichen Krebs), die, im 10. Feld stehend, diesem Menschen seine ganze grosse politische Zukunft schenkt.

Eine Befreiung anderer Art verkörpert Johann Wolfgang Goethe. Er hat den Skorpion am Aszendenten; Mars ist im Steinbock erhöht und bildet ein Trigon zu Merkur und Sonne. Uranus empfängt ein Quadrat von Saturn, der an der Spitze des 1. Feldes steht. Ein überwältigend harmonisches, grossartiges Bild ersteht vor unseren Augen. Mit diesem Zeichen am Aszendenten und unter Mitwirkung von solch grossen Planeten ist stets Grosses zu erwarten.

Betrachten wir dagegen Rossetti, so ist er zwar verwandten Geistes, doch nicht so originell und weniger universell. Er hat die Zwillinge am Aszendenten, Merkur befindet sich mit dem Mond im 12. Feld, im Sextil zu

Venus und Uranus. Die Venus hat ein Trigon zu Jupiter. Hier herrscht die gleiche Harmonie wie bei Goethes Horoskop, doch ist sie bei weitem nicht so grossartig. Die Kräfte, die hier zum Einsatz kommen, bleiben alle im Konventionellen, Gewöhnlichen stecken.

In die Reihe der grossen Geister gehört auch H. P. Blavatsky, die den Krebs am Aszendenten hat und den Mond im Trigon zur Konjunktion von Jupiter und Uranus. Die Sonne an der Spitze des 1. Feldes schenkt den Erfolg. Doch es ist die andere Konstellation, welche dem Charakter die wahre Stärke verleiht, wobei Verträumtheit, wie auch religiöse und okkulte Impulse alle zusammenwirken.

Ihr Generalstabschef, Colonel Olcott, ist in seinem Wesen viel idealistischer, doch ihm fehlt es an der explosiven Kraft. Er hat die Waage am Aszendenten und die Venus in Konjunktion mit der Sonne. Ein Quadrat von Mars macht diese Konstellation weniger wirkungsvoll als sie ohne diesen Aspekt gewesen wäre. Überdies steht Uranus in Opposition zur Sonne. Es ist klar, dass ein solches Horoskop nur zweitrangige Fähigkeiten erwarten lässt. Das Trigon von Mars und Saturn sorgt dafür, dass sie ausreichend sind; er hat seine Arbeit ganz ordentlich getan.

Der grosse Weise und Mystiker der Antike, Proklos, der Neuplatoniker, hat Uranus ebenfalls in dieser Stellung. Er befindet sich bei ihm in Konjunktion mit der Sonne und Venus, während Saturn und Jupiter ein Quadrat dazu bilden. Der Widder ist am Aszendenten, Mars im Steinbock erhöht. Auch hier erkennen wir die doppelte Gabe der Götter – die Beschäftigung mit wesentlichen Fragen, und die Kraft, sie in die Tat umzusetzen.

Eine sanftere Gestalt ist Melanchton, der Freund Luthers. Die Jungfrau steht am Aszendenten, Merkur ist nicht sehr stark gestellt. Uranus bildet ein Sextil zu Mars und Jupiter; doch es braucht viel, um einem schwachen Merkur auf die Beine zu helfen, wenn die Jungfrau am Aszendenten steht. Er trug recht brav seinen Teil zum Ganzen bei, wie Olcott bei H. P. Blavatsky, doch wäre er allein wohl niemals der zündende Funke geworden.

Unser letztes Beispiel ist der unglückliche Chatterton. Uranus steht hier auf 29° Wassermann, so dass man versucht ist, ihn schon dem nächsten Abschnitt zuzuweisen. Der Krebs ist am Aszendenten, der Mond ist im 12. Feld eingeschlossen und Uranus bildet ein genaues Quadrat zur Sonne. Es hilft ihm wenig, dass er nur 10° von einem Trigon zu Mars entfernt ist. Der Mond empfängt ein Sextil von Jupiter, im übrigen aber keine wesentliche Unterstützung. Der extreme Mangel an Kraft springt überall deutlich ins Auge.

Uranus in den Fischen

Auf den ersten Blick besteht keine grosse Seelenverwandtschaft zwischen dem Planeten und diesem Zeichen. Das einzige, was sie gemeinsam zu haben scheinen, ist die Plötzlichkeit; aber die Plötzlichkeit der Fische ist der des Irrlichts vergleichbar und liesse sich besser mit Anspielung bezeichnen. Die Fische sind ein ausserordentlich empfängliches Zeichen – es fehlt ihm völlig an Anstriebskraft. Sie sind der genaue Gegensatz zur Aggressivität des Uranus. Natürlich gibt es viel Gaukelspiel bei den Fischen, doch unterscheidet sich dies ganz von der Heimlichtuerei des Uranus. Wir können dementsprechend nicht erwarten, viele hervorragende Männer mit dieser Stellung des Uranus zu finden. Manchmal können die Planeten so stehen, dass Uranus vollständig im Zeichen aufgeht und es ganz allgemein beeinflusst; wo dies geschieht, wird sich der okkulte Einfluss des Uranus im psychischen Menstruum der Fische ausbreiten. Glücklicherweise haben wir ein perfektes Beispiel dafür in der Gestalt von William Blake.

Das aufsteigende Zeichen ist Krebs. Der untere Rand des Mondes berührt gerade noch den Aszendenten. Neptun bildet dazu ein Halbsextil und Uranus ein Trigon, die Venus hingegen steht in Opposition, doch im Sextil zu Uranus. Wir haben wiederholt darauf hingewiesen, dass die Opposition zweier Planeten durch die Anwesenheit eines dritten, der einerseits ein Trigon, anderseits ein Sextil bildet, stark gemildert wird. Persönlichkeit und Temperament stehen daher in einem wunderbar harmonischen Verhältnis zueinander. Der allgemeine Einfluss ist natürlich wässerig. Da Uranus im 9. Feld steht, ist es ganz selbstverständlich, dass die Religiosität, die die Gestalt einer unmittelbaren Vision annimmt, zum Leitton seiner Laufbahn wird.

Eigenartigerweise hat Swinburne, der Blake entdeckte und ihn seinen verständnislosen Landsleuten bekannt machte, die gleiche Stellung des Uranus. Auch bei ihm ist der Krebs am Aszendenten, der drei Grade vor dem von Blake liegt. Uranus befindet sich 12° vor den Fischen, aber immer noch im 9. Feld. Swinburnes Mond jedoch steht in enger Konjunktion mit der Sonne im 10. Feld, und Mars befindet sich am Aszendenten in Konjunktion mit Jupiter. Uranus empfängt keine andere Unterstützung als die Halbsextile von Venus, Merkur und Neptun, und die Wirkung des Aszendenten ist offensichtlich wesentlich stärker als die des 9. Feldes. Wir haben es mit einer Persönlichkeit von ausserordentlicher Kraft und Wucht zu tun, die viel schöpferischer war als Blake, der es jedoch gänzlich an Inspiration, wie sie Blake verstanden hätte, mangelte. Die Seelenverwandtschaft zwischen den beiden Dichtern beschränkt sich auf den Aszendenten und die Stellung des Uranus, doch erwies sie sich als stark genug, um die gegenseitige Anerkennung und Wertschätzung zu gewährleisten. Trotz dieser Wertschätzung findet sich bei Swinburne aber nicht die geringste Spur einer Beeinflussung durch Blake.

Ein schlimmes Beispiel für die visionären Gedanken, die Uranus in dieser Stellung erzeugt und die nur wenig von geistiger Verwirrung entfernt sind, zeigt uns das Horoskop von Sir Edward Durning-Lawrence. Er hat den Schützen am Aszendenten. Jupiter befindet sich nicht weit entfernt von einer Konjunktion zu Mars, im Quadrat zu Saturn und in Opposition zu Sonne und Merkur. Uranus steht nahe der Spitze des 3. Feldes, und die einzige Hilfe und Unterstützung, die er erhält, kommt von einem Halbsextil von Neptun. Die geistige Verwirrung ist somit klar erkennbar. Der Mensch, der uns entgegentritt, ist exzentrisch, starrsinnig, heftig und ohne jeden Sinn für Mass und Proportion. Eine jämmerliche Gestalt.

Ein noch unseligeres Beispiel für die Schwachheit, Schlaffheit und Schwammigkeit von Uranus in den Fischen ist Heinrich VI. von England. Hier ist das aufsteigende Zeichen Stier. Der Mond steht am Aszendenten, die Venus befindet sich in dem Haus, das sie verabscheut, im Steinbock, im Sextil zu Uranus. Der Mond wird durch eine Opposition von Mars verletzt, und nichts ist da, um allen diesen negativen Seiten entgegenzuwirken. Es mangelt nicht an Harmonie zwischen Persönlichkeit und Temperament, aber beide sind zu schwach, um irgendwelche Misshelligkeiten aufkommen zu lassen. Uranus befindet sich im 12. Feld. Sein Einfluss ist somit nicht allzu gross. Da die Herrscherin des aufsteigenden Zeichens sich im 9. Feld in einem saturnischen Zeichen befindet, tritt uns eine Form religiöser Hingabe entgegen, die fast an Melancholie grenzt.

Ein weiterer unglückseliger Monarch mit ganz ähnlicher Veranlagung war Ludwig XVI. Eine schwache Jungfrau steht am Aszendenten, Merkur ist im 12. Feld eingeschlossen, und Mars befindet sich knapp unterhalb des Horizonts. Jupiter und Sonne stehen in enger Konjunktion mit Merkur, doch obwohl diese Planeten Wohltäter sind, könnte man in diesem Fall wohl eher sagen, dass sie die andern Planeten unterdrücken. Ein Trigon wäre wesentlich günstiger gewesen, vor allem, da Uranus nicht weit von einer Opposition zu dieser Konjunktion entfernt ist, und obwohl er durch ein Trigon vom Mond günstig bestrahlt wird, reicht dies, da er in einem wässerigen Zeichen steht, nicht aus, um ihn wirklich stark zu machen. Es bedarf eines wärmeren Planeten, um das Feuer anzufachen. Wir haben hier das Bild eines sanftmütigen Menschen vor uns, der sich die Zeit mit Uhrenmachen vertrieb, während sein Thron zerbröckelte; und als der Zeitpunkt der Prüfung kam, da zeigte es sich, dass er schwach und völlig unfähig war, mit der Situation fertig zu werden. Seine nicht minder unglückliche Königin hat den Krebs am Aszendenten, mit Mars an der Spitze des 1. Feldes und Mond im Quadrat zu Saturn. Uranus empfängt ein Trigon von Sonne und Venus. Uranus steht im 10. Feld, Sonne und Venus im 5. Feld. Diese Frau ist vom Typ her etwas blass aber üppig und gibt sich im Genuss den Freuden des Lebens hin, was immer wieder zu Skandalen Anlass gibt. Die Schriften, die gegen Marie Antoinette gerichtet waren, haben mehr dazu beigetragen, die Revolution ins Rollen zu bringen als alles andere.

Etwas besser ist das Horoskop von Tschaikowsky. Der Krebs ist am Aszendenten, und der Mond wird, obwohl er nahe der Spitze des 3. Feldes steht, durch keinen anderen Planeten vom Aszendenten getrennt. Uranus empfängt ein Quadrat von Saturn, durchaus nichts Negatives, und ein Trigon von Jupiter, das ausgesprochen günstig ist. Überdies erfährt er noch Verstärkung durch ein Sextil von Sonne und Mars, die recht nahe beieinander stehen. Der Mond hat keine besondere Bedeutung ausser seiner mundanen Stellung, die aber auch nicht sehr stark ist. Das Ergebnis ist ein recht unbedeutender Mensch, dessen Werk überwältigend ist. Uranus und seine Aspekte sind das einzig Wichtige in diesem Horoskop.

Auch bei Adelina Patti, der grössten Sängerin unserer Zeit, findet sich Uranus in dieser Stellung. Sie hat den Löwen am Aszendenten, die Sonne ist in Konjunktion mit Neptun, in einem Trigon zum Mond; alle empfangen ein Quadrat von Mars, das von grosser Wichtigkeit ist, da Mars im Trigon zu Uranus steht. Im allgemeinen ist jedoch das Temperament kräftiger als die

Persönlichkeit; wir sehen eine begnadete Künstlerin, die keinerlei Beeinträchtigung durch Exzentrizität oder Eigensinn erfährt.

Wir wenden uns nun zwei Schriftstellern zu, die einander auf einzigartige Weise seelenverwandt sind: Alphonse Daudet und Thomas Hardy. Daudet hat den Skorpion am Aszendenten und Mars im Exil im Stier im 7. Feld in Konjunktion mit der Sonne. Uranus hingegen empfängt ein Quadrat von Saturn – einer der günstigeren Aspekte dieser Planeten - und befindet sich nahe der Spitze des 5. Feldes. Das Temperament ist demzufolge sehr kraftvoll und fand seinen Ausdruck in künstlerischer Form. Thomas Hardy hat die Waage am Aszendenten und die Venus im Stier nahe einer Konjunktion von Merkur und Mars, im übrigen aber nicht besonders stark gestellt; das 8. Feld ist zudem keine sehr erstrebenswerte Stellung für sie. Wie bei Daudet bildet auch bei Hardy der Uranus ein Quadrat zu Saturn. Der klarsehende, philosophische Realismus, der sich in den Werken beider Autoren findet, ist wohl auf diesen Aspekt zurückzuführen.

Wir wollen für kurze Zeit ins Mittelalter zurückkehren und uns dem Horoskop von Nostradamus zuwenden. Hier ist der Widder das aufsteigende Zeichen, wobei Mars weder durch Aspekte noch durch eine bedeutsame Stellung gestärkt wird. Uranus befindet sich im 12. Feld, was auf grosse Heimlichtuerei schliessen lässt, und das einzige, was sich als einigermassen hilfreich erweist, ist die relative Nähe zu einem Trigon mit der Konjunktion von Jupiter und Saturn. Dementsprechend fällt der Mann gegenüber seinen Prophezeiungen stark ab. Mit der Sonne am MC und dem Neptun im 10. Feld, war ihm sein Ruhm gewiss, und wenn wir an das eben erwähnte Trigon denken, dann war dieser Ruhm vielleicht nicht ganz unverdient.

Wir wollen uns nun den Geburtsbildern zweier sehr kluger, erfolgreicher und skrupelloser Politiker zuwenden, von denen der eine in ein Königshaus, der andere in eine Schraubenfabrik hineingeboren wurde: Edward VII. und Joseph Chamberlain. Der verstorbene König von England hat den Aszendenten auf 28° Schütze und Jupiter gerade an der Spitze des 1. Feldes. Er steht im Quadrat zu Uranus, doch da dieser ein Trigon von der Sonne empfängt und Jupiter ein Sextil von der Venus, ist der Erfolg gewährleistet. Die Gewandtheit und Schlauheit, mit der er die Triple Entente einfädelte und Deutschland isolierte, wird noch lange in Erinnerung bleiben – als wesentliche Ursache für den Weltkrieg. Im Horoskop von Joseph Chamberlain hingegen finden wir nur wenig ausser Haarspalterei und Eigennutz. Es findet sich kein Hinweis auf wahre Staatskunst oder aufgeklärte Vaterlandsliebe. Er wechselte seine Politik wie andere Männer ihre Kravatte und dies mit soviel Erfolg, dass er stets auf der Seite der Mehrheit war, auch wenn ihm die gebildeteren Schichten seiner Landsleute mit abgrundtiefem Hass und Misstrauen begegneten. Er hat den Krebs am Aszendenten, die Sonne an der Spitze des 2. Feldes, Merkur genau an der Spitze des 1. Feldes und den Mond erhöht im Stier, im Quadrat zu Neptun, was ihm eine gewisse Listigkeit verlieh, für die er tatsächlich berühmt war. Merkur bildet ein Trigon zu Uranus. Wir sehen hier, wie alles darauf angelegt ist, das eigene Selbst zu erhöhen, und wie die grandiose Begabung, Ränke zu schmieden nur dazu benutzt wird, persönliche Ziele zu verwirklichen.

Unser nächstes Paar sollte sich als höchst instruktiv erweisen. Hier wird der ganze Einfluss in rein finanzielle Bahnen gelenkt, und die Tatsache, dass die Fische das Haus des Jupiter sind, tritt klar zutage. Die beiden sind Jay Gould und J. Pierpont Morgan. Gould hat die Zwillinge am Aszendenten und Merkur gerade unterhalb des Horizonts, sehr stark gestellt in seinem eigenen Zeichen, mit einem Trigon von Mond und Saturn. Grosse Kälte und Herzlosigkeit sprechen aus dieser Konstellation. Nirgendwo gibt es eine Quelle der Wärme. Die Sonne selbst ist im 12. Feld eingeschlossen und bildet ein Quadrat zu Uranus. Hier zeigt sich uns das Musterbeispiel eines gierigen, berechnenden, kaltblütigen und skrupellosen Financiers. Venus und Jupiter im 2. Feld bewirken die Liebe zum Geld und sichern seinen Gewinn. Die Verletzung von Uranus nimmt dem Planeten jede konstruktive Einsicht, und da er sich im 10. Feld befindet, ist leicht zu verstehen, warum sich der Financier der Missbilligung seiner Mitmenschen nicht entziehen konnte. Morgan hat den Löwen am Aszendenten und die Sonne ganz in der Nähe von Merkur. Die Sonne ist im Widder erhöht und steht am MC, was ihm plötzlich Macht schenkte. Uranus erfährt keine besondere Unterstützung, ist aber auch nicht verletzt. Dieser Mensch ist wesentlich feinfühliger und von vornehmerer Geisteshaltung als unser letztes Beispiel. Sein Streben ist bei weitem nicht so auf reinen Gewinn ausgerichtet, und nichts hindert ihn, konstruktive Arbeit zu leisten.

In bezug auf Frankreich haben wir bereits zwei, auf der politischen Bühne prominente Persönlichkeiten besprochen, nun aber kommen wir zu einer ganzen Gruppe von Leuten, die sich gleicher Prominenz erfreuen, wenn sie auch nicht königlichen Geblüts sind. Sie umfassen die ganze Skala von den Versagern bis zu den Erfolgreichen, von den Aufrichtigen hin zu den Unredlichen. Es sollte sich für uns wohl lohnen, ihre Geburtsbilder eingehend zu betrachten.

Zunächst General Boulanger. Er hat den Krebs am Aszendenten und den Mond im Wassermann, 9° von einer Konjunktion mit Uranus entfernt, der sich an der Spitze des 10. Feldes befindet. Ausser einem Sextil von Sonne und Jupiter und einem Halbsextil von Neptun, das aber eher Uranus als dem Mond gilt, sehen wir keine besondere Unterstützung. Es war die Persönlichkeit dieses Mannes, die versagte; im kritischen Moment schwankte er und brach zusammen.

Vergleichen Sie ihn mit dem grossen Gambetta, der den Skorpion am Aszendenten hat, und den Mars in seinem eigenen Zeichen Widder nahe einer Konjunktion von Sonne und Merkur. Saturn befindet sich am Aszendenten, 7° von einem Trigon zu Mars entfernt. Uranus steht in Konjunktion mit Venus, die im Jupiterzeichen Fische erhöht ist. Die Persönlichkeit erscheint aussergewöhnlich kraftvoll, das Temperament jedoch längst nicht so ausgeprägt. Tatsächlich lag das, was er tat, auf der Hand. Er tat nichts anderes, als die Franzosen in der Stunde ihrer Niederlage wieder zu sammeln, eine Idee, die jedem anderen auch hätte einfallen können. Der erstaunliche Einsatz und Erfolg, mit denen er seine Aufgabe durchführte, ist auf die grosse Kraft des Aszendentenzeichens und die günstigen Aspekte, die sein Herrscher empfängt, zurückzuführen. Natürlich werden sie bemerken, dass sich die Verletzung des Uranus in diesem Fall auf der physischen Ebene manifestierte: durch einen gewaltsamen Tod.

Die drei sehr gewöhnlichen Politiker sind die Präsidenten Carnot, Faure und Loubet. Carnot hat den Steinbock am Aszendenten mit Saturn in einem Halbsextil zu Mars und einem Trigon zu Uranus. Kein anderer Planet steht sonst im Osten. Deshalb besteht zwischen dem Temperament und der Persönlichkeit grosse Harmonie, aber es wird auch keine aussergewöhnliche Kraft entfaltet. Wohl ist Erfolg da, aber eben nur gewöhnlicher Erfolg.

Präsident Faure hat die Waage am Aszendenten, mit Venus nicht mehr als 7° von einer Konjunktion mit Uranus entfernt. Venus erhält ein Quadrat von Saturn, und Uranus eines von Jupiter, und obwohl diese Konstellation keinen Mangel an Einheit aufweist, ist sie doch nicht stark, und es scheint, als ob die Anwesenheit von Mars im 1. Feld zu ihr eine Art Gegengewicht darstellen könnte. Man sieht darin Energie und Tüchtigkeit, aber noch einmal besteht keine sehr grosse Tendenz dazu, die revolutionären Qualitäten des Uranus zu entwickeln.

Emile Loubet ist ein gar noch weicherer Typ. Dass er es zuliess, bei seinem Rennen öffentlich ins Gesicht geschlagen zu werden, zeugt nicht eben von persönlicher Stärke, wie sie für eine allgemein anerkannte Autorität, und ganz besonders für einen Regierenden erforderlich wäre. Der passive und bequeme Krebs ist das aufsteigende Zeichen, der Mond berührt mit dem unteren Teil seiner Silbersichel eben noch den Aszendenten und steht in fast genauer Opposition zu Sonne und Venus. Zu Uranus hat er ein Trigon und daraus leitete sich die allgemeine Harmonie des Charakters ab, von der wir gesprochen haben. Es bedeutet auch Erfolg, aber diese Art von Erfolg, von der ein Ire oder ein Philosoph sagen würde: «Er ist nicht schuld daran».

Der letzte unserer Gruppe wird uns weit mehr als an jemanden sonst an Chamberlain erinnern. Es ist Robespierre. Bei ihm steigt der Wassermann auf, Saturn steht knapp unter dem Horizont, Uranus noch etwas unter ihm. Saturn empfängt ein Halbsextil von Venus und ein Quadrat von Merkur, was einen erfolgreichen und glaubwürdigen Rechtsanwalt andeutet, der Wirklichkeitssinn besitzt, aber nicht mit zuvielen Skrupeln beladen ist, die ihn an seinem Streben nach Macht hindern könnten. Uranus erhält lediglich die zweifelhafte Unterstützung eines Halbsextils vom Mond, und obwohl Jupiter im 10. Feld, in seinem eigenen Zeichen Schütze steht und ein Trigon von Mars erhält, können wir dies nur als eine zusätzliche treibende Kraft im Sinne seiner Ambitionen sehen, die sich damit aber in keiner Weise harmonisch verbindet. Dies ergibt ein Bild, man könnte beinahe sagen, das klinische Bild, eines kalten, rauhen, herrschsüchtigen, streberischen und skrupellosen Mannes, und so finden wir, wie in all den Fällen, die wir betrachtet haben, das Zeugnis der Geschichte auf die deutlichst mögliche Weise durch die Wahrheit der Astrologie.[7]

Die Bedeutung des Uranus in den zwölf Feldern

Solange wir uns mit Uranus im allgemeinen und mit seiner Stellung in den Tierkreiszeichen befasst haben, war es nötig, besonderes Gewicht auf seine innerseelischen Wirkungen und auf seinen Einfluss auf den Charakter zu legen. Obwohl dies für seine Stellung in den Feldern noch immer von gewisser Bedeutung ist, spielen hier seine Wirkungen nach aussen doch eine wesentlich wichtigere Rolle.

Nachdem wir Uranus als den inneren, unbewussten und magischen Willen des Geborenen definiert haben, soweit sich die Deutung auf den Geborenen selbst bezieht, ergibt sich daraus, dass dieser Planet, wenn er in den Feldern in bezug auf das Nicht-Ich gedeutet wird, auch dessen Willen repräsentiert. Man kann Uranus somit den Planeten des Schicksals nennen. Darum zeugt es von grosser Oberflächlichkeit, ihn ganz grob als glück- oder unglückbringend einzustufen. Zum einen Mal mag der Geborene in vollendeter Harmonie mit seiner Umwelt leben und sich selbstverständlich als «Glückspilz» bezeichnen, zum anderen Mal mag ihm dieses Gefühl des Gleichklangs völlig fehlen und er dementsprechend sein Unglück beklagen. Beides ist ein Zeichen von Voreingenommenheit und eines Philosophen nicht würdig. Es kann jedoch kein Zweifel darüber bestehen, dass Uranus, mehr als alle anderen Planeten, die erstaunlichsten Veränderungen herbeiführt. Manchmal mag er auch den Tod bewirken, doch ist dies nur selten der Fall. Seine Kraft ist zu lebenssprühend, ja man könnte fast sagen spektakulär, als dass sie etwas so Banales wie das simple Fallen des Vorhangs auslösen könnte. Wenn er den Tod bringt, ist dieser meist plötzlich und tragisch. Er hat nicht seinesgleichen, wenn es darum geht, im Laufe eines Lebens Krisen heraufzubeschwören, und den gesamten Tenor dieser Geschehnisse zu bestimmen. Der Einfluss von Neptun ist so subtil und verborgen, dass er bei weitem nicht so ins Auge fällt, auch wenn er viel tiefgründiger ist. Die Tragödien der Seele sind unsichtbar, nur dem Auge des Dichters und des Philosophen enthüllen sie sich.

In welcher Weise sich die Wirkung des Uranus zeigt, hängt ganz von dem Feld ab, in dem er sich befindet. Wie bei Neptun wird bei Uranus die Deutung nicht dadurch kompliziert, dass man auch noch das Zeichen an der Felderspitze berücksichtigen müsste, weil diese beiden Planeten ausserhalb des Gebiets der Heiligen Sieben liegen und deshalb nicht in gleichem Masse eine enge Beziehung zu bestimmten Zeichen besitzen wie die sieben «alten» Planeten. Nachdem sie dem unergründlichen Willen des All-Vaters und seinem Wirken unterworfen sind, ist ihre Abhängigkeit von den kleineren Gesetzen des Universums dementsprechend geringer. Die Sieben sind in ihrer Bewegung viel mechanischer und berechenbarer. Wenn wir sagen, dass die beiden grösseren Planeten nicht so einfach und beständig sind wie die anderen, hilft dies vielleicht, um einige Schwierigkeiten bei der Interpretation der Bewegungen dieser beiden zu erklären. Es ist ohne weiteres denkbar, dass sie von Zeit zu Zeit Krafteinflüsse von den höheren Ebenen empfangen. Wenn dem so ist, dann besteht, auch wenn wir in der Wissenschaft der reinen und klaren Astrologie Fortschritte machen, immer die Möglichkeit, dass unsere Berechnungen durch irgendeinen Störfaktor umgestossen werden. Diese These wird bis zu einem gewissen Grad durch die bereits entdeckten Eigenschaften der beiden Planeten bestätigt. In jedem Fall herrscht eine eigentümliche Unsicherheit in bezug auf ihre Bewegung. Wir, die in diesem Dasein zumeist auf der materiellen Ebene existieren, und auf einem Planeten leben, der sich relativ nahe bei der Sonne befindet, bezeichnen sie gerne als mutwillig oder doch zumindest unerklärbar.

Wir wollen nach diesem Exkurs wiederholen, dass die tatsächliche Wirkung des Uranus auf die Laufbahn des Geborenen fast ausschliesslich von der mundanen Stellung des Planeten abhängt. Eine Ausnahme von dieser Regel besteht dann, wenn er zu dem Herrscher eines Zeichens an der Spitze irgendeines Feldes einen wichtigen Aspekt bildet. Beispiele einer solchen Wirkungsweise werden in den Kapiteln über die Aspekte der verschiedenen Planeten angeführt. Hier nun ist es unsere Absicht, die genauen Wirkungsweisen der mundanen Stellungen darzulegen.

Uranus im 1. Feld

Uranus – Die wesentliche Bedeutung des Uranus sollte zunächst durch die Bezugnahme auf das Zeichen, in dem er sich befindet und auf seine Aspekte abgeschätzt werden, ehe wir seinen Einfluss im entsprechenden Feld untersuchen; denn er wird in seinem Wesen durch diese Umstände verändert.

Ceteris paribus, jedoch, wird sein Einfluss im aufsteigenden Zeichen grösser sein als der der meisten anderen Planeten, weil er nicht durch Beziehungen zu einzelnen Tierkreiszeichen gebunden ist.

Menschen, die Uranus in dieser Stellung haben, sind in ihrem Denken meist höchst unabhängig und originell. Ihr Standpunkt weicht fast immer, und zwar grundlegend, von dem der übrigen Menschheit ab. Diese Menschen sind unweigerlich das, was ihre Freunde «Typen» nennen. Wenn sich diese Neigung jedoch in verstärktem Masse zeigt oder wenn die Umgebung des Geborenen ultra-konservativ ist, kann sich ein gewisser Widerstreit daraus entwickeln und man könnte den Betreffenden als exzentrisch oder sogar noch mehr bezeichnen.

Diese Kritik ist zumindest vom Standpunkt des gesunden Menschenverstandes aus meist gerechtfertigt. Normalerweise besteht die beste Möglichkeit voranzukommen darin, den Weg des geringsten Widerstandes zu gehen; wenn jemand mit Uranus im 1. Feld etwas derart Naheliegendes tut, wird er dies absolut nicht als das ansehen. Er wird es für eine grossartige Entdeckung seiner superverfeinerten Intelligenz halten, und es ist unwahrscheinlich, dass er die geringste Ausdauer dafür aufbringt. Denn für den uranusbetonten Menschen gilt es vor allen Dingen, einen neuen Weg einzuschlagen. In fast allen Fällen ist er ein durch und durch unabhängiger Denker. Konventionelle Vorstellungen nimmt er nicht zur Kenntnis; Tradition bedeutet ihm nichts; er geht den Dingen stets auf den Grund, richtet sich bei den Entscheidungen nach Urprinzipien und auch in bezug auf diese Prinzipien neigt er mehr zu Idealismus als zu Realismus. Um ein konkretes Beispiel zu geben: Ihm erscheint es völlig selbstverständlich, dass die Welt nur durch gegenseitiges Verständnis und durch Liebe gelenkt werden kann. Dann neigt er dazu, anzunehmen, dass dem tatsächlich so sei. Diese typische Eigenschaft tritt immer dann zutage, wenn Uranus auf der geistigen Ebene wirkt. Deshalb wird diese Wirkung im 3. und 9. Feld ebenso augenfällig wie am Aszendenten.

Diese Neigung des Uranus wirkt sich ganz allgemein dahingehend aus, dass sie den Geborenen zum Einzelgänger macht, nicht so wie bei Saturn, wo dies seinem Wesen ganz entsprechend ist, sondern eigentlich völlig gegen die Natur des Planeten. Der uranusbetonte Mensch verabscheut die Einsamkeit, sucht das Mitgefühl und die Gesellschaft seiner Mitmenschen, und die Unfähigkeit seiner Zeitgenossen, auf seine Ideen einzugehen, macht sein Leben in vielen Fällen äusserst unglücklich. Das heisst aber nicht, dass er dieses Mitgefühl eventuell bei anderen uranusbetonten Menschen fände. Er wird gerne solche Menschen kennenlernen und ihre Gesellschaft dank ihrer originellen Vorstellungen kurze Zeit anregend und erholsam finden; aber diese originellen Vorstellungen werden wahrscheinlich nicht mit den seinen übereinstimmen, und sogar, wenn dies der Fall sein sollte, wird er höchstwahrscheinlich einfach neidisch sein. Seine auffallende Persönlichkeit wird ihn ungeheuer anziehend für jene Leute machen, die gerne Helden verehren, und in ihrer Liebkosung wird er für kurze Zeit Trost finden. Und doch wird dauernd eine Schlange an seinem Herzen nagen und er wird sich sagen, dass er durch und durch unglücklich ist, weil ihn selbst diejenigen, die ihn verehren, nicht wirklich verstehen. Und damit hat er, zumindest oberflächlich recht. Sein Irrtum kommt daher, dass er in Wirklichkeit gar nicht mehr mit dem Geist seiner Zeit in Verbindung steht. Tatsächlich wurde er in seine Zeit als ein «Aussenseiter» hineingeboren, um dort die Saat jener Gedanken auszusähen, die erst hundert Jahre später als gut und allgemein anerkannt gelten mögen. Er muss lernen, damit zufrieden zu sein, dass er einsam seine Furche pflügt, zum Nutzen und Wohle derer, die nach ihm kommen. Er muss in Tränen sähen, damit andere in Freude ernten können.

Gelegentlich ist Uranus stark genug, um – zumindest für eine gewisse Zeit – den Geist des eigenen Zeitalters zu überwältigen. Wo sich eine grosse Befähigung zum Ausführen zeigt und das ganze Horoskop Grösse zu erkennen gibt, mag der Geborene in seinem Teil des Universums überragend werden. So hat etwa Cromwell nicht nur zugunsten des Parlaments den König zu Fall gebracht, sondern auch das Parlament selbst, sobald es sich mit seinen eigenen Ideen nicht mehr in Übereinstimmung befand. Es möge hier vermerkt werden, dass der aufsteigende Uranus sich manchmal durch charakteristische Gesichtsmerkmale zu erkennen gibt. Es ist allgemein bekannt, dass Cromwell Warzen auf der Nase hatte. Benjamin Disraeli ist ein weiteres Beispiel für auffallenden Erfolg. Bei ihm zeigt sich die Exzentrizität in seinem fantastischen Dandytum, aber die Tatsache, dass erst ein paar Jahre, bevor er in die Stellung eines Ersten Abgeordneten im Unterhaus erhoben wurde, die politische Rechtsunfähigkeit der Juden aufgehoben worden war, lässt die aussergewöhnliche Macht seiner Persönlichkeit erkennen.

Im Falle Robert Louis Stevensons wird die vom aufsteigenden Uranus angezeigte Exzentrizität durch einen scheuen und freundlichen Charakter modifiziert. Dies lässt sich leicht durch das Venustrigon auf Uranus erklären. Herbert Spencer zeigt in seiner Natur eher das Zurückgezogene. Man wird sich erinnern, dass er sich Ohrenpfropfen machen liess, um am Mittagstisch nicht von der Unterhaltung der Leute abgelenkt zu werden.

Im Falle Sir Isaac Newtons wird sich der Leser daran erinnern, dass jener sich geistig dadurch zu entspannen suchte, dass er sich bemühte, Hahnenfedern auf seiner Nase zu balancieren, und dass Leute, die ihn bei dieser Beschäftigung angetroffen hatten, ihn als exzentrisch erklärten. Die Namen dieser Leute allerdings – sind in Vergessenheit geraten. Beinahe in allen Fällen stempelt Uranus das Gesicht mit einer kaum wahrnehmbaren Eigentümlichkeit, die den Durchschnittsbürger irgendwie mit einer Art Abscheu zu erfüllen mag.

Gelegentlich, wie etwa bei Cromwell, nimmt Uranus eine bedrohliche und zerstörerische Wendung. Fügen Sie zu seinem Namen noch diejenigen von Robespierre und Annie Besant hinzu – ihnen allerdings mangelt es an Cromwells Fähigkeiten, und das destruktive Element beginnt sich bei ihnen fast gleichzeitig mit dem Erfolg ihrer revolutionären Bemühungen abzuzeichnen. Cromwells Einfluss hat immerhin bestanden, solange er lebte.

Dem Studierenden wird das ganz eigenartige Antlitz von Mrs. Besant, vor allem ihre Lippen, ins Auge fallen, während bei Robespierre die Nase gleichermassen typisch ist. Wir weisen den Studierenden auch auf Carlyles Bericht von seiner persönlichen Erscheinung und seinem Charakter hin.

Menschen mit Uranus am Aszendenten sollten nie die Hoffnung verlieren. Aktion und Reaktion lösen einander plötzlich ab und Zeitspannen absoluter Verzweiflung mögen der Preis sein, den sie für ihre Heiterkeit bezahlen müssen, doch das Glück wird ihnen stets von neuem lachen. Wenn die Dinge am schlimmsten stehen, kommen sie ebenso plötzlich wieder in Ordnung, wie sie aus den Fugen geraten sind. Meist ist es unklug, wenn diese Menschen versuchen, sich ihrer Umgebung anzupassen; ein Misslingen ist nur allzu wahrscheinlich. Es zeugt von klügerem Verhalten, wenn sie ihre Verschiedenheit von der übrigen Menschheit unterstreichen und damit jene Toleranz erhalten, die all jenen entgegengebracht wird, die von den Schafen geachtet und gefürchtet werden, auch wenn man ihnen als ausserhalb der Herde stehend misstraut. Das unbekannte Tier kann ein Wolf oder ein Löwe sein![8]

Uranus im 2. Feld

Soweit es sich um materielle Besitztümer wie Bargeld, Verdienst und Handelsgelder handelt, kann Uranus als glückbringend oder zumindest in ausgesprochener Übereinstimmung mit der Art des Geschäfts gesehen werden. Natürlich ist er ungünstig für sesshafte Unternehmen wie das des Gemüsehändlers oder des Bäckers, aber für Geschäfte, die von A bis Z va banque spielen, wie das Verlagswesen, ist er vielleicht gar nicht so schlecht. Die plötzlichen Veränderungen, die er mit sich bringt, gehören ja zum Geschäft. Wenn Sie Poker spielen, und einen Jackpot mit vier Dreien gegen ein Full House mit drei Assen gewinnen, entschädigt dies für hundert Hände, auf die zu wetten sich nicht lohnte. Menschen mit dieser Uranusstellung verdienen lange Zeit nichts, und dann plötzlich eine ganze Menge. Sehr wahrscheinlich verlieren oder verbrauchen sie es aber auch wieder, kaum dass sie es erhalten haben. In welchen Engpässen sie jedoch auch immer stecken mögen, wirklich verhungern werden sie nie. Immer taucht im letzten Augenblick etwas auf. Für Menschen mit einer konventionellen Persönlichkeit dürfte dieser Zustand äusserst bedrückend sein, das Temperament eines Künstlers, Spielers oder Gläubigen hingegen vermag sich rasch diesen Tatsachen anzupassen. Wir haben vier sehr schlagende Beispiele von Leuten mit dieser Stellung. Edward der VII. war dauernd in Geldnöten, ehe er König wurde. Er spielte verzweifelt um Geld und machte sich von Geldleihern abhängig. Sie werden sich daran erinnern, dass ihn seine Schwierigkeiten sogar dazu brachten, Einladungen anzunehmen, die jemand in seiner Stellung eigentlich nicht hätte annehmen sollen. Der Skandal um Tranby Croft und das Gerichtsverfahren gegen Gordon Cumming, das beinahe das monarchistische System in England zugrunde gerichtet hätte, können als direkte Folgen dieser Uranusstellung betrachtet werden.

Sir Richard Burton ist ein weiteres passendes Beispiel. Von Zeit zu Zeit verdiente er durch den Verkauf seiner Bücher sehr beträchtliche Summen. Allein seine «Arabischen Nächte» brachten ihm zwölftausend Pfund Sterling netto ein, jedoch das Glück spielte ihm gegenüber immer wieder den Verräter. Er war ebenfalls einer jener reichen Männer, die dauernd knapp bei Kasse sind. Noch merkwürdiger ist der Fall von Byron, der von seinem Verleger Murray Tausende und Tausende von Pfunden erhielt und dennoch sosehr das Gefühl hatte, die Schlinge der Armut um seinen Hals zu fühlen, dass er Murray als Geschenk eine Bibel übersandte mit dem Satz: «Barrabbas war ein Verleger» (anstelle von «ein Räuber»).

Die gleiche Geschichte gilt für Balzac, doch bei ihm gings tatsächlich immer bis zum äussersten, oft war er nahe daran, ausverkauft zu sein, obwohl er in recht kurzen Intervallen Summen erhielt, die beinahe über die kühnsten Träume der Habgier hinausgingen.

Man braucht Uranus nicht als Übeltäter zu beschreiben, um diese Tatsachen zu erklären. All das gehört zur Psychologie des Glücksspiels. Wenn Sie sich hinsetzen und eine Woche lang arbeiten und dafür ein ganzes Jahreseinkommen erhalten, so ist es nur natürlich, dass sie einen unbändigen Optimismus empfinden. Und wenn Sie für ihre Arbeit der nächsten Woche bloss ein Sechsmonateeinkommen erhalten, fühlen Sie sich unvernünftigerweise niedergeschlagen. «Wie gewonnen, so zerronnen» ist eine gute Regel in bezug auf Geld. Es ist nur natürlich, dass man etwas, das man ohne grosse Anstrengung erhält, auch nicht besonders hoch einschätzt. Ja, mehr noch: das «In den Tag hinein Leben» ist eine ausgesprochen christliche Tugend. «Sorgt euch nicht um den morgenden Tag», sagte der Heiland, «Betrachtet die Lilien des Feldes, wie sie wachsen!» «Ihr seid mehr wert als viele Sperlinge.» «Umsonst habt ihr es empfangen, umsonst gebet es,» lauter unmittelbare Anregungen zur Verschwendung.[8]

Manchmal nimmt diese Eigenschaft jedoch auch eine andere Form an und erscheint eher als eine Tendenz, auf dem Weg zur Verwirklichung einer grossen Idee Geld aufs Spiel zu setzen. So steckte Sir Isaac Pitman immer in den schrecklichsten Geldverlegenheiten, nicht etwa, weil er kein Geld verdiente oder weil er es verschwendete, sondern weil er nichts anderes im Kopf hatte, als sein Kurzschriftsystem auszuarbeiten, und alles andere dieser Idee unterordnete.

Menschen mit dieser Stellung, die gewöhnliche Geschäfte auf konventionelle Weise tätigen, müssen jederzeit auf Wechselfälle gefasst sein. Ganz besonders, wenn alles gut zu gehen scheint, trifft den Geborenen gerne ein Missgeschick, und gewöhnlich kommt es von der unerwartetsten Seite. Man sollte sich jederzeit auf jede mögliche Art gegen solches Unheil absichern.

Ist aber tatsächlich ein solches Missgeschick eingetreten, besteht durchaus kein Grund, den Kopf hängen zu lassen. In der Regel ist es unklug, gegen den Sturm ankämpfen zu wollen, solange er am stärksten ist. Warten Sie auf eine Flaute und packen Sie dann den Ball, wenn er zurückkommt. Menschen mit dieser Uranusstellung haben sehr oft ein starkes Vorgefühl dafür, ob ein Geschäft, in das sie sich einlassen wollen, Erfolg haben wird. Diese Ahnungen sind sehr viel verlässlicher als es ähnliche paranormale Gaben gewöhnlich sind, und man sollte sich nach ihnen richten. Schlagen Sie niemals jemandem ein Geschäft vor, wenn Sie es nicht in einer Art innerer Überzeugung tun können, dass er einwilligen wird. Alle jene Arten von Geschäften, die am stärksten ein Zufallselement enthalten, liegen dem Temperament dieses Geborenen am nächsten. Der wissenschaftliche Charakter des Uranus macht es wahrscheinlich, dass sich die Ausnutzung der Erfindung oder Herstellung von Chemikalien oder auch die Unterstützung der Forschung bezahlt machen könnte. Ähnlich macht es der Einfluss des Uranus auf Aufsichtsbehörden verschiedener Art für den Geborenen vorteilhaft, sein finanzielles Schicksal mit demjenigen solcher Körperschaften zu verbinden. Uranus hat eine sehr unglückliche Tendenz zu Unregelmässigkeiten, wenn er so gestellt ist, dass er über Dinge herrscht, die an eine strikte Einhaltung der konventionellen Ordnung gebunden sind, wie z. B. Buchhaltung, und bei denen die Fähigkeit zur Imagination fehl am Platze ist. Menschen mit dieser Stellung dürften wahrscheinlich völlig ausserstande sein, ihre wöchentlichen Ausgaben nachzurechnen. Diese Dinge langweilen sie, weil sie so trivial erscheinen. Um deutlich zu machen, was wir meinen: Ein Bankier, der Geschäfte mit Kriegsanleihen macht, könnte sich dazu gratulieren, diese Uranusstellung zu haben, aber es wäre sehr unklug, einen Kassier anzustellen, dessen Horoskop in diesem Punkt seinem eigenen ähnlich wäre.

Im Leben muss man sich immer an die Spielregeln halten, aber es gibt viele Spiele, und einige haben die Regel, dass es keine Spielregeln gibt. Wenn Sie Uranus im 2. Feld haben, versuchen Sie, sich für Ihre Geschäfte ein solches Spiel auszusuchen.

Uranus im 3. Feld

Dies ist eine der interessantesten Felderstellungen, die Uranus einnehmen kann. Browning sagt: «Wir interessieren uns für die gefährliche Seite der

Dinge». Die Anzahl von Zwischenfällen und Abenteuern, die auf der physischen Ebene auftreten können, sind schliesslich und endlich doch recht begrenzt, und so ergibt sich eine Tendenz zur Gleichförmigkeit. Aber der Geist kennt keine solchen Einschränkungen. Uranus bringt im 3. Feld, das hauptsächlich den Intellekt darstellt, fast durchwegs die ausserordentlichsten Effekte hervor. Man könnte sagen, dass sein Reich praktisch grenzenlos ist. Menschen mit dieser Stellung werden gewiss niemals blinde Anhänger von Konventionen sein, und in Horoskopen, die eine allgemeine Schwäche andeuten, in den Geburtsbildern von Allerweltsmenschen, dürfte Uranus wohl Exzentrizität des Denkens bedeuten, so wie er am Aszendenten Exzentrizität der Persönlichkeit anzeigt. Wenn er übel aspektiert ist, und auch, wenn zwischen ihm und dem Aszendenten keine anderen Planeten stehen, kann sich dieser Einfluss so zuspitzen, dass tatsächlich geistige Störungen, oder sogar Erkrankungen auftreten. Das sind natürlich Ausnahmefälle. Nichtsdestoweniger müssen wir auch im durchschnittlichen Fall eigenartige und ungewöhnliche Tendenzen des Geistes erwarten, und zwar, sowohl im Hinblick auf das, was den Intellekt beschäftigt, als auch im Hinblick auf die Art, wie er denkt. Die logischen Prozesse dürften recht verschieden von denen gewöhnlicher Menschen ablaufen. Ein etwas extremes Beispiel für die Effekte dieser Stellung ist Sir Edward Durning-Lawrence, der ganz erstaunliche Fähigkeiten und Kräfte dem närrischen Problem der Autorschaft der Shakespeareschen Stücke widmete. Aber es ist keine Frage, dass ihm die gleichen Geistesqualitäten zu höchster Anerkennung verholfen hätten, wären sie in gesündere Bahnen gelenkt worden.

Noch einen solchen Geist finden wir im Fall Cesare Borgias mit dem kriminellen Element verbunden. Seine Intrigen stechen im Mittelalter mit überwältigender Stärke hervor. Es gibt wohl in der ganzen Geschichte kein entsprechendes Beispiel übel angewendeter intellektueller Kraft. Seine Vorstellungsgabe war riesig und sein Kombinationsvermögen subtil und tiefschürfend.

Ein anderer, nicht minder ausserordentlicher Geist war derjenige der Jungfrau von Orléans. Hier haben wir die Verbindung einer Anlage von höchster Einfachheit und Gläubigkeit mit einem Geist, der es mit dem der grössten Seher aufnehmen konnte, die, wie sich dann zeigte, zu einer Durchschlagskraft von höchstem Rang führte. Ihre Geistesbeschaffenheit ist natürlich der wesentliche Faktor ihrer Grösse. Es gab hunderte von Leuten, die ebenso gut und stark waren. Aber wäre sie nicht dazu fähig gewesen, das Eingreifen höherer Forderungen auf der intellektuellen Ebene zu erfassen, hätte sie Frankreich nicht zu retten vermocht. Hier sehen wir Uranus in seinem besten Avatara; er erweitert, emanzipiert und revolutioniert. Wir sollten auch den ungeheuren Widerstand beachten, den er bei einem Denken hervorruft, das nicht auf seine Schwingungen eingestellt ist. Diese Eigenschaft der Inspiration, wie wir sie nennen könnten, ist sehr charakteristisch für Uranus, wenn er bedeutsam gestellt ist, besonders durch Aspekte wie Saturnquadrate oder -oppositionen und Sonnentrigone oder -sextile.

Auf dem Gebiet der Naturwissenschaft, die während der letzten hundert Jahre das Mittel gewesen ist, durch das sich der emanzipierende Gedanke hauptsächlich auf der physischen Ebene manifestieren konnte, ist Uranus ganz besonders gut und kraftvoll. Bei Louis Pasteur und Dr. Wallace finden wir diese Stellung. Es ist zu bemerken, dass die Persönlichkeit bei diesen beiden Männern durchaus konventionell war, im Gegensatz zu solchen, bei denen Uranus im 1. Feld steht. Es war nur ihr Geist, der auf so aussergewöhnliche Weise in ihrer Arbeit zu höchster Geltung kam. In diesem Zusammenhang sollten wir auch Goethe erwähnen, der in gewissem Sinne ein Pionier der Naturwissenschaft war. Er repräsentiert den Übergang; er war der erste Dichter, der die Wichtigkeit der naturwissenschaftlichen Methoden für die Menschheit verstand. Frühere Poeten nahmen die Einführung der Genauigkeit eher übel. Er, andererseits, empfing die Naturwissenschaft mit offenen Armen. Wie dem auch sein mag, über den ganz ausserordentlichen Charakter seines Geistes kann es keinen Zweifel geben. In dieser einen Hinsicht könnte man von ihm sagen, dass er überhaupt keinen Vergleich zu fürchten brauchte. Dem wahren Beobachter menschlicher Intelligenz erscheinen Shakespeare und Dante geradezu alltäglich im Vergleich zu ihm. Ihre Schranken waren diejenigen ihrer Zeit. Goethe war viel universeller, kosmischer als sie. Wenn er auch das Menschenherz nicht ganz so vollständig verstand wie Shakespeare und kein so erhabener Mystiker war wie Dante, so war er doch ein grösserer Prophet als sie alle beide. Er nahm den Geist der Moderne voraus. Die gleiche ungewöhnliche Geisteseigenschaft lässt sich auch bei Dürer erkennen. Sozusagen jeder Künstler, an den wir denken können, hat so etwas wie «Familienähnlichkeiten» mit anderen. Leonardo, Raphael, Michelangelo und Rembrandt sind untereinander viel ähnlicher, als Dürer einem jeden von ihnen. Er dachte – und bei einem bildenden Künstler ist das das gleiche, als wenn man sagte, er sah – in einer gänzlich einzigartigen Weise.

Im Hinblick auf die geringeren Bedeutungen des 3. Feldes wirkt sich Uranus nicht in einem so grossen Massstab aus. Zum Beispiel, was das Schreiben angeht, dürfte er keinen grossartigen Effekt erzielen, es sei denn in den Fällen, wo das Geschriebene die Kristallisation des Denkens darstellt, dem es entstammt, wie in den Fällen von Goethe und Dürer (denn Zeichnen ist ja eine Art Schreiben), die wir eben zitiert haben. Sonst besteht eher eine Tendenz zu einer gewissen Exzentrizität und zu Betrug. Es mag mit dieser Uranusstellung zusammenhängen, dass Dr. Wallace sich im Alter mit Vorstellungen im Hinblick auf Astronomie und Spiritualismus beschäftigte, die überhaupt nicht zu seinem früheren Rang als Naturwissenschafter passten.

Beim Durchschnittsmenschen wird diese Uranusstellung wahrscheinlich Störungen und Ärger bedeuten. Briefe haben eine Tendenz, falsch anzukommen oder gar der Person in die Hände zu fallen, die der letzte Mensch auf der Erde ist, dem der Schreiber den Brief zugedacht hätte. Auch in bezug auf Geschwister sind die Bedeutungen ungünstig. In schlimmen Fällen kann es heissen, dass eines der Geschwister geisteskrank ist, oder zumindest in jeder Hinsicht sehr eigenartig. Es ist mit solchen Verwandten keine Harmonie zu erwarten und der Geborene wird wahrscheinlich gut daran tun, sie so weitgehend als möglich zu meiden.

In allem, was kurze Reisen und eher unwichtige Mitteilungen angeht, besteht das gleiche Gefühl der Unsicherheit und Unruhe. Der Geborene wird wahrscheinlich unfähig sein, Ruhe zu finden; er wird von einem Ort zum andern sausen, ohne am einen Tag zu wissen, wo er am nächsten sein würde. Es werden auch immer Missverständnisse und Verwechslungen auftreten im Hinblick auf alle diese Dinge.

Was wir über die Eigenschaften des Denkens gesagt haben, hat noch eine besondere Deutungsmöglichkeit. In den meisten Fällen, wo sich das Denken der Naturwissenschaft oder der Religion zuwendet, wird man eine Begeisterung für okkulte Dinge feststellen können. Sie werden bemerken, dass in allen oben zitierten Fällen, mit Ausnahme von Pasteur, nie eine starke Neigung bestanden hat, sich ins Unbekannte zu vertiefen. Dies ist der Fall, wenn das Denken von einem so aussergewöhnlichen Umfang und – wie man sich denken kann – so weitgehend mit anderen Dingen beschäftigt ist; bei Geistern von durchschnittlicherem Umfang, die auch nicht so ausgefüllt sind, dürfen wir annehmen, dass für die Entwicklung derartiger Gedanken mehr Raum bleibt. Dies muss man im Ganzen als nicht sehr glücklich ansehen, denn das Studium des Okkulten ist immer gefährlich, wenn das Denken nicht auf einer so breiten Basis von Allgemeinwissen ruht, dass für den Geist keine Gefahr besteht, verwirrt oder besessen zu werden. Die Verlockung des Unbekannten ist schrecklich, und wenn der Pfad des Studierenden nicht völlig erleuchtet ist, kann das leicht dazu führen, dass der Geborene in die Irre geht, und in diesem Falle kann sein Leben ruiniert werden. «Denn die Pforte ist eng und der Weg ist schmal,... und wenige sind es, die ihn finden.»[9]

Uranus im 4. Feld

Im 4. Feld ist die Bedeutung des Uranus bei der Formung des Charakters oder des Denkens nicht so gewichtig wie im 1., 3. oder 9. Feld. Hier scheint er eher mit materiellen Dingen beschäftigt zu sein, und – wie es bei diesem Planeten immer der Fall ist – er arbeitet auf einer höheren Ebene besser als auf einer niederen.

Mit dem Vater dürfte es wohl eine ganze Reihe von Schwierigkeiten geben. Es ist nicht unwahrscheinlich, dass er Selbstmord begehen oder verrückt werden könnte. Er wird jedenfalls ein sehr eigenartiger Charakter sein, und es ist unwahrscheinlich, dass sich der Geborene mit ihm gut versteht. Das Heim wird keinesfalls ein gutes Milieu sein. Sein Heim zu verlassen muss im astrologischen Sinne nicht notwendigerweise oder immer bedeuten, dass man sich an einen anderen Ort begibt. Es kann damit auch ein im Grunde viel radikalerer Wechsel gemeint sein, nämlich der zu einer ganz anderen Lebensweise, als man sie aufgrund der häuslichen Umgebung in der Jugend erwartet hätte. Ein Kind mit dieser Stellung des Uranus dürfte in der von seinen Eltern vorgesehenen Zeit kaum erfolgreich sein. Jeder der Menschen, die wir jetzt betrachten werden, hat dieses Störungselement aufzuweisen.

Shakespeare rannte von zu Hause fort; Joseph Smith brachte immense Unruhe in seine Wohngemeinde; Bismarck entfernte sich vollständig von seinem Kindheitsmilieu, ebenso Lytton. Rhodes verbrachte fast sein ganzes

Leben in einem fremden Land und starb auch dort. Chopin und Petrarca verbrachten ihr Leben sozusagen im Exil. Baudelaire lebte lange Zeit in entfernten Klimaten und hatte ausserdem gar nichts für den Gedanken an ein Heim übrig. Sein Prosagedicht «Irgendwo, irgendwo, ausserhalb dieser Welt» und einige andere drücken grossartig die von dieser Uranusstellung angezeigte Sehnsucht aus.

Man könnte auch Spuren dieser gleichen Nostalgie in den Bildern von J. M. W. Turner sehen. Seine prachtvollen, leuchtenden Farben passen so wenig zu dem grauen Himmel Englands wie die exotische Poesie Baudelaires zu dem freundlichen Sonnenschein Frankreichs. Aus England könnte man Constable und Whistler erwarten; die Extravaganz Turners lässt eher an Algerien denken.

Beispiele für Unruhe im Heim, die von dieser Stellung bewirkt wurde und den Aufenthalt im Heim ungemütlich machte, liefert nicht nur Lytton (den wir oben schon in einem anderen Zusammenhang genannt haben, jetzt aber im Hinblick auf seine unglücklichen häuslichen Streitereien), sondern auch Papst Alexander VI., der deutlich der erhabenen Ruhe entbehrte, die man natürlicherweise mit der Stellung eines Vertreters Christi verbinden würde, und Heinrich VIII. Die Schwierigkeiten dieses Königs waren, wie Froude zeigte, durchaus nicht seinem eigenen Temperament zuzuschreiben; sie entsprangen ganz allein der Notwendigkeit, eine Dynastie zu etablieren, in die er sich gedrängt sah. Dieser unglückliche Monarch ist von den Gedankenlosen schändlich falsch beurteilt worden. Zu oft wird vergessen, dass er der erste König seit Eduard III. war, der so etwas wie einen sicheren Sitz auf Englands Thron hatte. Jeder einzelne der Könige dazwischen, mit der kurzen Ausnahme von Heinrich V., war in Bürgerkriege verwickelt gewesen, und die Schwierigkeiten, die England ruiniert, seine lieblichsten Landschaften verwüstet und seinen vornehmsten Sohn geschlagen hatten, waren durchaus dynastischer Natur. Sein Vater, Heinrich VII. hatte seinen Thron nur als Ergebnis der vollständigen Erschöpfung Englands erhalten, und es war in allererster Linie die Pflicht des Königs der Nation, dafür zu sorgen, dass keine weiteren Schwierigkeiten der gleichen Art auftraten. Die ganze Politik Heinrichs VIII. war deshalb zu Recht dem Gedanken untergeordnet, einen Thronfolger zu haben. Wie wir in einer anderen Studie sehen werden, hatte er Saturn an der Spitze des 5. Feldes, welches sich auf den Nachwuchs bezieht, und diese Stellung war sehr ungünstig. Aber die Anwesenheit von Uranus im 4. Feld war noch übler. Sie verursachte ewigen Aufruhr im Staatshaushalt, der ja sozusagen das Heim des Königs bildet, und sie war auch ungünstig für den Ausgang der Sache, der ja auch im 4. Feld angezeigt wird. Und so kam es tatsächlich. Keines seiner drei Kinder war fähig, die Dynastie fortzuführen, obwohl sie alle nacheinander den Thron einnahmen. Dieser ging dann folgerichtig an einen entfernten Familienzweig, der nicht einmal englisch war. Man könnte unmöglich ein besseres Beispiel für den fatalen Einfluss von Uranus in seiner schlimmsten Form finden. Hätte nicht noch ein Trigon von Mars vorgelegen, wäre es ihm wahrscheinlich nicht möglich gewesen, wenigstens einen zeitweiligen und sichtbaren Erfolg zu erringen.

Der Fall von Expräsident Roosevelt ist ebenfalls sehr lehrreich. Sein Kindheitsmilieu war ihm offensichtlich sehr unzuträglich. Er war äusserst zart und litt unter sehr ernsten Erkrankungen, so dass seine Ärzte befürchteten, er würde seine Jugend nicht überleben. Alle seine Schwierigkeiten verschwanden, sobald er von zu Hause fortkam und das ungebundene Leben in der freien Natur zu führen begann, das später Vorbild für so viele wurde.

Was die anderen Bedeutungsinhalte des 4. Feldes betrifft, so lässt sich als allgemeine Regel feststellen, dass der Geborene von Menschen beeinflusst werden dürfte, die viel älter sind als er, und auch von solchen, die eine wichtige Stellung einnehmen oder mit Angelegenheiten zu tun haben, die mit Behörden oder grossen Körperschaften verbunden sind.

Das 4. Feld bedeutet auch das Ende der Dinge, und in diesem Punkt macht sich die Eigenwilligkeit von Uranus ganz besonders bemerkbar. Alles, womit sich der Geborene beschäftigt, dürfte auf eine unerwartete und wahrscheinlich dramatische Weise ein Ende finden. Seine Angelegenheiten mögen sich über längere Zeit hinziehen, um sich dann plötzlich, beinahe katastrophenartig zuzuspitzen. Ob dies in einem vorteilhaften oder unvorteilhaften Sinn geschehen wird, hängt natürlich von den Direktionen und Transiten ab, die Uranus betreffen.

Die enge Verbindung des Uranus mit dem Willen kann in einigen Fällen bedeuten, dass im Alter Erkrankungen auftreten werden, die solcherart sind, dass sie den Willen durchkreuzen. Welche Form sie genau annehmen werden, hängt von vielen Dingen ab, zum Beispiel vom Zeichen, in dem Uranus steht, von seinen Direktionen und Transiten.[10] Um ein konkretes Beispiel zu geben: Wenn Uranus in den Zwillingen steht, könnte eine Verletzung des Uranus Aphasie bedeuten, weil die Zwillinge im besonderen mit den Sprechorganen verbunden sind, während, wenn Uranus im Steinbock steht, eine Tendenz zu Lähmungen der unteren Gliedmassen bestehen könnte. Es ist nicht nötig, an dieser Stelle alle Möglichkeiten aufzuzählen, die in einem besonderen Kapitel über die Krankheiten behandelt werden sollten.

Ein plötzlicher und gewaltsamer Tod wird von dieser Uranusstellung nicht angezeigt, viel eher, wenn er im 8. oder 12. Feld steht.

Menschen mit dieser Stellung besitzen oft «Wanderlust», lieben das Abenteuer und sind unternehmunglustig. Alles, was in ihrem Leben festgelegt ist, gefällt ihnen nicht. Sie sollten sich gegen diese Anlage nicht zur Wehr setzen, sondern versuchen, sich so weit als möglich mit ihrem allgemeinen Wohlbefinden in Einklang zu bringen.

Uranus im 5. Feld

Uranus ist im 5. Feld im Hinblick auf Kinder ausserordentlich ungünstig. Als allgemeine Regel mag gelten, dass keine vorhanden sind, aber wenn dies nicht der Fall ist, stirbt das erste Kind durch ein Missgeschick während der Schwangerschaft oder weil es nicht lebensfähig ist; oder es bekommt einen sehr eigenartigen Charakter. Diese Kinder dürften aussergewöhnlich unabhängig und schwierig zu führen sein. Man muss sie deshalb entsprechend erziehen. Es ist durchaus möglich, dass alle eine geniale Begabung haben oder so etwas ähnliches; und um ihre besten Eigenschaften zum Vorschein zu bringen, ist es bei diesen Kindern sehr viel nötiger als bei gewöhnlichen Kindern, für die Richtung, die man mit ihnen einschlagen will, eine Begründung zu geben. Es reicht nicht, festzustellen: «Weil ich's dir sage.» Mit dieser Empfehlung ist nicht gemeint, dass man diese Kinder schonend behandeln sollte, dies könnten sie als Beleidigung auffassen. Gemeint ist, dass ein Gefühl gegenseitiger Achtung und Liebe zustande kommen sollte. Man muss solche Kinder als verantwortungsvolle Wesen behandeln und an ihr besseres Ich appellieren.

In bezug auf die Vergnügungen des Lebens, im besonderen diejenigen, die mit der Frage des Sex verbunden sind, übt Uranus einen sehr deutlichen Einfluss aus. Das Temperament erscheint hier völlig ungezügelt. Es ist nicht so launisch und phantastisch, wie wenn Neptun in diesem Feld steht, aber es ist leidenschaftlicher und heftiger und es dürfte eher zu Verletzungen der Konventionalität führen. Bei einigen Menschen kann dies bis zur Kriminalität gehen. Die Gefühle sind jedenfalls plötzlichen und dauernden Wechseln unterworfen, denn der Geist der Auflehnung gegen die Konventionalität und sogar gegen die Bande der Liebe selbst ist äusserst stark. Damit ist nicht gesagt, dass mit den Unregelmässigkeiten des Sexuallebens das Hochhalten von irgendwelchen ungewöhnlichen Theorien verbunden sein muss. Es ist möglich, dass das Denken des Geborenen völlig konventionell ist, und dass ihm seine Übertretungen der Regeln äusserste geistige Verwirrung und Gewissensbisse verursachen. Ob dies so ist oder nicht, wird hauptsächlich von den Feldern 1, 3 und 9, ihren Herrschern und Aspekten abhängen.

Was die anderen Vergnügungen betrifft, so wird die gleiche Tendenz zu Launen und Abwegigkeiten sichtbar werden. Sehr oft werden solche Vergnügungen eine unerwünschte Form annehmen. Das 5. Feld selbst ist mit dem Glücksspiel verbunden, insofern eher zum Zweck der Erregung und Zerstreuung gespielt wird, als mit irgendeiner klaren Vorstellung vom zu erwartenden Gewinn; und wenn Uranus in diesem Feld steht, wird er die Tendenz des Geborenen, in dieser Hinsicht schwach zu werden, noch betonen. Er wird in der Tat wahrscheinlich ein recht verbissener und heftiger Spieler sein; ob er dabei Glück hat oder Pech wird wieder wie üblich von den Aspekten usw. von Uranus abhängen. Aber ein solcher Mensch wird nie ein Pfennigfuchser sein.

In milderer Form kann mit dieser Stellung das verbunden sein, was man manchmal «einen Hang zum Küchenpersonal» nennt, und ganz gewiss wird der Geborene an den üblichen Vergnügungen seiner eigenen Schicht niemals Gefallen finden. Diners und Tanzanlässe werden ihn zu Tode langweilen; viel lieber wird er in dicht besiedelten Gebieten seines Wohnorts umherschweifen und seine Lebensanschauungen mit Müssiggängern und Polizisten austauschen.

Drogen- oder Alkoholsüchtigkeit zeigt sich weniger stark bei dieser Stellung des Uranus, als wenn Neptun im 5. Feld steht. Man kann nur dann darauf schliessen, wenn Uranus in einem Wasserzeichen steht oder vom Mond verletzt wird. Wenn jedoch Süchtigkeit auftritt, dürfte sie heftiger und verhängnisvoller sein als im Falle von Neptun, denn mit Uranus ist eine Zielstrebigkeit und Verbissenheit verbunden, die Neptun nicht besitzt, und wenn sich diese dem Bösen zuwendet, ist sie weit mehr zu fürchten.

Unter den besten Bedingungen wird sich die ungewöhnliche Herzensveranlagung in mystischen Sehnsüchten äussern. Dies ist wohl zu unterscheiden von dem Interesse für mystische Themen, das Uranus im 1., 3. und 9. Feld vermittelt, wie eben Kopf und Herz zwei verschiedene Dinge sind. Coleridge, Dickens, Swami Vivekananda, Savonarola und Luther hatten alle diese Veranlagung, und sie hebt sich deutlich ab von den mystischen Bestrebungen Blakes, der ihn im 9. Feld hat. Im einen Fall war es der Geist, der interessiert war, im andern die Seele. Bei den fünf zuvor erwähnten Menschen sind es die Empfindungen des Herzens, die beteiligt sind. Die sehr eigenartige Form, die dies bei Savonarola annahm, wird an anderer Stelle durch die Aspekte der Venus erklärt, aber die sexuelle Unbotmässigkeit Luthers wird durch diese Stellung restlos erklärt, wenn der Leser sich an die oben hierüber gemachten Bemerkungen halten will. Der normalerweise unreligiöse Leser von heute kann sich kaum ein Bild davon machen, wie erschreckend es im Mittelalter gewesen sein muss, dass ein Mönch eine Nonne heiratete, und er wird ein besseres Beispiel in der Lebensgeschichte von Madame Steinheil finden, die ausserordentlich charakteristisch ist für diesen äusserst wirksamen Uranus im 5. Feld.

Man muss verstehen, dass bei einem wissenschaftlichen oder philosophischen Temperament des Geborenen einige dieser Kräfte entweder überhaupt nicht wirken können, oder sonst ihr Wirken nicht zum Ausdruck kommt. Betrachten Sie zum Beispiel Sir William Hamilton, der das rein intellektuelle Zeichen Zwillinge am Aszendenten hat, dessen Herrn Merkur Anfang Jungfrau nahe der Spitze des 5. Feldes und, um ihn noch kühler zu machen, mit einem Quadrat vom Mond. Auch Saturn steht im 5. Feld, nur 6° von einer Konjunktion mit Uranus entfernt. Es wäre absurd anzunehmen, dass die Vergnügungen eines solchen Menschen auch nur die geringste Ähnlichkeit mit denen eines Savonarola zeigen könnten, der den Widder am Aszendenten hat und dazu im Quadrat eine Konjunktion von Saturn und Venus. Solche Details zu vernachlässigen bedeutet für den Studenten dieser Wissenschaft immer einen Fallstrick. Um für einen Augenblick zu dem zurückzukehren, was wir in Beziehung auf Kinder gesagt haben, dürfte bemerkenswert sein, dass nur zwei der sieben Personen Kinder hatten.

Das 5. Feld ist ganz besonders mit öffentlichem Auftreten in Verbindung mit Vergnügungen verbunden. Viele Menschen mit dieser Stellung werden Schausteller und erlangen als Unterhalter oft die höchste Anerkennung. Ihre Laufbahnen dürften allerdings noch buntscheckiger ausfallen, als dies normalerweise der Fall ist, sogar in dieser Berufsgruppe.

Der Geborene sollte immer bereit sein, in den Belangen des 5. Feldes erschütternde Ereignisse hinzunehmen. In dieser Beziehung dürfte ihm grosses Glück begegnen, aber andererseits muss er es sich auch nicht zu sehr zu Herzen nehmen, wenn Dinge und Menschen, an die er seine Gefühle gehängt hat, ihn plötzlich im Stich lassen.

Uranus im 6. Feld

Nachdem die Hauptbedeutung des 6. Feldes der Gesundheitszustand des Geborenen ist, ist zu erwarten, dass die Anwesenheit von Uranus in diesem Feld eigenartige, kaum erkennbare und manchmal plötzliche und heftige Erkrankungen bewirken wird. In den meisten Fällen werden diese nervöser Natur sein oder in irgendeiner Art den Willen des Geborenen angreifen, indem sie die Verbindung zwischen dem sensorischen und dem motorischen System stören. Die Form, die eine solche Erkrankung annehmen kann, lässt sich nicht aus dem Stegreif bestimmen, sondern dies erfordert ein sorgfältiges Studium des Zeichens an der Spitze des Feldes und seines Herrschers. Die Anwesenheit von Uranus im Widder zum Beispiel an der Spitze dieses Feldes bestimmte vermutlich die Taubheit, an der Edison litt, weil der Widder den Kopf regiert. Das Quadrat des Mondes auf Uranus scheint anzuzeigen, dass eher das sensorische und nicht das motorische System angegriffen wurde. Wäre Mars in dieser Weise verletzt worden, wären die Schwierigkeiten wahrscheinlich als eine Art von Lähmung aufgetreten.

Der Geborene sollte in bezug auf seine Gesundheit äusserst sorgfältig sein und sich immer in höchstmöglicher Form halten, um der Krankheit Widerstand leisten zu können, wenn sie tatsächlich auftritt. Sie dürfte dies in der Regel so plötzlich und unerwartet tun, dass andere als die eben erwähnten Vorsichtsmassnahmen wahrscheinlich nutzlos sind. Es hat offenbar wenig Zweck, einen Regenschirm mit in die Traufe zu nehmen. Man sollte sich deshalb bemühen, ein Leben zu führen, dass möglichst frei von Kummer und Stress ist, und man sollte die Gesellschaft von Leuten, die einem auf die Nerven gehen nicht mit ebensoviel Geduld ertragen, wie wenn die Stabilität dieses Systems nicht gefährdet wäre.

Das 6. Feld bezieht sich auch auf Bedienstete, und in dieser Beziehung ist die Anwesenheit von Uranus im ganzen sehr günstig. Ausser, wenn der Geborene ein Mann von sehr starkem Charakter ist, werden wahrscheinlich seine Angestellten bessere Menschen sein als er selbst, und seine Vorgesetzten werden. Die Schwierigkeiten, die Mary, die Königin von Schottland mit ihren Untertanen hatte, mag diese Ursache gehabt haben. Allgemein gesagt muss in diesem Zusammenhang mit unerwarteten und unglücklichen Geschehnissen gerechnet werden. Nicht etwa, dass Uranus an sich ein Übeltäter wäre – wir haben gesehen, dass er dies nicht ist – die Sache ist die, dass die Vorstellung des Untergebenen normalerweise so etwas wie Individualität, Originalität und Unabhängigkeit ausschliesst. Sie wollen nicht, dass ein Angestellter Ihnen das Denken abnimmt, Sie wollen, dass er genau das tut, was Sie ihm sagen, und nichts anderes. Deshalb ist er, wenn er seinen eigenen Ideen folgen will, für Sie nutzlos. Die gleichen Bemerkungen gelten bis zu einem gewissen Grad für jede Gruppe von Personen, deren blosse Bekanntschaft Sie zufällig durch Ihren Vater oder Ihre Frau machen. Sie möchten gerne genau wissen, was der andere Mensch tun wird, und in dem Masse, als dies nicht der Fall ist, fühlen Sie sich im Hinblick auf ihn nicht wohl.

Das 6. Feld bedeutet auch «Gesandte», und dieses Wort kann in extremen Fällen auch Inspiration einschliessen. Mitteilungen dürften von allerlei wichtigen Menschen auf den Geborenen zukommen, und wenn er in einer Lage ist, wo er die Protektion der Grossen braucht, wird er sie wahrscheinlich erhalten. Dafür zeugen Wagner und Immanuel Kant. Die Gewohnheit von Uranus, Dinge plötzlich wieder umzustürzen, kommt allerdings auch in allen diesen Angelegenheiten zum Ausdruck. Der Geborene kann nicht auf eine

Bild 11: Der Mensch eingebettet im Kosmos. Die chaldäische Reihenfolge der Planeten entspricht ihren Bahngeschwindigkeiten, gibt aber gleichzeitig die Planetenstunden der Tage, die Herrscher der Wochentage (2 überschlagen) und die Atomgewichte der zugeordneten Metalle (1 überschlagen) an.

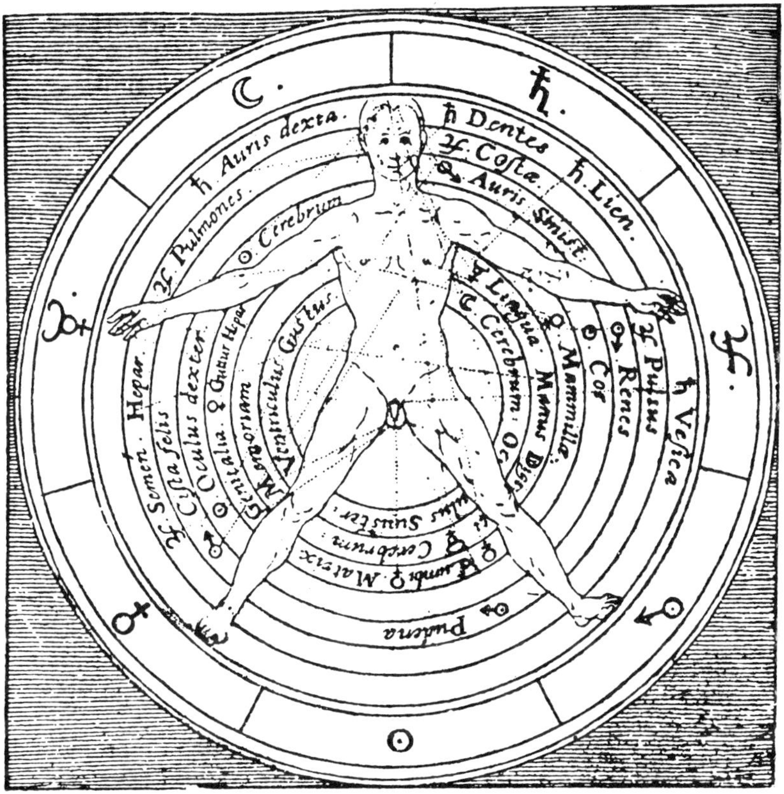
Auris dexta.
Dentes
Costæ
Lien.
Auris Sinist.
Auris
Pulmones.
Cerebrum
Lingua
Cerebrum
Mammilla
Cor
Renes
Pulsus
Vesica
Hepar
Semen
Cista felis
Oculus dexter
Genitalia
Guttur Hepar
Memoriam
Ventriculus
Gustus
Manus Digiti
Matrix
Cerebrum
Pudenda

dauernde Unterstützung der Grossen rechnen, wie er das könnte, befände sich Jupiter in dieser Stellung. Aussergewöhnliche Aspekte können dieses Urteil modifizieren. Wenn zum Beispiel Jupiter der Herr des 6. Feldes wäre und im Trigon zu Uranus stünde, wäre das die ideale Kombination.

Uranus wird den Charakter der Untergebenen des Gesandten anzeigen, und es wird häufig geschehen, dass diese Menschen geistig oder moralisch einen Schaden oder zu allermindest exzentrisch sind. Im Falle von Mary, der Königin von Schottland, waren die Charaktere von Darnley und Bothwell, um nur zwei aus der ganzen Menge zu nehmen, weit davon entfernt, das zu sein, was man sich wünschen würde, während im Falle Wagners Ludwig II. von Bayern ein extremes Beispiel dafür ist, was die Bosheit des Uranus alles anrichten kann. Man könnte auch eine Bemerkung über den Charakter des alten Königs Leopold in Zusammenhang mit dem Fall von Cléo de Mérode anbringen, die ebenfalls diese Stellung hatte. Über die berüchtigten Neigungen Friedrichs Bemerkungen zu machen, wenn wir den Fall Immanuel Kants betrachten, würde vielleicht zu weit führen.

Das 6. Feld bezieht sich auf spekulative Geldanlagen, die sich vom reinen Glücksspiel aus Freude an der Sache unterscheiden. Dabei zeigt Uranus mutatis mutandis die gleichen typischen Eigenschaften wie bei anderen Dingen. Der Geborene dürfte grosse Ideen entwickeln, deren Durchführung dann grossen Wechselfällen unterworfen sein wird.

Was die Beziehung des 6. Feldes zu kleinen Tieren angeht, so wird der Geborene bei deren Haltung und Züchtung wohl nicht besonders erfolgreich sein. Unglückliche Zufälle werden dauernd den Erfolg durchkreuzen.

Insofern sich das Feld auf Kleidung bezieht wird die Anwesenheit von Uranus allerlei Arten von Exzentrizität hervorbringen. Die gleichen Besonderheiten, wie sie von Uranus im 1. Feld ausgedrückt werden, übertragen sich in die Form von Kleidern, wenn er sich im 6. Feld befindet.

Uranus im 7. Feld

So blind ist die Menschheit im allgemeinen gegenüber den Tatsachen des Lebens, dass das hoffnungsloseste aller Abenteuer – die Ehe – gewöhnlich in der Vorstellung unternommen wird, man wolle sich jetzt zur Ruhe setzen.

Gelegentlich hat jemand sogar dabei Erfolg, und beweist damit die Fruchtbarkeit der Natur beim Hervorbringen von Wundern auf Befehl. Aber dieses Wunder dürfte wohl kaum stattfinden, wenn sich Uranus im 7. Feld befindet. Das ist für den Abenteurer nur gut, denn er dürfte sehr wahrscheinlich einen Partner erhalten, der weit über seinem oder ihrem sozialem Niveau steht. Um Uranus ist nämlich immer irgend etwas Grosses. Die von ihm angezeigte Person dürfte dem Geborenen in der einen oder anderen Weise weit überlegen sein. Solche Ehen sind natürlich chronisch unglücklich, weil die Plötzlichkeit des Uranus und die im allgemeinen verwirrende Atmosphäre, die er verbreitet, wo immer er hinkommt, dem Frieden und dem Glück im konventionellen Sinne nicht sehr zuträglich sind. Natürlich mag es Ausnahmen zu diesen Verallgemeinerungen geben. Wenn der Geborene den Herrscher des 7. Feldes gut gestellt hat und Uranus günstig aspektiert ist, so kann seine Anwesenheit im 7. Feld eventuell einfach bedeuten, dass das uranische Element beim Partner zum Beispiel die Wissenschaft ist. Ein stilles kleines Mädchen ohne irgendwelchen besonderen Eigenschaften mag einen Mann heiraten, der auf irgendeinem Wissensgebiet zu Berühmtheit gelangt ist, den Präsidenten einer reichen Aktiengesellschaft oder einen Regierungsbeamten, und für ihn ausgezeichnet den Haushalt führen. Aber solche Fälle sind als Ausnahmen zu betrachten. Als allgemeine Regel gilt natürlich, dass es zu Schwierigkeiten kommen muss; in vielen Fällen wird Uranus die Hochzeit vollständig vereiteln, indem er zu einem Bruch der Verlobung führt oder ein anderes Hindernis auftreten lässt.

Der offensichtlichste Fall und einer, der keinen Kommentar benötigt, ist der von Königin Elisabeth I.; sie war die letzte Erbin der Tudors, und für sie war die Ehe wichtiger als für beinahe jeden anderen Menschen auf dem Planeten. Und doch war die Geschichte ihrer Herrschaft nur die Geschichte abgebrochener Heiratsverhandlungen.

Ein Beispiel für eine unglückliche Ehe ist das von Ludwig XVI. Hier wurde der Partner durch Uranus bezeichnet und wie an anderer Stelle hier im Buch schon festgestellt, war es die grosse Exzentrizität ihres Charakters, die zumindest einen Teil der Ursachen für die Französische Revolution darstellte. Ein anderes Beispiel ist der grosse Napoleon. Seine erste Ehe endete durch Scheidung. Bei seiner zweiten wird der Einfluss des Uranus sogar noch deutlicher, denn Marie Louise war eine der grössten Prinzessinnen in Europa, und er war nur ein korsischer Abenteurer. Der soziale Prestigegewinn war in der Folge enorm, aber, wie die Erinnerungen der Geschichte genügend deutlich beweisen, in dieser schlecht zusammenpassenden Verbindung hatte es nie auch nur einen Augenblick des Glücks gegeben und der daraus erwartete politische Gewinn stellte sich nicht ein. Sogar als Bündnis war sie eher hinderlich als hilfreich. Und die Frage eines Erben wurde in einem nicht eben allzu freundlichen Sinne beantwortet, wie Kenner der Geschichte oder Leser des «Aiglon» von Rostand wissen.

Ein weiteres Beispiel einer unpassenden Verbindung liefert uns Madame Blavatsky. Auch sie machte eine vom konventionellen Standpunkt aus gesehen wunderbare Partie, aber es war keine richtige Ehe, und sie zerbrach bald, um sie für die uns bekannte Karriere freizugeben.

Wenn der Geborene ein Künstler ist und deshalb von Natur aus bereit, mit dem Ungewöhnlichen zu sympathisieren, wird der Einfluss von Uranus nicht solche bösartigen Formen annehmen. Im Falle von Maurice Maeterlinck, der eine vorzügliche Schauspielerin heiratete, kam die ungewöhnliche Eigenschaft des Berufs nicht als Schock und folglich gab es hier keinen Grund für einen Umsturz. Nur vom Standpunkt der französischen Gesellschaft aus könnte in einer solchen Affäre etwas Skandalöses liegen, und dies muss ja bis zu einem gewissen Grad so sein. Der Leser wird sich an die Gerichtsverhandlungen gegen Marcel Schwab erinnern, die lediglich aufgrund des Berufes ausgelöst wurden, den seine Gattin, eine der charmantesten und talentiertesten Frauen von Paris ausübte.

Sie werden dem allem entgegenhalten, dass kein Anzeichen irgendwelcher Schwierigkeiten zu finden ist im Zusammenhang mit der Heirat von Huxley, der Uranus genau auf der Spitze des 7. Feldes hatte. Aber der Herr des Feldes ist wunderbar günstig gestellt durch eine Konjunktion mit Venus und ein Sextil von Jupiter. Und im weiteren könnte man sagen, dass im Falle eines Mannes, der sich so ausschliesslich der Wissenschaft widmet, der Einfluss des Uranus nicht so deutlich auf die Ehe, als auf die andere Bedeutung des 7. Feldes Einfluss nehmen wird, nämlich auf die öffentlichen Angelegenheiten.

In dieser letzteren Beziehung wird der Einfluss des Uranus stürmisch sein. Er wird den Geborenen zu grossen Höhen in allen diesen Dingen emporheben, aber seine Laufbahn wird niemals glatt sein. Huxley und Blavatsky verbrachten den grössten Teil ihres Lebens mit Kontroversen, die buchstäblich die Erde erschütterten. Das gleiche gilt für J.F. Morgan, während Maurice Maeterlinck, obwohl er selbst nicht besonders streitlustig war, immer und immer wieder angegriffen wurde, seit den Tagen Max Nordaus bis heute. Die Aussenpolitik von Königin Elisabeth und Napoleon war der Krieg; es gab in ihrem Leben keine Zeitspanne, in der sie nicht in irgend ein verzweifeltes Abenteuer verwickelt waren. Königin Elisabeth I. war, man wird sich erinnern, während der Regierungszeit ihrer Schwester ganz und gar eine Gefangene.

Manchmal geschieht es, dass die Anwesenheit von Uranus im 7. Feld den plötzlichen Tod des Ehepartners verursacht, oder eventuell des Geschäftspartners. Was diesen letzteren betrifft, so kann für ihn alles, was bisher gesagt wurde, mit den nötigen Veränderungen ebenfalls gelten. Er dürfte die dominierende Figur in der Partnerschaft sein, und diese dürfte nach verschiedenen Wechselfällen auseinanderbrechen. Aber eine Verletzung des Uranus durch den Mond (bei einem Mann) oder durch die Sonne (bei einer Frau), oder andere Schwierigkeiten, die durch Aspekte oder Transite von ungünstiger Natur hervorgerufen werden können, können die Arbeit des Partners durch plötzlichen oder gewaltsamen Tod beenden.

Weiter ist zu bemerken, dass Uranus den Geborenen oft dazu bringt, aus einem plötzlichen, unerklärlichen Impuls heraus zu heiraten. Auch Verlobungen werden ohne genügend reifliche Überlegung eingegangen. Solchen Verlockungen sollte man Beachtung schenken – und widerstehen. Gleichzeitig ist es zwecklos, nach einem Partner konventioneller und inaktiver Art Ausschau zu halten; für jemanden mit Uranus im 7. Feld gibt es in der Tat keine solchen Leute. In allen Männern und Frauen steckt etwas Ausserordentliches und Unberechenbares, das durch die Heirat mit jeder Person, die Uranus im 7. Feld hat, zum Vorschein gebracht würde.

Uranus im 8. Feld

Die Anwesenheit von Uranus im Feld des Todes bedeutet nicht immer, wie man auf den ersten Blick erwarten könnte, etwas Eigenartiges in der Todesart. Königin Victoria zum Beispiel lebte bis ins hohe Alter und starb so konventionell wie möglich. Dies ist auf den ersten Blick umso bemerkenswerter, als Neptun in Konjunktion mit Uranus steht und von Saturn ein Quadrat empfängt. Das Venustrigon ist in diesem Fall kräftig genug, um diese ungünstigen Anzeichen zu übertreffen und ausserdem ist Jupiter der Herr des 8. Feldes und kulminiert im Medium Coeli in einem sehr nahen Sextil zu Mars.

Auch der Tod von Anna Kingsford hatte nichts besonders Eigentümliches an sich, aber bei ihr steht der Mond im Trigon und Jupiter im Halbsextil zu Uranus, während der Herr des 7. Feldes, Mars, in Konjunktion mit der Sonne am Aszendenten steht. Ihr Tod war unerwartet und vorzeitig, aber er hatte keine wesentlich uranischen Eigenschaften. Diese Aspekte erklären, weshalb. Michelangelo wiederum, der in vorgerücktem Alter friedlich entschlummerte, obwohl er wie Königin Victoria auch Neptun im 8. Feld hatte (Sie werden sich erinnern, dass Neptun in dieser Stellung oft dazu neigt, das Leben zu verlängern, sofern er es nicht schon in früher Kindheit beendet), hat ein Trigon von Venus und Merkur zu Uranus, und Venus ist die Herrin seines 8. Feldes. Darüberhinaus bildet Jupiter ein Sextil und Saturn ein Trigon. Diese Aspektierung ist bemerkenswert vielseitig und ganz und gar günstig; demzufolge wirkt auch Uranus in der besten Weise.

Königin Victoria hatte sehr wenig mit dem Tod zu tun, dafür umsomehr mit dem Besitz der Toten. Sie war es, die das Erbe ihrer Vorfahren festigte, erweiterte und zur Blüte brachte. Hier sehen wir Uranus in seiner regierenden Möglichkeit. Im Falle Michelangelos trifft eine ganz ähnliche Bemerkung zu. Man könnte sagen, dass auch er das Reich seiner Vorfahren befestigte und erweiterte durch die überragende Rolle, die er in der Renaissance spielte. Der Glanz Griechenlands kam durch ihn noch einmal zum Leben.

In Beziehung auf Sir Humphrey Davy muss man sich die Tatsache vor Augen halten, dass der Tod nur eine sekundäre Bedeutung des 8. Feldes ist. Die wesentliche Bedeutung heisst: «Obskure und geheime Örter». Es kommt nur zu der Bedeutung «Tod», weil der Tod der wichtigste solcher Orte ist. Davy hat Uranus im Trigon zu Mars und Mars ist der Herrscher des Aszendentenzeichens Skorpion, und dieses Zeichen entspricht im natürlichen Horoskop dem 8. Feld. Er war ein Wissenschaftler und Uranus hat also diese Färbung. Deshalb finden wir, dass die Entdeckung, die ihn berühmt machte, die Lampe ist, die an obskuren und geheimen Örtern Sicherheit vermittelt. Es stimmt, dass sein Herr des 8. Feldes ein Quadrat von Mars empfängt, aber nachdem Mars selbst von Uranus so günstig bestrahlt wird, ist der Komplex nicht schlecht genug, um gewaltsamen Tod erwarten zu lassen. Allerdings drohte ihm, wie wir wissen, dauernd ein solcher, und wahrscheinlich war es so, dass bei diesen Gelegenheiten seine Direktionen gut genug waren, um ihn vor einer Katastrophe zu bewahren. Dies ist noch als Beifügung zu betrachten zu dem, was oben über die besondere Eigenschaft des Uranus gesagt wurde, die vom allgemeinen wissenschaftlichen Trend des Horoskops noch verstärkt wird.

Im Hinblick auf Dr. Zamenhof, den Erfinder des Esperanto, liegt der Fall etwas ähnlich. Da haben wir einen Mann vor uns, der wissenschaftlich alle Arten von toten Sprachen erforscht, die übrigens sozusagen eine Art von vorväterlichem Besitz darstellen, mit der Absicht, daraus eine neue, universelle Sprache zu formen. Auch hier wieder finden sich keine schlechten Aspekte, die einen eigenartigen, plötzlichen oder gewaltsamen Tod erwarten lassen könnten.

Ein letztes Beispiel dieser Gruppe ist Emanuel Swedenborg. Bei ihm steht Jupiter im Trigon und der Mond in Konjunktion mit Uranus. Diese Konjunktion lässt eine gewisse Dunkelheit und Illusion in bezug auf das Thema Tod erwarten, und eine starke Beschäftigung mit diesem Thema wird von der Tatsache angezeigt, dass Jupiter der Herr des 1. Feldes ist. Dies ist zweifellos die Erklärung für die Note seines Wesens, wie wir es in seiner Lehre ausgedrückt finden. Es waren Untersuchungen darüber, was wirklich beim Tode geschieht, die sein ganzes Leben erfüllten.

Jetzt müssen wir uns konventionelleren und offensichtlicheren Fällen zuwenden. Wenn es je einen Tod gegeben hat, der eigenartig und gewaltsam war, dann gewiss derjenige von Vaillant. Man muss bemerken, dass Uranus in diesem Falle keine engen Aspekte irgendwelcher Art hatte, weshalb seine Wirkung isoliert und unkontrolliert eintrat.

Der Tod von Marie Baschkirtseff war nicht besonders eigenartig, wenn auch verfrüht. Seine Ursache war Tuberkulose, aber das Saturnquadrat zu Uranus scheint ihrem Denken eine Art melancholischer Einsicht verliehen zu haben. In ihrem Tagebuch, das voller ehrgeiziger Projekte für die Zukunft ist, kann man eine unbewusste Gewissheit spüren, dass diese Pläne Totgeburten sein würden. Sie fühlte ihren Tod, ohne auf übliche Weise um ihn zu wissen.

Um die Wirkung von Uranus im Falle von Tolstoi zu erklären, braucht es keinen Kommentar. Er spürte die Hand des Todes auf seiner Schulter und verliess instinktiv Heim und Familie, um im Wartesaal eines Eisenbahndepots auf dem Lande zu sterben.

Wir haben noch mehr bemerkenswerte Fälle zur Verfügung. An ihrer Spitze steht Shelley. Zweifellos war es hier die Konjunktion von Uranus mit Venus und Sonne, die bewirkte, dass sein Geist in bezug auf Altertümer erleuchtet wurde. Sie verlieh ihm die Begeisterung für die alten Meister der Literatur und Kunst, die zur Grundlage für seinen unvergleichlichen Stil wurde. Ausser den genannten bestehen aber keine Aspekte zu Uranus, sodass dieser frei war, um mit seiner charakteristischen Gewalttätigkeit zu wirken. Denn so gut wir, wenn wir Uranus betrachten, sagen können, dass er durch die Konjunktion mit der Sonne Hilfe erhält, müssen wir den gleichen Aspekt mit gleichem Recht auch im völlig entgegengesetzten Sinne interpretieren und sagen, dass die Konjunktion mit Uranus für die Sonne als Herrin des 8. Feldes eine Bedrohung durch ein gewaltsames Lebensende bedeutet. Was die genaue Todeszeit angeht, ist zu bemerken, dass Shelley dadurch, dass Venus mit beiden Planeten in Konjunktion stand, die Möglichkeit hatte, in einem von der Venus beherrschten Lebensabschnitt zu sterben.

Wiederum haben wir den Fall von Edith Allenby, die sich selbst umbrachte, indem sie Karbolsäure nahm. Hier steht Saturn in genauer Opposition zu Uranus und im Quadrat zu Jupiter. Diese Aspekte sind viel klarer als das Trigon der Venus, sonst hätte die Gefahr möglicherweise abgewendet werden können.

Ein weiterer Selbstmordfall ist Guy de Maupassant. Bei ihm bestehen keine engen oder starken Aspekte zu Uranus, lediglich je ein zweifelhaftes Sextil von Mond und Neptun, und diese Aspekte haben, wenn sie überhaupt einen Einfluss hatten, bestimmt keinen guten gehabt. Der Herr des 8. Feldes, Mars, steht in Konjunktion mit Venus und Jupiter, aber es bestehen keine verlässlichen Aspekte. Konjunktionen kann man nicht trauen, auch wenn sie von den wohltätigsten Planeten gebildet werden, ausser, wenn sie Unterstützung aus anderen Himmelsgegenden erhalten.

Aus privaten Quellen haben wir einen Fall von Tod durch Ertrinken; er trat merkwürdigerweise genau im gleichen Alter ein wie bei Shelley. Hier steht Uranus sehr nahe an der Spitze des 9. Feldes, wenn nicht sogar tatsächlich an der Spitze, aber der Mond, der Herr des 8. Feldes, steht am Rande des Wasserzeichens in genauer Opposition zu Mars, während Uranus selbst einen Aspekt mit Neptun bildet.

Wir haben einen Fall von Ertrinken im Alter von drei Jahren, bei dem, obwohl sich Uranus nicht im 8. Feld befindet, Merkur als Herr des 8. Feldes in einem Wasserzeichen steht und ein exaktes Quadrat zu Uranus bildet. Beachten Sie, dass die Anwesenheit von Merkur im 8. Feld eine Erklärung für das frühe Alter gibt, in dem der Tod eintrat.

Es gibt noch ein oder zwei andere Beispiele für diese sekundäre Reaktion von Uranus; Zola etwa, der an Gasdämpfen erstickte, hat den Herrn des 8. Feldes im Quadrat zu Uranus und dieser Herr steht in einem Feuerzeichen.

Hier haben wir den Fall eines Kindes, das bei der Geburt erwürgt wurde, bei dem der Herr des 8. Feldes ein Quadrat von Uranus empfing, und einen andern Fall ganz gleicher Art, bei dem der Herr des 8. Feldes, Jupiter, in Konjunktion mit Mars steht und im Quadrat zu Uranus. Neptun bildet eine Opposition zu Uranus. Ein weiterer Fall eines Kindes, das sich erwürgte, weil es von einem Stuhl fiel, zeigt den Herrn des 8. Feldes, Mars, in Opposition zu Uranus. Das frühe Alter beim Tode wird von der Anwesenheit des Mondes im 8. Feld angezeigt. Nebenbei sei bemerkt, dass auch Neptun auf diese sekundäre Weise wirksam werden kann, indem er den Herrn des 8. Feldes verletzt. So hat ein Kind, das im Alter von 31 Tagen von seiner Mutter in einen Mühlebach geworfen worden war, den Herrn des 8. Feldes in einem Quadrat zu Neptun und Saturn.

Aus diesen Beispielen dürfte es klar sein, dass die Wirkung von Uranus sehr ähnlich sein kann, wenn er in einem Feld steht und wenn er den Herren dieses Feldes verletzt. Diese Erwägung sollte der Astrologe immer in seinem Geiste gegenwärtig haben, wenn er versucht, eine Veranlagung zu beurteilen.

Was die mehr allgemeinen Veranlagungen angeht, die von dieser Uranusstellung angezeigt werden, so kann man beobachten, dass der Geborene, wenn Uranus zum Herrn des 1., 3. oder 9. Feldes einen Aspekt bildet, durch diese Wirkung dazu gebracht wird, sich entweder mit dem Tod selbst oder mit Angelegenheiten des Altertums zu befassen. Er könnte zu einem Sammler von Münzen, Marken, Möbeln, Nippsachen und vielleicht auch Kunstgegenständen werden, oder sich intensiv solchen Gebieten wie Ägyptologie, Archäologie und Paläontologie widmen und genüsslich in alten und muffigen

Folianten herumschnüffeln. Die genaue Beschäftigung könnte entsprechend den Hinweisen ausgesucht werden, die durch die Aspekte der anderen Planeten geliefert werden. Ein guter Aspekt des Merkur etwa könnte ihn zu einem klassischen Gelehrten machen oder ihn dazu bringen, sein Leben zur Entzifferung von Hieroglyphen oder Keilschriften einzusetzen. Ein entsprechender Aspekt des Jupiter könnte ihn zu einem Historiker oder einem geborenen Rechtsanwalt machen. Aber diese Bestimmungen gelten natürlich nur, wenn Uranus in irgendeiner Weise mit der Persönlichkeit oder dem Geist in Verbindung steht. Im Falle der anderen Felder, wo wir den Effekt des Uranus an materiellen Angelegenheiten ermessen müssen, ist das allgemeine Ergebnis schlecht. Er könnte allerlei Schwierigkeiten im Zusammenhang mit Legaten oder mit Abschlüssen von Besitztümern bedeuten.

Wenn er in einem Aspekt zum Herrn des 6. Feldes steht, so ist es wahrscheinlich, dass die Krankheit, zu der der Geborene neigt, eine der Formen annehmen wird, die wir mit Uranus in Zusammenhang zu bringen gelernt haben. Der Tod mag als Folge eines Nervenzusammenbruchs oder einer Erkrankung wie Paralyse oder Epilepsie eintreten.

Uranus im 9. Feld

Da das 9. Feld sich in erster Linie auf Angelegenheiten der Wissenschaft und Religion bezieht, können wir erwarten, dass es sich als einer der günstigsten Aufenthaltsorte für Uranus erweisen könnte, dessen Natur zum besten Teil mit den gleichen Themen beschäftigt ist. Wie wir später sehen werden, kann beträchtliche Gefahr bestehen, wenn er sich zusehr der Spitze des 10. Feldes nähert. Wenn er sich aber eindeutig im 9. Feld befindet, kann er, insofern er die Veranlagung des Unbewussten mitbestimmt, als ganz und gar wunderbar bezeichnet werden.

Zwei der grössten Mystiker religiöser Art, die diese Erde jemals hervorgebracht hat, sind der Prophet von Nazareth und William Blake, die beide diese Stellung hatten. Die intensiv religiöse Qualität des erhabenen Ausblicks wird im ersten Falle durch ein Sextil vom Mond und die Anwesenheit von Saturn im gleichen Feld angezeigt, während wir im zweiten Fall ein Sextil von Mars finden.

Die Literatur hat zwei ähnlich hervorragende Vertreter in Emile Zola und Oscar Wilde. Der ausserordentliche Charakter, den Uranus der Lebensanschauung verleiht, kommt bei diesen beiden Fällen gut zum Ausdruck, und der Durchschnittsleser könnte der Ansicht sein, man müsse schon weit gehen und tief blicken, um bei diesen beiden Schriftstellern die religiöse Qualität zu entdecken. Und doch sind beide von der Religiosität der Menschheit beseelt. Bei Zola zeigt sich dies weniger in seinen Werken selbst, als in der feinfühligen Gesinnung, die ihnen zugrundeliegt und sie inspiriert, während es sich bei dem irischen Schriftsteller deutlicher in Schriften wie «Der Sozialismus und die Seele des Menschen» und «De profundis» ausdrückt. Man muss natürlich bei all diesen Fällen beachten, dass Uranus nicht in gleichem Sinne ein religiöser Planet ist wie Jupiter. Er ist immer gross, tolerant und unkonventionell. Ihm geht es eher um Wohlwollen gegenüber den Menschen als um theologische Probleme. Gelegentlich scheint er sich ausschliesslich der Naturwissenschaft zu widmen, wie im Falle von Kopernikus, dessen Aspekte durchgehend wunderbar sind. Aber da sich Uranus im Skorpion befindet, konnte man eigentlich nur eine Hinwendung zur Naturwissenschaft erwarten.

Zwei grosse Dichter, Swinburne und de Musset, haben diese gleiche Stellung, und in beiden Fällen ist festzustellen, dass sich ihr religiöser Instinkt – wie so oft – in der Form absoluter Irreligiosität äussert. Wie Faller bemerkt: «...die ersten Christen nannte man Atheisten, und doch glaubten sie an Gott; die letzten Christen nennt man Theisten, und doch glauben sie nicht an Gott; die ersten Freidenker wurden Atheisten genannt, und doch glaubten sie an Nicht-Gott; die letzten Freidenker wird man Theisten nennen, und doch werden sie nicht an Nicht-Gott glauben.»

Swinburnes «Hymn of Man», «Before a Crucifix» und ähnliche Gedichte sind viel echter religiös als eine Reihe der Traktate, die man als fromm ansieht, weil ihre Auffassung des Kosmos viel religiöser und demütiger ist. Die herkömmliche theologische Auffassung, dass unser Planet der allgemeine Brennpunkt des göttlichen Interesses sei, könnte man als Blasphemie eines egozentrischen Paranoikers bezeichnen. Die Gerechtigkeit der Gerichte, die George Edalji verurteilten, vorausgesetzt, ist in bezug auf die geistige Anlage diese Uranusstellung sehr lehrreich. Denn Uranus steht in Opposition zu Merkur, und wenn sie im Kapitel über die Aspekte zu Uranus nachsehen, werden sie über diesen Punkt noch weitere Angaben finden.[11]

Was die eher allgemeineren Bedeutungen dieser Stellungen betrifft, so lässt sich sagen, dass sich darin eine starke Aktivität des unbewussten Wesens äussert. Der Geist ist gewöhnlich sehr sensibel, sehr medial, sehr intuitiv und hat vor allem die Fähigkeit – die zur wahren Art des Mystizismus gehört – alle Erscheinungen als notwendigerweise aufeinander bezogen zu verstehen, oder, um den wohlbekannten Satz aus dem Glaubensbekenntnis der Mystiker zu verwenden: «Versteht jede Erscheinung als einen unmittelbaren Umgang Gottes mit der Seele.» Menschen, die mit dieser Stellung zur Welt kamen, setzen fast immer ihre geistige Tätigkeit auch im Schlaf fort, und in vielen Fällen, besonders, wenn Uranus von Mond oder Neptun, aber auch sonst verletzt ist, können sie beunruhigenden Träumen unterworfen sein.[12] In der Kindheit müssen diese Menschen sehr sorgfältig behütet werden. Wenn sie unter Nachtmahren leiden oder im Dunklen Angst haben, soll man sie nicht bestrafen, sondern alle möglichen Massnahmen treffen, um ihre Schwierigkeiten zu beheben. Wenn sie von seiten der Eltern einen Mangel an Sympathie feststellen, kann ihr ganzes Leben verpfuscht sein. In den günstigsten Fällen wird die Tätigkeit des Unbewussten während des Schlafes sehr oft ausserordentlich wohltätig sein und im Wachzustand zu aussergewöhnlich wertvollen Gedanken führen. Es wird den Anschein machen, als würde dem Erwachen unmittelbar eine tatsächliche Inspiration folgen, oder auch, dass diese in den Wachzustand mitgenommen würde und dann eine Art Erleuchtung hervorbrächte. Die Probleme, die einen am Vortag beschäftigten und mit Sorge erfüllten, sind am Morgen gelöst. Diese Tendenzen sind es wert, gefördert zu werden; Menschen mit dieser Anlage sind oft ausserordentlich wohltuend für ein Leben in Meditation und Gebet, oder wie sie es immer nennen mögen. Wir meinen damit nur, dass das Bewusstsein der Welt, die hinter und über den Erscheinungen liegt, an die Stelle der trügerischen und wechselnden Welt selbst treten könnte.

Solche Menschen sollten allerdings vermeiden, ihre Ansichten publik zu machen, denn Menschen von einfacherem Gemüt könnten sich durch ihre Äusserung angegriffen fühlen. Neben den vergleichsweise allgemeingültigen Erfahrungen, von denen oben die Rede war, ist es sehr wahrscheinlich, dass sich der Geborene in einem ungewöhnlichen Mass dazu eignet, die allerhöchsten Höhen geistiger Entwicklung zu erreichen. Die Namen der beiden oben erwähnten religiösen Lehrer sind in diesem Punkt Beweis genug.

Wie schon zuvor entartet die Qualität des Uranus, sobald wir zu seinem Einfluss auf materielle Dinge kommen. Die Brüder und Schwestern des Ehepartners dürften exzentrische Personen sein und dadurch für anhaltende Schwierigkeiten sorgen. Auch in bezug auf lange Reisen ist Uranus wieder ungünstig; besonders, wenn er in einem Wasserzeichen steht, besteht die Gefahr des Ertrinkens. Wenn man solche Punkte beurteilen will, muss man sehr sorgfältig die Aspekte des Uranus zu den Herren der anderen Felder, die sich auf diese Dinge beziehen könnten, in Betracht ziehen. Und wenn der Geborene eine Reise zu unternehmen wünscht, sollte er sehr genau seine Direktionen und Transite beachten. Man muss allerdings sagen, dass er sich immer wieder dazu genötigt sehen wird, solche Reisen mit grösster Plötzlichkeit zu unternehmen. Dadurch wird er kaum Zeit dazu haben, darüber nachzudenken, ob er damit klug handelt oder nicht.

Uranus im 10. Feld

Die erste Bedeutung des 10. Feldes ist die Mutter. Sie wird also von Uranus angedeutet sein, ganz genau wie der Vater im 4. Feld, und für sie mögen die gleichen Bemerkungen gelten, die dort für den Vater gemacht worden sind. Allerdings ist diese Stellung nicht ganz so günstig, weil Uranus Eigenschaften besitzt, die man zwar einem Mann verzeiht, die bei einer Frau aber ganz unentschuldbar sind. Überdies ist die Wahrscheinlichkeit im vorneherein geringer, dass die besten Seiten dieses Planeten zum Vorschein kommen werden, solange Wissenschaft und Staat im wesentlichen in den Händen des starken Geschlechts bleiben.

Diese Unvereinbarkeit des Uranus mit dem Weiblichen ist so ausgesprochen, dass es klüger ist – sofern keine starken Gründe dagegen sprechen – den Herrn des 10. Feldes als Repräsentanten der Mutter zu betrachten, und nicht Uranus.

Weit wichtiger ist die Beziehung des 10. Feldes zur Berufslaufbahn und zum beruflichen Ansehen des Geborenen. Hier findet Uranus weiten Spielraum zur Entwicklung all seiner Eigenheiten. Er kann sich zu den höchsten Höhen erheben, aber dies wird fast immer mit Wechselfällen und Abenteuern nicht eben geringen Ausmasses verbunden sein, und die Möglichkeit eines Zusammenbruchs ist ebenso gross oder vielleicht sogar grösser, als wenn Saturn diese Stellung einnimmt. Allerdings liegt, ausser, wenn der Tod das Kapitel beschliesst, nicht der gleiche Grund zur Verzweiflung vor. Uranus schlägt Sie plötzlich zu Boden, aber sehr oft gibt er Ihnen eine Chance, nochmals hochzukommen, während das Unheil, das Saturn verursacht, nichts anderes als der Gipfelpunkt eines Abnützungsvorgangs ist. So finden wir Gladstone immer und immer von neuem von überwältigenden Mehrheiten abgelehnt, und mit ebensolcher Plötzlichkeit und Heftigkeit innerhalb weniger Jahre oder Monate wieder an die Macht kommen. Ein Studium der kometenhaften Karriere Winston Churchills sollte in diesem Zusammenhang ebenfalls lehrreich sein.

Ein gar noch glänzenderes Geschick hatte Paul Krüger. Wohl schien ihn häufig das Glück zu verlassen, aber es kehrte immer wieder zurück, bis zum letzten Schlag des letzten Burenkrieges. Die Abenteuer Jay Goulds an der Wall Street bilden ein weiteres Kapitel in der Geschichte dieser Stellung, und zwar ein sehr charakteristisches. Im Falle Rossettis durchlief sein Ruf nicht nur unzählige Wechsel, sondern wurde schliesslich durch seine Geisteskrankheit – bedingt durch die Mars-Neptun Konjunktion im 9. Feld – stark angeschlagen. Ruskins Berühmtheit war von der gleichen grossen und fragwürdigen Art, während wir bei Chatterton finden, dass sein Ruf in Wirklichkeit nicht so sehr auf seiner durchgeführten Arbeit beruht, sondern auf der Entdeckung seiner Fälschungen, seinem Selbstmord und dem Skandal, der dadurch hervorgerufen wurde. Das Quadrat des Uranus zur Sonne zeigt vielleicht an, dass der Verlust an Ansehen, der durch diese Entdeckung eintrat, sein Leben selbst bedrohte.

Der ausserordentliche Ruf Ludwigs II. von Bayern, seine Veranlagung und sein Tod, sei dieser nun durch seine eigene Hand oder die eines andern herbeigeführt worden, ist bis in alle Einzelheiten typisch für die Wirksamkeit des Uranus. Sein Einfluss zeigt sich auch in all diesen Geburtsbildern, indem er zu einer besonders phantastischen Art von Ansehen führt, die oft gar nicht verdient ist. Die Publizität, die Uranus verleiht, verbindet sich mit dieser Ursache, um einen möglichst grossen Skandal mit einem Minimum an Ursachen heraufzubeschwören. Jeder der Menschen, die wir erwähnt haben, wurde andauernd auf die schockierendste Weise angegriffen, in einer Art, die in gar keinem Verhältnis stand zu jedem möglichen Verbrechen, das irgendein

Mensch begangen haben könnte. Keiner, der während der Anfangszeit von Gladstones Macht nicht in England gelebt hat, ist imstande, die Bösartigkeit des Hasses zu verstehen, der ihn verfolgte. Keine Lüge war zu absurd, um über ihn in Umlauf gebracht zu werden, kein Vorschlag, wie man mit ihm fertigwerden könnte, zu drastisch. Von sonst ganz orthodoxen Geistlichen wurde er mit dem Tier der Apokalypse identifiziert, und sonst durchaus verantwortungsbewusste Bürger, die keiner Fliege etwas zuleide hätten tun können, rieten in allem Ernst zu seiner Ermordung.

Winston Chruchill wurde in ganz ähnlicher Weise angegriffen. Eine absolut vernichtende Geschichte über seine Flucht aus Pretoria wurde immer wieder in Umlauf gesetzt, bis wiederholte Anklagen wegen übler Nachrede die Münder seiner Feinde zumindest in bezug auf diesen bestimmten Punkt schlossen. Aber dies ist bloss einer von Hunderten solcher Angriffe. Man muss nur die englischen Zeitungen aus dem Jahre 1915 lesen, um die beinahe unglaubliche Bitterkeit seiner Feinde wahrzunehmen. Eine entsprechende Durchforschung der Archive von englischen Zeitungen aus den Neunzigerjahren würde eine ähnlich verrückte Wut gegen Krüger enthüllen. Rossetti war das Opfer grausamster Verfolgung, wofür Buchanans «Fleshly School of Poetry» zeugt. Ruskin zog sich die Feindschaft Whistlers zu und wurde von ihm in «Die artige Kunst, sich Feinde zu machen» so gut wie bei lebendigem Leibe geschunden. Diejenigen, die mit amerikanischen Zeitungen und Zeitschriften vertraut sind, müssen nicht daran erinnert werden, dass Jay Gould das Opfer ebenso hartnäckiger und bitterer Angriffe war.

Der mit dieser Uranusstellung Geborene muss sich demgemäss darauf gefasst machen, in Dingen seines Ansehens die rauhen Seiten ebenso hinzunehmen wie die angenehmen. Selbst im engen Kreise des gewöhnlichen Privatlebens ist dies der Fall; und nachdem sich Uranus bei solchen Menschen nicht in der gleichen Weise ausdehnen kann, wie bei den öffentlich auftretenden Charakteren, kann seine gute Seite verdorben werden. Besonders Frauen können sicher sein, auch das kleinste bisschen Ansehen zu verlieren.

So weit sich Uranus auf den Beruf bezieht, wird er sich hauptsächlich in Wechselfällen auswirken. Für jeden, der diese Stellung hat, ist es viel besser, wenn er sich auf jede erdenkliche Weise bemüht, seine berufliche Tätigkeit so öffentlich wie möglich zu machen, und sich, wo immer er kann, mit einer grossen Körperschaft zu verbinden. Ein Arzt zum Beispiel sollte versuchen, sich eine Staatsstelle zu sichern. Wenn er sich auf eine Privatpraxis versteift, ist beinahe sicher mit Schwierigkeiten zu rechnen.

Das 10. Feld bedeutet auch den Vorgesetzten des Geborenen, und dies ist gar nicht so schlecht. Der Arbeitgeber wird zweifellos eine autoritäre Person von grossem Einfluss und starkem Willen sein, aber er wird tolerant sein und wahrscheinlich wenig zu kleinlicher Tyrannei neigen. Gleichzeitig ist er aber imstande, den Geborenen aus einem Grunde zu entlassen, den dieser nicht verstehen kann.

In bezug auf seine Geschäfte wird der Geborene klug sein, sie auszudehnen, ähnlich wie beim Beruf. Er sollte sich um Verträge mit dem Staat bemühen und sollte sich eher mit dem Grosshandel, als mit Detailgeschäften befassen. Immer muss er auf der Hut sein vor Bankrott, Streiks und anderen Störungen seines Handels. Alles in allem ist diese Uranusstellung nicht sehr wünschenswert; ausser, wenn er sehr günstig aspektiert ist, wird die Laufbahn bestimmt sehr stürmisch sein, ganz gleich, auf welchem Lebensgebiet sie liegen mag. Ein letzter Punkt, der noch in Betracht gezogen werden muss, ist, dass Uranus, wenn er zum Herrn des 1. Feldes einen Aspekt bildet, den Geborenen aussergewöhnlich kühn, ja sogar waghalsig und vermessen machen kann. Lassen Sie einen solchen Menschen sich daran erinnern, sofern er kann, dass er «bei seiner Einweihung gelehrt wurde, vorsichtig zu sein».[13]

Uranus im 11. Feld

Obwohl Wassermann das natürliche Zeichen für die Spitze des 11. Feldes ist, ist der Einfluss von Uranus in diesem Feld nicht besonders gut, denn die Vorstellung der Freundschaft beinhaltet vor allem die Verlässlichkeit, und Uranus mangelt bei all seinen Tugenden gerade diese. Die Freunde des Geborenen mögen manchmal von erhabener Art sein oder berühmt für das, was sie erreicht haben; kurz, Uranus zeigt die Art der Freunde an, und wenn sie nicht so hervorragend sind, werden sie die schlimmste Seite des Planeten aufweisen, die gewalttätige und exzentrische Seite.

Im Falle von Nell Gwynn ist z. B. König Karl II. deutlich von Uranus angezeigt. Wenn wir das sagen, muss dabei bedacht werden, dass wir nicht meinen, der König sei ausgesprochen ein Uranier gewesen, nur, dass er in dieser

Verbindung mit ihr auf uranische Weise handelte. Im Falle von Eduard VI. wäre zum Beispiel nichts verkehrter als zu sagen, dass seine Freunde Uranier in diesem besonderen Sinne gewesen wären, und nur deshalb, weil er König war, konnten sie nicht erhabener sein als er. Die Konjunktion des Mars, das Trigon des Neptun und das Quadrat des Merkur deuten eher darauf hin, dass hier die wissenschaftliche Seite von Uranus zum Ausdruck kommt und seine Stellung sich nicht so sehr auf die Hoffnungen und Wünsche des Geborenen bezieht, von denen wir wissen, dass sie mit den besten Kräften des Planeten übereinstimmten.

In allen gewöhnlichen Fällen lässt sich jedoch sagen, dass der Geborene plötzlich und impulsiv Freundschaften schliessen, an ihnen leidenschaftlich festhalten und sie dann plötzlich fallenlassen dürfte, «wie eine heisse Kartoffel,» wie man so sagt. Durch Freundschaften ist auch mit einiger Gefahr zu rechnen. Sinnlose Streitigkeiten dürften an der Tagesordnung sein, Verrat ist nicht unmöglich, aber der Geborene dürfte in dieser Hinsicht nie vorsichtig werden, soviel schlechte Erfahrungen ihn dies auch lehren mögen. Viel Gutes könnte für den Geborenen allerdings aus Verbindungen mit Personen von hoher Stellung oder grossem Einfluss erwachsen, aber die Schwierigkeit wird immer sein, einen zeitweiligen Erfolg in diesem Sinne in einen dauernden überzuführen. Es ist auch recht wichtig, sich daran zu erinnern, dass die Faszination, die solche eigenartigen Freundschaften, wie wir sie oben erwähnt haben, zu einer wahren Besessenheit ausarten kann und den Geborenen dahin bringt, sein Leben als Bohemien zu vergeuden. In einigen Fällen können von Uranus noch schwerwiegende Bedrohungen ausgehen. Obwohl König Ludwig II. von Bayern Uranus im 10. Feld stehen hat – wir haben ihn dort besprochen –, muss beachtet werden, dass er nur 2½ Grad von der Spitze des 11. Feldes entfernt steht, und es ist sehr wohl möglich, dass sich einiges von seinem Einfluss auch auf das 11. Feld hinüber erstreckt. Der Leser wird sich an die Tatsache erinnern, dass dieser König dank der Wahl seiner Vertrauten, die kaum weniger exzentrisch war als diejenige, die Heliogabalus traf, in den Ruf der Verrücktheit geriet, was vielleicht nicht ganz unverdient war. Gleichzeitig sieht man hier deutlich, dass sich der Einfluss von Uranus auf beide Felder ausdehnt, sodass die Wahl seiner Freunde und der Verlust seines guten Rufs eng miteinander verbunden waren. Wie im Kapitel über die Aspekte des Uranus erklärt, [14] ist das Mond-Sextil günstiger, es sei denn, ein starker

Impuls für die Gesundheit käme aus einem anderen Teil des Horoskops. Durch die engeren Aspekte dieses Planeten wird eine Art Verwirrung des Denkens verursacht, die oft zu einem Unglück führt. Menschen mit dieser Stellung sollten vorsichtig darauf bedacht sein, in der Wahl ihrer Genossen die bessere Seite des Uranus zur Geltung zu bringen.

Uranus im 12. Feld

Im 12. Feld ist der Einfluss von Uranus sehr wesentlich. In seiner Wirkungsweise hat er etwas Heimliches, das sich sehr gut mit dem Charakter dieses Feldes verträgt. Allerdings, was die geheimen Feinde angeht, bestehen schlechte Aussichten, denn er schenkt diesen äusserste Handlungsfreiheit. Zu den unvorhergesehensten Zeiten werden sie sich von hinten auf Sie stürzen und Sie zu Boden reissen, wenn Sie nicht sehr vorsichtig sind. Andererseits, wenn Ihr Uranus günstig gestellt ist, kann er Sie zu einer äusserst wichtigen Person machen, sei es in einer Geheimgesellschaft, sei es als Unterhändler bei Verhandlungen, bei denen es auf jede Art von Trug und Täuschung ankommt, und auch auf die Verschwiegenheit.

Das Feld bedeutet Beschränkung und Zurückhaltung und deshalb, da Uranus behördliche Qualitäten verleiht, ist es wahrscheinlich, dass der Geborene eine öffentliche Stellung in Institutionen wie Altersheimen, Spitälern, Gefängnissen, Fabriken und sogar in abgelegenen Örtlichkeiten innehat. Er könnte z. B. berufen werden, einen abgelegenen Distrikt in der Sahara oder in einer ähnlichen Einsamkeit zu verwalten. Dies mag auch auf die kleineren Dinge zutreffen, sodass Unglücksfälle auftreten, die Verspätungen und Verzögerungen an unzugänglichen Stellen nach sich ziehen.

Der Geborene sollte sehr sorgfältig abwägen, wem er sein Vertrauen schenkt. Er neigt im höchsten Mass dazu, der falschen Person zu trauen. Der feindliche Charakter dieses Feldes in bezug auf die meisten Dinge dürfte dem

Bild 12: Die südliche Himmelshalbkugel von Albrecht Dürer. Rechts oben der Orion, ein bei uns im Winter sichtbares Sternbild, daneben der kleine Hund (Canis minor), der den Hundstagen den Namen gegeben hat. Die Sonne steht im Hochsommer in jener Himmelsgegend.

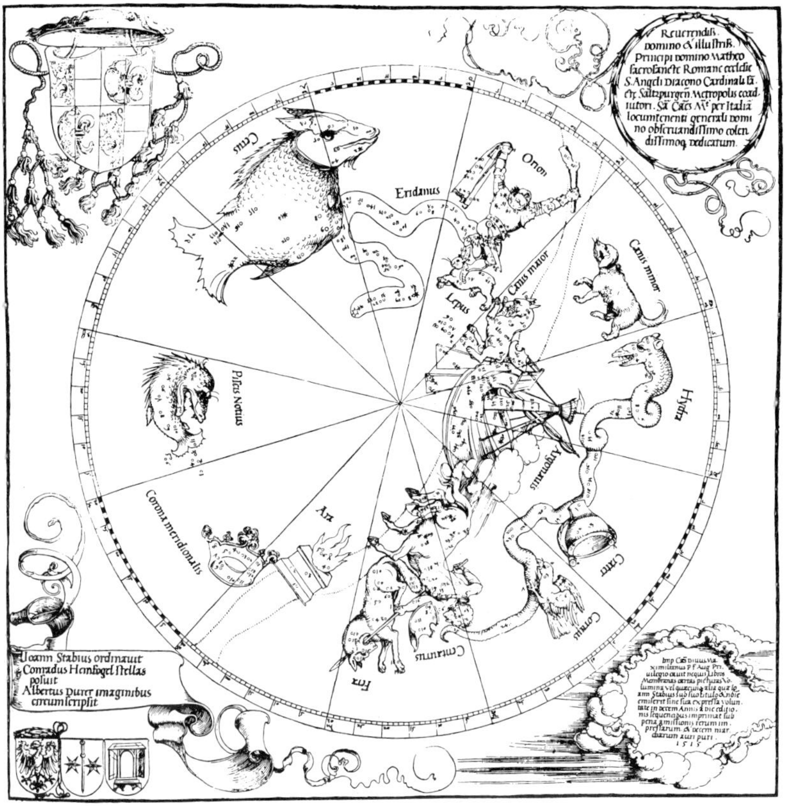
Reuerendiss.
domino & illustriss.
Principi domino Mattheo
sacrosancte Romane ecclesie
S. Angeli Diacono Cardinali Ec.
cle. Saltzpurgen. Metropolis coad.
iutori. Sac. Caes. Mt. per Italia
locumtenenti generali domi
no obseruandissimo colen
dissimoq. dedicatum.
Cetus
Eridanus
Orion
Canis minor
Canis maior
Lepus
Piscis Notius
Hydra
Argonauis
Corona meridionalis
Ara
Crater
Coruus
Centaurus
Fera
Ioann Stabius ordinauit
Conradus Heinfogel stellas
posuit
Albertus Durer imaginibus
circumscripsit
Imp. Caes. Diuus Ma
ximilianus P. F. Aug. Pri.
uilegio cauit nequis Libros
Membranas cartas picturas Vo.
lumina vel quecunq. alia que Io.
ann Stabius sub suo titulo & in die
emiserit sine sua expressa volun.
tate in decem Annis a die editio.
nis sequentibus imprimat sub
pena amissionis rerum im.
pressarum & decem mar.
charum auri puri.
1515

Geborenen auf viele Arten ernste Schwierigkeiten bereiten. In extremen Fällen kann er Gefahr laufen, ermordet zu werden; in andern, eingesperrt oder verbannt zu werden. Als Beispiel für das Letztere steht Victor Hugo, der Uranus an der Spitze des 12. Feldes hat, und einen grossen Teil seines Lebens in der Verbannung zubrachte. Das gleiche gilt für Dante, obwohl in seinem Fall der Planet mitten im Feld steht. Als Beispiel einer Ermordung haben wir den Sohn des ehemaligen Königs von Portugal, Don Carlos, der erschossen wurde, als er mit seinem Vater durch die Strassen von Lissabon ritt.

Die Fälle von Erasmus und Bernhard Shaw sind etwas schwierig einzuordnen. Man muss sich bei diesen Planetenstellungen in den Feldern immer vergegenwärtigen, dass die Geburtszeit sehr oft nicht genau angegeben ist, und dass ein Unterschied von wenigen Minuten einen Planeten bereits in das Einflussgebiet des nächsten Feldes bringen kann.[15]

In diesen beiden Fällen sieht es so aus, als ob die Stellung des Uranus so gewesen sein muss, dass sich zumindest der wichtigste Teil seines Einflusses auf das erste Feld erstreckt. Und doch können wir sagen, dass Erasmus dauernd in Gefahr schwebte, eingesperrt zu werden, und dass Shaw während seines ganzen Lebens bei den angeseheneren Schichten der Bevölkerung ausserordentlich unbeliebt war, und dass zweifellos viele Versuche unternommen worden sind, ihn zu Fall zu bringen. Im besonderen war er seit dem Ausbruch des grossen Krieges in mehr oder weniger ständiger Gefahr, ermordet zu werden. Im Falle von Strauss trägt die Konjunktion von Sonne und Uranus viel dazu bei, diesen besonderen Teil des Einflusses zu modifizieren, nachdem die Natur der Sonne in jedem Punkt derjenigen des 12. Feldes vollständig entgegengesetzt ist.

Eine letzte Bemerkung noch. Der Geborene muss mit einer grossen Gefahr rechnen, wenn er etwas mit wilden, grossen Tieren zu tun hat. Es ist wahrscheinlich, dass er sie gut in der Gewalt hat, aber es ist in jedem Augenblick mit einem gewaltsamen Ende zu rechnen.

Ein Mann könnte zum Beispiel ein hervorragendrer Reiter werden, nur, um sich zum Schluss abwerfen zu lassen und dabei umzukommen: Oder er könnte sich als Grosswildjäger einen Namen machen, zuletzt aber ein Opfer seines Wagemuts werden. Die Atmosphäre des Uranus ist immer voller Abenteuer und Entkommen um Haaresbreite. Dieser Einfluss wird sich ziemlich sicher zeigen, in welchem Feld Uranus auch steht.

Teil IV
Anhang

Anmerkungen
Einführung

1 Regardie, Dr. I. «The Golden Dawn». 2 Bde. Aries Press, 1939–42. SS

2 Crowley, A. «The Equinox», 1909–14, besonders Bd. 1, Nummern 1–5. SS

3 King, F. «Astral Projection Magic and Alchemy». Neville Spearman, London 1972. Dieses Buch enthält die sogenannten «Flying Rolls», die die offiziellen und halboffiziellen Schriften des Golden Dawn waren, von S. L. M. Mathers und anderen geschrieben. SS

4 Torrens, R. G. «The Secret Rituals of the Golden Dawn». Aquarian, London 1972. SS

5 Crowleys spezielle Version der Magie, nach einer alten Form der Schreibung. SS

6 Die ganzen theoretischen Grundlagen dieses Systems und grundlegende praktische Angaben aus den Quellen des Golden Dawn, die auch unpublizierte Manuskripte von Dee und Ashmole enthalten, finden sich in dem Buch des schreibenden Herausgebers «Enochian Magic». Über die linguistischen Aspekte des Enochischen, vergleiche «Languages Outside Earth» von Dr. D. Laycock, das nächstens veröffentlicht werden soll. John Dees «True and Faithful Relation of what Passed for Many Years between Dr. John Dee… and some Spirits», 1659, ist jüngst in einer beschränkten Auflage von 350 Exemplaren von Askin Publishers, New York nachgedruckt worden. SS

7 Genauere Angaben finden sich in Francis Kings «Ritual Magic in England», Neville Spearman, London 1971. SS

AC – Aleister Crowley
SS – Stephen Skinner (Herausgeber)
MG – Matthias Güldenstein (Übersetzer)

Anmerkung
Vorwort

1 Mathew Hopkins machte sich im 17. Jahrhundert zu einem «Witch-Finder-General», da berufliche Hexensucher gut bezahlt wurden. Leute, die in der puritanischen Kirche unbeliebt waren, folterte er, bis sie sich als Hexen bekannten und strich dann eine geldliche Belohnung ein. Oft gaben alte Frauen ihre Schuld zu, weil Galgen oder Scheiterhaufen leichter zu ertragen waren als wochenlanges Foltern. Dieser Fanatiker rühmte sich, allein in den Jahren 1645 bis 1647 über hundert Hexen zur Strecke gebracht zu haben. (F. Baumer: Vom Zauberkult zur Psychoanalyse, München 1970, S. 59 und G. B. Gardner: Ursprung und Wirklichkeit der Hexen, Weilheim/Obb. 1965, S. 31. MG)

Anmerkungen
Teil I

1 Crowleys Vermutung, dass es ausserhalb des Neptun noch einen Planeten gebe, erwies sich als richtig: im Jahre 1930 wurde der Planet Pluto entdeckt. Allerdings könnte es sein, dass Pluto noch nicht der äusserste Planet ist, weil auch seine Bahn aus den Bewegungen des übrigen Sonnensystems nicht restlos erklärbar ist. Man hat auch die Hypothese aufgestellt, dass Pluto nicht von der Sonne ausgeschleudert wurde, sondern ein Riesenmeteor oder sonst ein Körper von ausserhalb unseres Sonnensystems sein könnte, der vom Schwerefeld unseres Sonnensystems angezogen und eingefangen wurde. Noch sind die Astrologen dabei, die Einflüsse, die von Pluto ausgehen, zu prüfen. Sie sind bisher zur Auffassung gekommen, dass er fast sicher etwas mit Mars gemeinsam hat. Nach den Erfahrungen, die über den Plutoeinfluss gesammelt worden sind, scheint es, dass er mit Mars gemeinsam als Herrscher im Skorpion anzusehen ist. Siehe auch Anhang. SS

2 1 AE=149,5 Mill. km. MG

3 Immer jeweils durch 10 geteilt natürlich. SS

4 Eine Tabelle über die Bodesche Regel findet sich im Anhang. SS

5 Wie bei der Entstehung des Neptun. MG

6 Hier irrt Crowley: Die Drehbewegung des Mondes um die eigene Achse muss genau mit seinem Umlauf um die Erde übereinstimmen. Nur so kann er uns immer die gleiche Seite zukehren! MG

7 Heute gilt die Äthertheorie nicht mehr als wissenschaftliches Erklärungskonzept für die Schwerkraft (ausser in ein paar wissenschaftlich nicht anerkannten Zirkeln). Dennoch hat die Feststellung noch heute insofern Geltung, als die Natur der Kraft nicht bekannt ist, sondern nur ihre Wirkungsformen. SS

8 A-tomos=griech.: un-teilbar. MG

9 H. Spencer, 27.4. 1820 – 8.12. 1903, engl. Philosoph. Von der Unmöglichkeit einer Erkenntnis in den letzten Fragen war S. überzeugt, da alle Grundbegriffe nur Symbole und nicht Erkenntnisse enthielten. In «A System of Synthetic Philosophy» (10 Bde. 1892–1896, dt. 1875–1901), Bd. 1: Grundlagen (First Principles). dtv-Lexikon 1968. MG

10 D. Hume, 26.4. 1711 – 25.8. 1776, engl. Philosoph. Traktat über die

menschliche Natur, 3 Bde. (1739/40, dt. 1923), dtv-Lexikon 1968. MG

11 T. Huxley, 4.5. 1825 – 29.6. 1895, engl. Zoologe und Anatom, vertrat als einer der ersten Naturforscher die Abstammungslehre Darwins, Grossvater von Aldous und Julian Huxley. dtv-Lexikon 1968. MG

12 Besonders für die Planeten Neptun und Uranus. SS

13 Eine Übersicht über die Aspekte und ihre Namen finden Sie im Anhang. MG

14 Vgl. dazu aber Kap. 5 über die schöpferische Freiheit! MG

15 Eine ähnliche Art der Beurteilung von Horoskopen nach «Aspektniveaus» entsprechend der Vielzahl und Genauigkeit der Aspekte hat Louis de Wohl («Sterne, Krieg und Frieden», Olten, 1951) wieder aufgegriffen. Der «Beweis» Crowleys ist in dieser Form allerdings eine einseitige Behauptung: Er könnte ebensogut mit der Aufzählung einer Reihe braunhaariger Berühmtheiten «beweisen», dass braune Haare etwas mit Berühmtheit zu tun hätten. Die Zusammenfassung von Aspekten zu Komplexen spielt jedoch auch wieder in der modernen psychologischen Astrologie eine Rolle. MG

16 Pelion, Ossa und Olymp waren heilige Berge Griechenlands. Crowleys Bemerkung bezieht sich auf die Sage von den Zwillingssöhnen des Poseidon, den Riesen Otus und Ephialtes, die auch als die Aloaden bekannt sind, welche versuchten, den Himmel zu stürmen, indem sie die heiligen Berge aufeinandertürmten. Diese Geschichte wird in der Odyssee im einzelnen berichtet. SS, gekürzt MG

17 Die Sternbilder, aus astronomisch gesehen ganz unterschiedlichen Sternen willkürlich zusammengefügt und von ganz unterschiedlicher Ausdehnung am Himmel, sind zu unterscheiden von den Tierkreiszeichen, den zwölf gleichgrossen Abschnitten der scheinbaren Sonnenbahn, vom Frühlingspunkt aus abgeteilt. Die Zeichen des Tierkreises (Zodiakus) stimmen heute mit den Sternbildern gleichen Namens nicht mehr überein, weil dank der Präzessionsbewegung der Frühlingspunkt heute im Übergang der Sternbilder Fische und Wassermann steht. Steht astrologisch gesehen der Mars im Tierkreiszeichen Widder, so ist er am Himmel im Sternbild Wassermann zu finden. Vgl. auch Anmerkung 19. MG

18 Quinarien werden von modernen Astrologen kaum verwendet. Crowley wurde auf sie im Besonderen durch das astrologische Material des «Golden Dawn» aufmerksam. SS

19 Dies stimmt dank der Präzessionsbewegung (der Verschiebung der Frühlings-Tag-und-Nacht-Gleiche gegenüber dem Zodiakus) nicht mehr. Als anschauliches Beispiel mag man es jedoch gelten lassen. SS

20 Aus dem englischen Sprachbereich wurde meist das Wort «Häuser» für die Zwölftel des Horizontkreises übernommen. Andere Autoren haben dafür das Wort «Felder» eingeführt, weil gelegentlich auch die Tierkreiszeichen als Häuser der Planeten bezeichnet werden. Ich verwende hier ebenfalls das Wort «Feld» anstelle von «Haus». MG

21 Die Deklination (Abweichung von der Äquatorebene) eines Planeten kann nördlich oder südlich sein. Da einige Astrologen bei gleicher Deklination – unabhängig, ob südlich oder nördlich – zweier Planeten von einem Parallel-Aspekt sprechen, stimmt diese Definition nicht unbedingt. MG

22 In der Praxis erweist sich das Halbquadrat als ein stärkerer Einfluss als das Halbsextil. SS

Über die Wirksamkeit der Aspekte, insbesondere der sogenannten «kleinen», lässt sich in guten Treuen streiten. Ich glaube, dass bei der Beurteilung dieser Aspekte auch die Empfindlichkeit des Deutenden für den einen oder anderen Aspekt eine Rolle spielt. MG

23 Das «Lick Observatory», die Lick-Sternwarte liegt auf dem Mount-Hamilton in Kalifornien und wurde nach ihrem Stifter, dem amerikanischen Industriellen James Lick (1796–1876) benannt. dtv-Lexikon, 1968. MG

24 Wie bereits betont sind die Formalitäten und technischen Einzelheiten der Astrologie exakte Operationen, genau wie das Auslegen eines Tarot-Kartenspiels oder der Umgang mit geomantischen Figuren. Aber die wirkliche Kunst besteht in der intuitiven Interpretation der entsprechenden Figur. Obwohl die Konfiguration die Antwort bis zu einem gewissen Grade bestimmt, ist damit die genaue Ausdeutung der vorhandenen Faktoren in Beziehung auf den gegebenen Fall noch nicht festgelegt – diese hängt in hohem Mass von der Wahrnehmungsfähigkeit des Deuters ab. SS

25 Die hier gegebene Anleitung bezieht sich auf englische Verhältnisse. Als Faustregel mag sie auch für die anderen Gebiete gelten, sofern man zuerst die Geburtszeit entsprechend korrigiert. MG

26 Sideral Time ist die Umlaufzeit der Erde um ihre Achse. 24 Std. unserer Zeit entsprechen 24 Std. 3 Min. 56½ Sek. siderischer Zeit. SS

27 Wenn das Horoskop für jemanden aufgestellt werden soll, der östlich oder westlich von Greenwich oder südlich des Äquators zur Welt kam, müssen diese Berechnungen noch korrigiert werden. Ebenso muss eine allfällig zur Geburtszeit gültige Sommerzeit in Rechnung gestellt werden. SS

28 Sie werden bemerken, dass die Ephemeride ganz auf der rechten Seite auch noch die Aspekte, besonders die des Mondes, angibt. Es ist aber klüger, besonders als Anfänger, diese nicht zu beachten und die Aspekte selbst zu berechnen, weil in der Ephemeride nur die exakten Aspekte angegeben werden, und es noch viele andere geben könnte, die astrologisch wirksam sind, aber für den Tag, für den Sie das Horoskop berechnet haben, nicht angeführt sind. AC

29 Die genauen astronomischen Verhältnisse finden Sie in einschlägigen Lehrbüchern über Astronomie dargestellt. MG

30 Offenbar hatte Crowley vor, ein ganzes Lehrbuch zu schreiben, von dem hier nur einige Fragmente vorliegen. Sie finden also alle diese Angaben nicht hier im Buch. MG

31 Für Neptun und Uranus sind die entsprechenden Angaben hier ausgearbeitet. Über die Einflüsse der sieben traditionellen Planeten müssen Sie eines der gebräuchlichen Lehrbücher heranziehen. SS

32 John Ruskin, engl. Schriftsteller und Sozialreformer (8.2. 1819–20.1. 1900) wirkte von 1870–84 als Professor für Kunstgeschichte in Oxford. Als Verehrer der mittelalterlichen Malerei unterstützte er die «Präraffaeliten», eine englische Künstlergruppe, zu der auch D.G. Rossetti gehörte, und die sich an der italienischen Malerei vor Raffael orientierte. Im Gegensatz dazu war James Mac Neill Whistler, ein nordamerikanischer Maler und Grafiker (10.7. 1834–17.7. 1903), der hauptsächlich in England lebte, impressionistisch orientiert. MG

33 John Dryden, engl. Dichter, (9.8. 1631–1.5. 1700), Henry Wadsworth Longfellow, amerik. Dichter, (27.2. 1801–24.3. 1882); Walt Whitman, amerik. Dichter (31.5. 1819–26.3. 1892): seine freien rhythmischen Verse stehen in starkem Gegensatz zu den trochäischen Vierhebern Longfellows z. B. in seinem «Song of Hiawatha», über den sich Lewis Caroll lustig gemacht hat. MG

34 Vergl. Anm. 30, Teil I.

35 Es ist interessant zu bemerken, dass in der griech. Mythologie der

Okeanos-Fluss (Neptun) nur von den Ufern des Hades (Pluto) gesäumt wird, dem äussersten der Planeten des Sonnensystems. SS
Der Planet Pluto erhielt seinen Namen zu Ehren des Astronomen P. Lowell (PL=Pluto), der seine Stellung (gleichzeitig und unabhängig mit W. H. Rikkering) aufgrund von Bahnabweichungen des Uranus berechnet hatte. Entdeckt wurde er 1930 von C. Tombaugh. Vielleicht handelt es sich bei Pluto um einen ehemaligen Neptunmond. MG

36 Die Sage vom Äthiopier und Jupiter. Bei Homer: Ilias I, 424/25 besucht Zeus (Jupiter) den untadeligen Äthiopier. MG

37 1. Mose 18. MG

38 Im englischen Sprachbereich wird Uranus oft nach seinem Entdekker «Herschel» genannt. Vgl. Anm. 1, Teil III. Wir verwenden hier immer den bei uns üblichen Namen Uranus. MG

39 Crowley folgt hier der chaldäischen Tradition, indem er die Sonne und den Mond zu den «Planeten» zählt. Die Reihenfolge: Saturn, Jupiter, Mars, Sonne, Venus, Merkur, Mond richtet sich nach der zunehmenden Geschwindigkeit der Bewegung dieser Himmelskörper von der Erde aus gesehen. Wichtig ist ausserdem noch, darauf hinzuweisen, dass praktisch in allen anderen Kulturen **der** Mond als weiblich und **die** Sonne als männlich angesehen wird. MG

40 In Crowleys Horoskop steht der aufsteigende Mondknoten, der Drachenkopf, in einem Trigon zum Aszendenten. Kein Wunder also, dass er diese Bedeutung so hervorhebt. MG

41 Unter den modernen Astrologen hat man viel über die Wichtigkeit dieser hypothetischen Raumpunkte gestritten. Das erkennt man auch deutlich daran, wie wenig Platz ihnen in den astrologischen Fachbüchern eingeräumt wird. SS

42 Ist es noch nötig, darauf hinzuweisen, dass Crowley selbst den Aszendenten im Löwen hat? Die hier getroffene Dreiteilung wird in der traditionellen Astrologie mit den Ausdrücken «kardinale» (aktive), «bewegliche» (passive) und «fixe oder feste» (ausgeglichene) Zeichen belegt. MG

43 Die Waage ist in der Praxis nicht immer so aktiv, wie das hier dargestellt wird. Crowleys eigenes Horoskop zeigt die Sonne in der Waage, wodurch dieses Zeichen viel Elan erhält. Vereint mit den anderen Faktoren seines Horoskops ergibt sich daraus die bemerkenswerte Aktivität, die sich

in seinem Leben ausdrückte. Die Waage ist zwar ein Kardinalzeichen, wird aber etwas von ihrer Herrscherin Venus gemildert. SS

44 Ein Beispiel für Crowleys witzige Eigenwilligkeit, aber nichtsdestoweniger eine richtige Beobachtung, der nur wenige Astrologen oder Okkultisten Beachtung zu schenken scheinen. SS

45 Die Zuordnung von Crowley entspricht nicht der traditionellen Zusammenstellung, entbehrt jedoch nicht einer gewissen Überzeugungskraft. Siehe Tabelle. MG

46 Crowley hat sich in seinen Tarotbildern nicht streng an die traditionellen Darstellungen gehalten. Als Beispiel dafür mag die Abbildung dieser Karte in Crowleys Darstellung dienen. MG

47 In der Alchemie ist das «grosse Werk» (magnum opus) die Bezeichnung der Herstellung des Steines der Weisen aus der materia prima. Gelegentlich bedeutet es auch die Herstellung von Gold mittels der Transmutation, dann gegenübergestellt der alchemistischen Herstellung von Silber, dem «kleinen Werk». (H. Biedermann, Handlexikon der mag. Künste, Graz 1973). MG

48 Das bekannte Kartenbild zeigt bloss einen «Engel», der Wasser aus einem silbernen in einen goldenen Krug giesst. Einige von Crowleys Angaben passen auch auf Karte 3, die Herrscherin: Sie hat 12 Sterne um den Kopf (davon 9 sichtbar), eine Mondsichel unter einem Fuss, trägt allerdings ein Szepter, keine Kerze. MG

49 Eliphas Lévi, mit bürgerlichem Namen Abbé Louis Constant, franz. Magier, Alchemist und Schriftsteller, 1816–1875. MG

50 Über die Mutter der Frau erfahren Sie also etwas, wenn Sie Feld 7 (Frau) als 1 betrachten und dann nachsehen, welches Feld an der Stelle des 10. (Mutter) steht: Es ist das 4. Feld. Betrachten Sie das 10. (Mutter) als das 1., so finden Sie an der Stelle des 3. Feldes (Geschwister) Feld 12, das Ihnen also über die Brüder der Mutter Auskunft geben kann. Crowley merkt jedoch sehr richtig an, dass dies mehr eine spitzfindige Spielerei ist, und keine ernsthafte Astrologie. MG

Anmerkungen
Teil II

1 Neptun wurde ursprünglich von John Flamsteed 1690 entdeckt. Flamsteed dachte aber, es handle sich um einen Fixstern. Später errechneten unabhängig voneinander Le Verier und Adams seine wahrscheinliche Stellung, und in den Vierzigerjahren des 19. Jahrhunderts wurde er eindeutig als Planet identifiziert. Sein Charakteristikum des Geheimnisvollen drückte sich sogar in der Art seiner Entdeckung aus, denn sein Vorhandensein wurde mathematisch (aus Unstimmigkeiten in der Bahn des Uranus) bestimmt, ehe der Planet tatsächlich gesichtet wurde. Seine Qualitäten der Formlosigkeit und des Mysteriösen spiegelten sich in eigenartiger Weise auf der physischen Ebene durch die Entdeckung der Gasbeleuchtung und das Aufkommen des Spiritismus in seiner modernen Form. Wie Uranus die Herrschaft des Saturn über Wassermann usurpierte, hat im allgemeinen Neptun die Herrschaft über die Fische von Jupiter übernommen. Es ist interessant, festzustellen, dass das Symbol für Neptun: ♆, das offensichtlich eine Anspielung auf den Dreizack des Meeresgottes Neptun sein sollte, dem griechischen Buchstaben Psi so ähnlich ist, der von den modernen Erforschern der aussersinnlichen Wahrnehmung zu ihrem Symbol gewählt wurde. Die ASW ist ein ausgesprochen neptunischer Bereich. SS

2 Es ist ein ebensolcher Zufall, dass Pluto, dessen Bahn noch ausserhalb derjenigen des Neptun liegt, dem Hades entspricht, einem Bereich, der nach Ansicht der Griechen unter- oder ausserhalb des Okeanos lag. SS. Vergleiche dazu auch Anmerkung 35, Teil I. Diese – wie Crowley sagt – «glücklichen Zufälle» könnte man schon in den Bereich der «sinnvollen Zufälle» und der Synchronizität C. G. Jungs einordnen. Der archetypische Charakter dieser Zusammenhänge ist wohl offensichtlich. MG

3 «Hermit's Hymn» (Die Hymne des Eremiten) von Aleister Crowley. Gesammelte Werke, Bd. 2, Seite 23. SS. Da dieses Gedicht Crowleys bisher nicht übersetzt wurde, habe ich hier den Versuch gewagt, eine Übertragung zu gestalten, die Sinngehalt, Vers- und Reimform des Originals möglichst getreu wiedergibt. Dass dies nur unvollkommen möglich ist, dürfte klar sein. Dass der Text jedoch stellenweise nur sehr schwer verständlich und dunkel ist, entspricht durchaus dem englischen Original. MG

4 Offenbar hatte Crowley nicht die Absicht, über die Wirkungen des Neptun in den Tierkreiszeichen sehr detaillierte Angaben zu machen, da, wie er schon vorher festgestellt hat, nur wenige Menschen auf Neptun im selben Masse reagieren, wie sie es auf die traditionellen sieben Planeten tun. Auf jeden Fall hat der Studierende genügend Informationen über die Natur des Neptun erhalten, um seine eigenen Ableitungen für Neptun in den anderen Zeichen zu formulieren. SS

5 Die hier vorausgesetzten Entsprechungen von Tierkreiszeichen und Körperteilen sind im Buche nicht verzeichnet. Traditionell lautet die Zuordnung folgendermassen: Widder: Kopf, Stier: Hals, Nacken, Zwillinge: Schultern, Arme, Hände, Luftwege, Krebs: Brust (weibl.), Magen, Gebärmutter, Löwe: Herz, Jungfrau: Innere Organe, Darm, Waage: Nieren, Becken, Skorpion: Geschlechtsorgane, Hormone, Schütze: Oberschenkel, Steinbock: Knie, Haut, Knochen allgemein, Wassermann: Unterschenkel, Knöchel, auch Blutkreislauf, Fische: Füsse. MG

6 Natürlich kann jede beliebige Konstellation ihre Wirkung auf der physischen Ebene als eine schliessliche «Erdung» manifestieren, oder aber ihre Effekte gänzlich auf subtileren Ebenen zeitigen. SS

7 Crowley und Yeats hatten gegenseitig in Bezug auf ihre Dichtungen eine lange andauernde Eifersucht und Abneigung, ganz abgesehen von den Reibereien, die während des Zerfalls des Golden Dawn zwischen ihnen auftraten. SS

8 Georg V. behielt jedoch seinen Thron und starb 1936. SS

9 Die in diesem Kapitel gegebenen Deutungen beziehen sich nur auf einfache Fälle. Sie müssen je nach dem Zeichen, in dem Neptun steht, und entsprechend den Aspekten, die er zu anderen Planeten bildet, noch modifiziert werden. Da es natürlich undurchführbar ist, für alle möglichen Variationen eine besondere Erklärung zu geben, war es nötig, nur gerade die einzelnen Wirkungen jedes einzelnen Elementes für sich darzustellen, aus denen die Konstellation im Himmelsbild zusammengesetzt sein könnte. Wir müssen es dem Studierenden überlassen, sie für jeden einzelnen Fall seinem Urteil, seiner Erfahrung und seinem Können entsprechend zu kombinieren. AC

10 Röm. 7,15: «Denn was ich vollbringe, erkenne ich nicht; denn nicht was ich will, das führe ich aus, sondern was ich hasse, das tue ich.» 7,18: «Denn ich weiss, dass in mir, das ist in meinem Fleische, nichts Gutes wohnt.

Denn das Wollen ist zwar bei mir vorhanden, das Vollbringen des Guten aber nicht.» 7,22/23: «Denn nach dem inwendigen Menschen habe ich Lust an dem Gesetz Gottes; ich sehe aber ein anderes Gesetz in meinen Gliedern, das dem Gesetz meines Innern widerstreitet und mich zum Gefangenen des Gesetzes der Sünde macht, das in meinen Gliedern ist.» MG

11 Direktionen nennt man Planetenstellungen und Aspekte, die innerhalb relativ kurzer Zeit nach der Geburt auftreten und als bedeutungsvoll für einen entsprechenden späteren Zeitabschnitt angesehen werden. Z. B. ein Aspekt, der 18 Tage nach der Geburt eintritt, wird als Direktion für das 18. Altersjahr gedeutet. Auf die verschiedenen Arten von Direktionen kann hier nicht eingegangen werden. MG

12 Transite heissen die täglichen Übergänge der Planeten über bedeutsame Punkte des Geburtshoroskops. Ihnen wird meist eine auslösende Wirkung zugeschrieben: vorhandene Tendenzen werden akut. MG

13 «status lymphaticus» = Lymphatische Konstitution, Lymphatismus: Bei Menschen mit feiner weisser Haut, gedunsenem blassem Aussehen und Neigung zu hartnäckigen und oft wiederkehrenden Drüsen-, Haut- und Allgemeininfektionen (Tuberkulose!) mit Ausscheidung von Lymphe. Auch «status thymicolymphaticus» = Thymushyperplasie, eine Konstitutionsanomalie mit auffallend grossem Thymus, besonders gut ausgebildeten Lymphknoten und Neigung zu plötzlichen Todesfällen (Thymustod). W. Pschyrembel, Klinisches Wörterbuch, Berlin 1959. MG

14 Kaiser Wilhelm II. von Deutschland. MG

15 Crowley selbst hat Neptun im 10. Feld – und es ist auffallend, wie vieles des hier Angedeuteten auf sein eigenes Leben und seinen Ruf zutrifft. Jedenfalls gelangt er als Repräsentant aller Magier seiner Zeit heute zu einer möglicherweise nicht nur logisch erklärbaren Berühmtheit. MG

Anmerkungen
Teil III

1 Dieser Planet wurde 1781 von Sir William Herrschel entdeckt und erhielt zunächst seinen Namen. Zuvor hatte man ihn für einen Fixstern gehalten.

Willkürliche oder aufrührerische Veränderungen sind die Kennzeichen des astrologischen Einflusses dieses Planeten. Moderne Astrologen zitieren unter den für Uranus typischen Begebenheiten die ganze Reihe von Revolutionen, die mit der französischen Revolution 1789 begann.

Das Symbol für Uranus wird vom Namen seines Entdeckers abgeleitet und ♅ oder ♅ geschrieben. (Im deutschen Sprachbereich ist auch das Zeichen ⛢ gebräuchlich. MG) Als Fernsehantenne krönt dieses Symbol zahlreiche moderne Häuser und stellt so – zufällig, aber durchaus angemessen – eine Verbindung dieses Zeichens mit Strahlen und Wellen her. Das Zeichen ♅ ist als Kreuz der Materie über dem Kreis des Geistes zwischen den Säulen der Weisheit, oder den Halbmonden der Aufnahmebereitschaft ♅ gedeutet worden.

Überlieferungsgemäss wurde Saturn als Herrscher des Wassermanns bezeichnet; aus dem angehäuften Material scheint aber hervorzugehen, dass dieses Tierkreiszeichen unter der Herrschaft des Uranus steht. Der typische Zug des Uranus, sein Freiheitsdrang drückt sich im 11. Feld aus, welches das Feld des Uranus und des Wassermanns ist. Man beachte aber Crowleys Einwände im Abschnitt Uranus im Skorpion.

Im kabbalistischen Lebensbaum wird Saturn in Binah (= Einsicht) plaziert, getrennt von den andern Sephirot in der oberen Dreiheit, denn Saturn oder Kronos war einer der älteren Götter, die herrschten, bevor die Götter des Olymp unter Zeus (oder Jupiter) die Macht ergriffen. Jupiter ist dem ersten Sephira der mittleren Dreiheit, Chesed (Güte) zugeordnet. Da Uranus jedoch jenseits von Saturn seine Bahn zieht, kümmert ihn der Mensch und seine Welt noch weniger. In gewissem Sinne könnte Uranus Binah zugeordnet werden (in ihrer symbolischen Bedeutung des Wassers, das aus dem Atem fliesst, der Urflut), doch am zutreffendsten wird er in Chochmah (Weisheit, das Symbol des Tierkreises, des grossen Sternensees) angesiedelt. SS

2 Dass Crowley soviel Verständnis für die Uranier aufbringt, ist kein Zufall: sein Uranus steht ebenfalls im 1. Feld. MG

3 Hier muss Crowley ein Irrtum unterlaufen sein: Bei Aszendent Steinbock kommt Uranus in den Zwillingen nicht ins 11., sondern etwa ins 5. Feld zu stehen. MG

4 Geschrieben im August 1915. Wenige Monate später verlor Nikolaus seinen Thron. SS

5 Das Sepher Jezirah, «Buch der Schöpfung», wurde zwischen dem 3. und 6. Jahrhundert nach Christus von einem unbekannten Autor in hebräischer Sprache geschrieben. Es enthält eine sehr gedrängte Darstellung der Kosmogonie und Kosmologie, die späte klassische Zahlenmagie mit jüdischer Buchstabenmystik vermengt. MG

6 Über Direktionen vgl. Anm. 11, Teil II. MG

7 Der vorstehende von Crowley 1915 geschriebene Teil, sowie weitere Abschnitte dieses Buches (ohne Gedicht) wurden von Evangeline Adams in ihrem Buch «Astrology», Your Place Among The Stars, Dodd, Mead and Company, New York 1930, wörtlich als Plagiat abgedruckt. Der Hauptunterschied zwischen den Texten besteht darin, dass E. Adams eine Anzahl Abschnitte A. Crowleys ausgelassen hat. SS

8 Aus dem Zusammenhang gerissene Zitate aus Matth. 6,34 u. 28, Luk. 12,7 und Matth. 10,8. MG

9 Das Zitat aus Matth. 7,13/14 heisst im vollen Wortlaut: «Gehet ein durch die enge Pforte! Denn die Pforte ist weit und der Weg ist breit, der zum Verderben hinführt, und viele sind es, die auf ihm hineingehen; denn die Pforte ist eng und der Weg ist schmal, der zum Leben hinführt, und wenige sind es, die ihn finden.» MG

10 Über Transite vgl. Anm. 12, Teil II. MG

11 Auch dieses Kapitel findet sich leider nicht hier im Buch. Vgl. Anm. 30, Teil I. MG

12 Diese und die folgenden erzieherischen Hinweise sind natürlich nicht nur für Menschen mit Uranus im 9. Feld gültig. MG

13 Dieser Satz nimmt auf das Ritual der Freimaurer Bezug. SS

14 Siehe Anm. 11. MG

15 Abgesehen davon, dass sich die Astrologen über das alleinseligmachende Feldersystem immer noch streiten. MG

Nachwort des Übersetzers

Johann Fischart machte sich 1572 in «Aller Practick Grossmuter» über die astrologischen Ergüsse seiner Zeit lustig. Wenn man damals «Practick» mit «ck» schreiben durfte, und wenn A. Crowley seine Form der Magie ausdrücklich «Magick» nennt, so ist der Titel «Astrologick» für diese eigenwilligen astrologischen Studien gewiss nicht abwegig – wenn er auch nicht von Crowley stammt.

Obwohl Crowley in seinen Studien ohne Zweifel wesentliche astrologische Zusammenhänge dargestellt hat, darf man seine Aussagen in gewissen Details doch nicht auf die Goldwaage legen – zusehr lässt er sich immer wieder von seinem ungestümen Temperament mitreissen. Das dramatische Genie des Uranus im Löwen verbindet sich mit dem beissend kritischen Sarkasmus des Merkur im Skorpion. So sind die oft harten Urteile Crowleys über seine Zeitgenossen nicht unbedingt nur astrologisch und aus deren Horoskop zu begründen.

Ich schliesse mit dem Dank an meine Frau Eva, die bei der Übersetzung tatkräftig mithalf und einem Satz Crowleys aus diesem Buch, der mir besonders beachtenswert erscheint.

Matthias Güldenstein

«Es gibt keine wesentlichere Aufgabe der Astrologie als die, das innere Wesen des Menschen zu erfassen und es ihm zu Bewusstsein zu bringen, auf dass er es nach dem Gesetze des Lichtes zu erfüllen vermag.»

Das Horoskop von Aleister Crowley

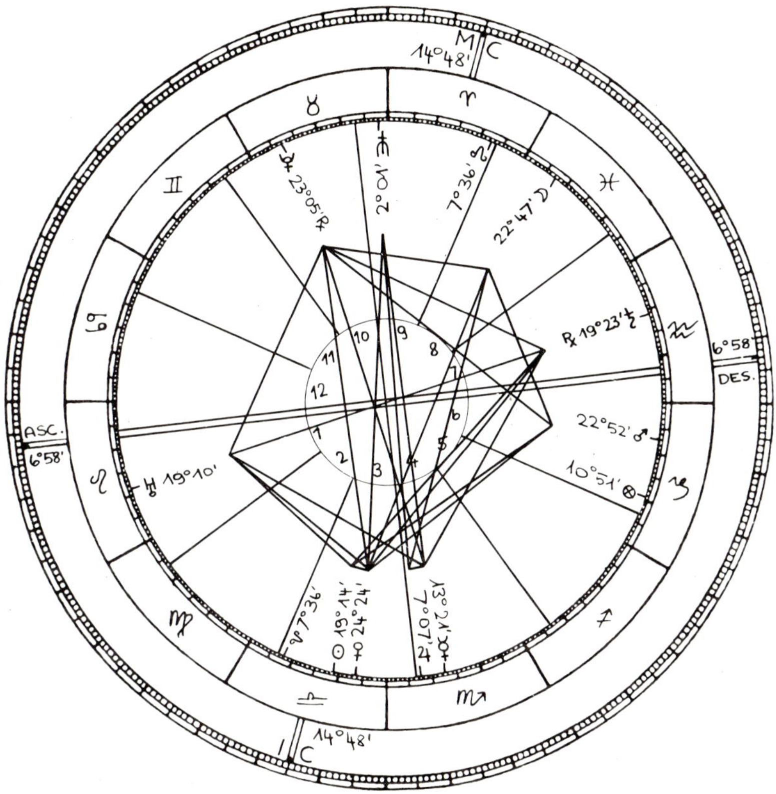

Geburtsdatum: 12.10.1875, **Geburtszeit:** 11.30, **Geburtsort:** Leamington

Obwohl Crowley das Feldersystem des Placidus verwendete, das zu Beginn des 19. Jahrhunderts in Mode kam, wurde dieses Horoskop nach dem äqualen Feldersystem aufgezeichnet. Ausserdem sind die Angaben von Minuten bei den Planetenstellungen angesichts der Ungenauigkeit der Geburtszeitangabe und der für die Aspekte geltenden Toleranzen (Orbs) – wie Crowley betont – unnötige Verzierungen. SS

Die Titius-Bode'sche Regel

Diese Regel wurde 1766 erstmals von Johann Titius aus Wittenberg gefunden und formuliert, sechs Jahre später von Johann Bode bestätigt und bekannt gemacht. Die mittleren Abstände der Planeten von der Sonne gehorchen annähernd einem exponentiellen Gesetz nach der Formel:

$$A = \frac{a + 2b^{h}}{10} \cdot (a=4, b=3).$$

Es liefert die Abstände A der Planeten Mars bis Uranus in astronomischen Einheiten, wenn man für n nacheinander –, 0, 1, 2, 4, 5, 6 setzt. Die Lücke n=3 wird durch die durschnittlichen Abstände der Planetoiden geschlossen. Für Neptun und Pluto lässt sich die Regel nicht mehr anwenden, aber für die anderen Abstände ist sie, wie Crowley feststellt, recht genau. Die grosse Halbachse der Erdbahn von 149,5 Mill. Kilometern wird als astronomische Einheit (1 AE) bezeichnet. SS

Bode'sche Regel	**Planet**	**Distanz in AE**	**Distanz in Millionen km**
(4+0 ·3) : 10 =	0,4 Merkur	0,39	57,87
(4+1 ·3) : 10 =	0,7 Venus	0,72	108,14
(4+2 ·3) : 10 =	1,0 Erde	1,00	149,50
(4+4 ·3) : 10 =	1,6 Mars	1,52	227,80
(4+8 ·3) : 10 =	2,8 Planetoiden	2,65 (Ceres)	396,18
(4+16 ·3) : 10 =	5,2 Jupiter	5,20	777,84
(4+32 ·3) : 10 =	10,0 Saturn	9,54	1426,10
(4+64 ·3) : 10 =	19,6 Uranus	19,18	2867,83
(4+128·3) : 10 =	38,8 Neptun	30,06	4493,65
	Pluto	39,46	5899,04

Ergänzt und leicht verändert nach Fischer-Lexikon «Astronomie» von Prof. Dr. K. Stumpff, Frankfurt a. M. 1957. MG)

Pluto

Pluto wurde im Januar 1930 am Lowell Observatorium entdeckt; sein Zeichen ♇ kombiniert die ersten beiden Buchstaben des griech. Gottes Pluto und des Namens P. Lowell. (Vgl. dazu die Anmerkungen I/35 und II/2. MG) Andere für Pluto verwendete Symbole sind: ⯓, ⯔, ⯕ und ⯖. Seine typischen Merkmale, unterirdisches Feuer und Eruptionen, haben den Verlauf des Krieges, der nach seiner Entdeckung ausbrach, gekennzeichnet – die Entwicklung der Atombombe spielte dabei eine entscheidende Rolle.

Pluto steht in Beziehung zu unterirdischen Tätigkeiten, gleich seinem Namensvetter, dem Gott der Unterwelt, und dies offenbart sich in der Ausformung der Lebenskraft im Geschlechtsakt (dank seiner Verbindung zu Skorpion), bei Geburt und Tod, die ein Fortschreiten in einen andern Zustand beinhalten: eine Transmutation in der alchemistischen Terminologie. Dem Planeten wird deshalb das Werden, Vergehen und Erleuchten zugeschrieben.

Die plutonischen Wesenszüge sind denen von Widder und Skorpion sehr ähnlich, wobei Skorpion von Pluto und Mars gemeinsam regiert wird. Die Wesenszüge finden in den Bedeutungen des 8. Feldes, das dem Skorpion entspricht, ihren Ausdruck. Der Einfluss des Pluto ähnelt daher eher der negativen Seite des Mars, wie sie im Skorpion ausgedrückt ist, als dem säbelrasselnden Mars des Widders.

In vielen Horoskopen ist der Einfluss des Pluto nicht sichtbar, wenn er sich jedoch in Konjunktion mit einem anderen Planeten befindet, wird der Einfluss dieses Planeten entscheidend betont. In gewissem Sinne ist die Stellung des Pluto im Horoskop, sei sie nun stark oder schwach, ein Hinweis darauf, wie sehr die betreffende Person imstande ist, sich (manchmal mit Gewalt) von jeglichen Einschränkungen zu befreien, die ihr durch andere Konstellationen aufgezwungen werden. Da Pluto aufgrund seiner langen Umlaufszeit um die Sonne durchschnittlich rund fünfundzwanzig Jahre in jedem Zeichen bleibt, muss man darauf bedacht sein, seiner Stellung in einem bestimmten Zeichen nicht zuviel Gewicht beizumessen. SS

Die Aspekte

Wie Crowley im I. Teil mehrfach erwähnt, werden die Wirksamkeiten von Aspekten von verschiedenen Autoren verschieden bewertet. In der folgenden Zusammenstellung wurden auch recht ungebräuchliche Aspekte angeführt, die «grossen» sind durch ein * gekennzeichnet. MG

Winkelabstand	**Name des Aspekts**	**Symbol**
0°	Konjunktion *	☌
30°	Halbsextil	⚺
36°	Halbquintil	
45°	Halbquadrat	∠
60°	Sextil *	⚹
72°	Quintil	
90°	Quadrat *	□
108°	Anderthalbquintil	
120°	Trigon *	△
135°	Anderthalbquintil	⚼
144°	Doppelquintil	
150°	Quincunx	⚻
180°	Opposition *	☍
– (gleicher Abstand vom Äquator)	Parallelschein	∥

Bildnachweis

Bild 1: Aus: Thomas Ring, Das Sonnensystem ein Organismus, Stuttgart, 1939, 11.

Bild 2: Titelholzschnitt von Erhard Schön, Nativitäts-Kalender des Leonhard Reymann, 1515.

Bild 3: Holzschnitt von Hans Sebald Beham, o. O., um 1530.

Bild 4: Thoth Tarot Cards, New York, o..

Bild 5: Holzschnitt aus Catharsis' Immagini degli Antichi.

Bild 6: Aus: MS. Les Très Riches Heures du Duc de Berry, Frankreich, Mitte des 15. Jh.

Bild 7: Zeichnung von Warren Kenton, England 20. Jh.

Bild 8: Holzschnitt von Albrecht Dürer.

Bild 9: Aus: Book of Kells, um 800 n. Chr.

Bild 10: Holzschnitt aus Ricius' Portae Lucis, o. O., 1516.

Bild 11: Aus: Robert Fludd, Collectio Operum, 17. Jh.

Bild 12: Holzschnitt von Albrecht Dürer.

Aleister Crowley